합격을 위한 기적 같은 선물
또기적 합격자료집

 혼자 공부하기 외롭다면?
온라인 스터디 참여

 모든 궁금증 바로 해결!
전문가와 1:1 질문답변

 1년 내내 진행되는
이기적 365 이벤트

 도서 증정 & 상품까지!
우수 서평단 도전

 간편하게 한눈에
시험 일정 확인

합격까지 모든 순간 이기적과 함께!
이기적 365 EVENT

QR코드를 찍어 이벤트에 참여하고 푸짐한 선물 받아가세요!

1 기출문제 복원하기

이기적 책으로 공부하고 시험을 봤다면 7일 내로
문제를 제보해 주세요!

2 합격 후기 작성하기

당신만의 특별한 합격 스토리와 노하우를 전해
주세요!

3 온라인 서점 리뷰 남기기

온라인 서점에서 책을 구매하고 평점과 리뷰를
남겨 주세요!

4 정오표 이벤트 참여하기

더 완벽한 이기적이 될 수 있게 수험서의 오류를
제보해 주세요!

※ 이벤트별 혜택은 변경될 수 있으므로 자세한 내용은 해당 QR을 참고해 주세요.

한 번에 합격, 자격증은 이기적

이렇게 기막힌 적중률

함께 공부하고 특별한 혜택까지!
이기적 스터디 카페 🔍

구독자 약 15만 명, 전강 무료!
이기적 유튜브 🔍

오직 스터디 카페 멤버에게만
주어지는 특별 혜택!

이기적 스터디 카페

이기적 스터디 카페

도서 인증하면 고퀄리티 강의가 따라온다!
100% 무료 강의

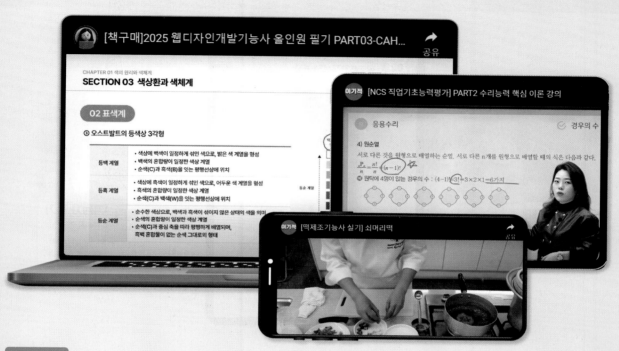

이용방법

STEP 1	STEP 2	STEP 3	STEP 4

이기적 홈페이지 (https://license.youngjin.com/) 접속	무료 동영상 게시판에서 도서와 동일한 메뉴 선택	책 바코드 아래의 ISBN 코드와 도서 인증 정답 입력	이기적 수험서와 동영상 강의로 학습 효율 UP!

※ 도서별 동영상 제공 범위는 상이하며, 도서 내 차례에서 확인할 수 있습니다.

◀ 이기적 홈페이지 바로가기

영진닷컴 이기적

책은 너무 무겁다면? 가볍게 만나자!

이기적 전자책(eBook)

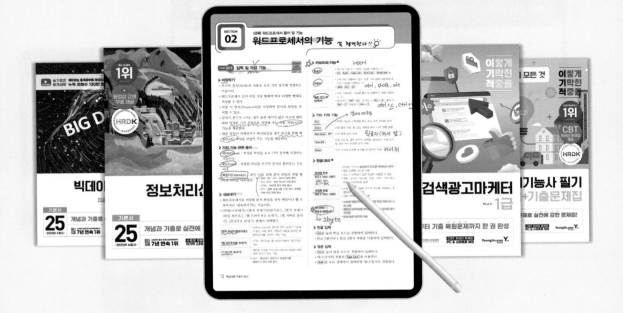

LIGHT

· · ·

여러 권의 책도
eBook으로
구매하면 0.0g!

EASY

· · ·

필요한 키워드
손쉽게 검색 &
무제한 필기 가능

FAST

· · ·

배송 기다림 없이
즉시 다운받고
바로 학습 가능

이용방법

| 온라인 서점 접속 | → | eBook 메뉴에서 이기적 도서 검색 | → | [eBook] 상품 구매 | → | 서점별 eBook뷰어로 바로 이용 가능 |

※ eBook은 배송 과정이 없는 디지털 상품으로 온라인 서점별 앱에서 바로 이용 가능하며 이와 별개로 도서 전체의 PDF 파일은 제공하지 않습니다.

 ◀ 이기적 전자책 보러가기

합격을 위해 모두 드려요.
이기적 합격 솔루션!
이기적이 여러분을 위해 준비했어요

저자가 직접 알려주는, 무료 동영상 강의

공부하기 어려운 필기 이론부터 대표 기출 풀이까지!
저자가 직접 설명하는 무료 강의를 통해 학습하세요.

쉽고 빠르게 확인하는, 자동 채점 서비스

자동 채점 서비스 QR 코드를 찍으면 OMR 카드가 오픈돼요.
정답을 입력하면 자동 채점되어 바로 실력을 점검할 수 있어요.

무엇이든 물어보세요, 1:1 질문답변

궁금한 점이 있으면 언제든지 이기적 스터디 카페에 질문해 보세요.
전문가 선생님께서 1:1로 맞춤 질문답변을 해드려요!

문풀의 중요성 알고 있어요, 기출 예상문제

시험에서 가장 중요한 기출 문제를 아낌없이 담았어요.
총 7회분의 기출 예상문제로 최종 합격까지 함께 해요.

※ 〈2026 이기적 웹디자인개발기능사 필기 기본서〉를 구매하고 인증한 회원에게만 드리는 자료입니다.

◀ 모든 혜택 한 번에 보기

시험 환경 100% 재현!
CBT 온라인 문제집

CBT 온라인 문제집 이용 가이드		
STEP 1	CBT 사이트 (cbt.youngjin.com) 접속하기
STEP 2	과목을 선택하고 시작하기 버튼 클릭하기
STEP 3	시간에 맞춰 문제 풀고 합격 여부 확인하기
STEP 4	로그인하면 MY 페이지에서 응시 결과 확인 가능

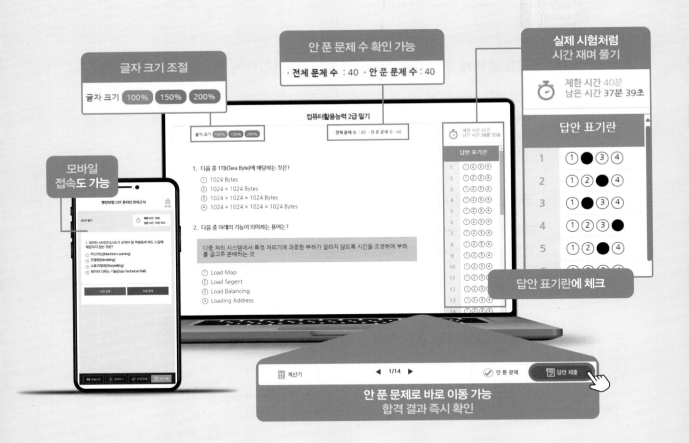

글자 크기 조절
글자 크기 100% 150% 200%

안 푼 문제 수 확인 가능
· 전체 문제 수 : 40 · 안 푼 문제 수 : 40

실제 시험처럼 시간 재며 풀기
제한 시간 40분
남은 시간 37분 39초

답안 표기란

모바일 접속도 가능

답안 표기란에 체크

안 푼 문제로 바로 이동 가능
합격 결과 즉시 확인

이기적 CBT

웹디자인개발기능사
필기 기본서

1권 · 이론서

"이" 한 권으로 합격의 "기적"을 경험하세요!

차례

출제빈도에 따라 분류하였습니다.
- 상 : 반드시 보고 가야 하는 이론
- 중 : 보편적으로 다루어지는 이론
- 하 : 알고 가면 좋은 이론

▶ 표시된 부분은 동영상 강의가 제공됩니다.
이기적 홈페이지(license.youngjin.com)에 접속하여 시청하세요.

▶ 제공하는 동영상은 1판 1쇄 기준 2년간 유효합니다.
단, 출제기준안에 따라 동영상 내용은 변경될 수 있습니다.

STEP 01 전문가가 핵심만 정리한 이론으로 학습

출제빈도
섹션별 출제빈도를 상중하로 나누어 효율적인 학습이 가능합니다.

빈출 태그
시험에 자주 출제되는 주요 키워드를 태그로 정리하였습니다.

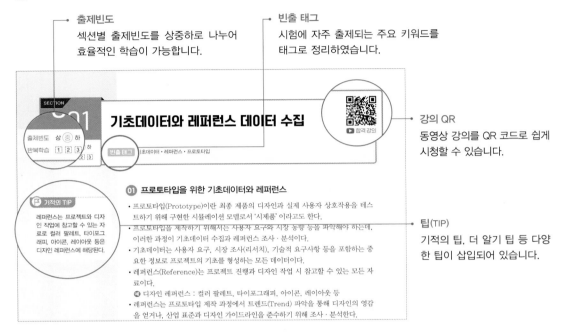

강의 QR
동영상 강의를 QR 코드로 쉽게 시청할 수 있습니다.

팁(TIP)
기적의 팁, 더 알기 팁 등 다양한 팁이 삽입되어 있습니다.

[표에 해당하는 내용]

SECTION 01 기초데이터와 레퍼런스 데이터 수집

출제빈도 상 중 하
반복학습 1 2 3

빈출 태그 기초데이터 · 레퍼런스 · 프로토타입

기적의 TIP
레퍼런스는 프로젝트와 디자인 작업에 참고할 수 있는 자료로 컬러 팔레트, 타이포그래피, 아이콘, 레이아웃 등은 디자인 레퍼런스에 해당된다.

01 프로토타입을 위한 기초데이터와 레퍼런스

• 프로토타입(Prototype)이란 최종 제품의 디자인과 실제 사용자 상호작용을 테스트하기 위해 구현한 시뮬레이션 모델로서 '시제품'이라고도 한다.
• 프로토타입을 제작하기 위해서는 사용자 요구와 시장 동향 등을 파악해야 하는데, 이러한 과정이 기초데이터 수집과 레퍼런스 조사 · 분석이다.
• 기초데이터는 사용자 요구, 시장 조사(리서치), 기술적 요구사항 등을 포함하는 중요한 정보로 프로젝트의 기초를 형성하는 모든 데이터이다.
• 레퍼런스(Reference)는 프로젝트 진행과 디자인 작업 시 참고할 수 있는 모든 자료이다.
  예 디자인 레퍼런스 : 컬러 팔레트, 타이포그래피, 아이콘, 레이아웃 등
• 레퍼런스는 프로토타입 제작 과정에서 트렌드(Trend) 파악을 통해 디자인의 영감을 얻거나, 산업 표준과 디자인 가이드라인을 준수하기 위해 조사 · 분석한다.

STEP 02 기출문제로 이론의 복습과 함께 유형 파악

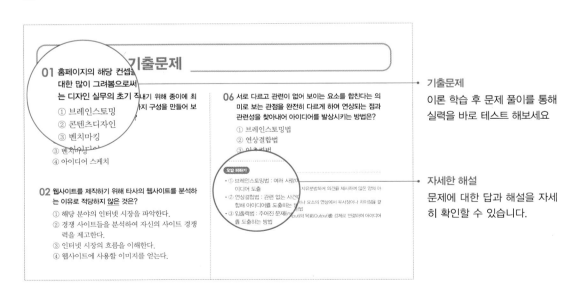

기출문제
이론 학습 후 문제 풀이를 통해 실력을 바로 테스트 해보세요

자세한 해설
문제에 대한 답과 해설을 자세히 확인할 수 있습니다.

[기출문제 내용]

기출문제

01 홈페이지의 해당 컨셉에 대한 많이 그려봄으로써는 디자인 실무의 초기 작 지 위해 종이에 최 지 구성을 만들어 보

① 브레인스토밍
② 콘텐츠디자인
③ 벤치마킹
③ 벤치마킹
④ 아이디어 스케치

02 웹사이트를 제작하기 위해 타사의 웹사이트를 분석하는 이유로 적당하지 않은 것은?

① 해당 분야의 인터넷 시장을 파악한다.
② 경쟁 사이트들을 분석하여 자신의 사이트 경쟁력을 제고한다.
③ 인터넷 시장의 흐름을 이해한다.
④ 웹사이트에 사용할 이미지를 얻는다.

06 서로 다르고 관련이 없어 보이는 요소를 합친다는 의미로 보는 관점을 완전히 다르게 하여 연상되는 점과 관련성을 찾아내어 아이디어를 발상시키는 방법은?

① 브레인스토밍법
② 연상결합법
③ 입출력법

오답 피하기
• ① 브레인스토밍법 : 여러 사람이 지유분방하게 의견을 제시하여 많은 양의 아이디어 도출
• ② 연상결합법 : 관련 없는 사건이나 요소의 연상에서 유사성이나 차이점을 결합해 아이디어를 도출하는 방법
• ③ 입출력법 : 주어진 문제의 목표(Output)를 강제로 연결하여 아이디어를 도출하는 방법

STEP 03 대표 기출 200선으로 출제 유형 파악

참고 이론 위치
보충 학습이 필요한 경우 해당하는
이론 위치를 빠르게 확인할 수 있습니다.

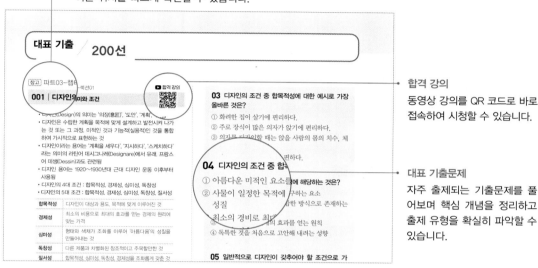

합격 강의
동영상 강의를 QR 코드로 바로
접속하여 시청할 수 있습니다.

대표 기출문제
자주 출제되는 기출문제를 풀
어보며 핵심 개념을 정리하고
출제 유형을 확실히 파악할 수
있습니다.

 STEP 04 기출 예상문제 풀이로 실전 완벽 대비

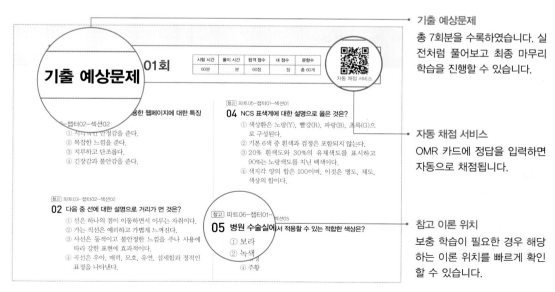

기출 예상문제
총 7회분을 수록하였습니다. 실
전처럼 풀어보고 최종 마무리
학습을 진행할 수 있습니다.

자동 채점 서비스
OMR 카드에 정답을 입력하면
자동으로 채점됩니다.

참고 이론 위치
보충 학습이 필요한 경우 해당
하는 이론 위치를 빠르게 확인
할 수 있습니다.

STEP 01 응시 자격 조건

제한 없음

 STEP 02 필기 원서 접수하기

- www.q-net.co.kr에서 접수
- 정기 검정 : 1년에 4회

 STEP 03 시험 응시

- 신분증과 수험표 지참
- 100점을 만점으로 하여 과목당 60점 이상

 STEP 04 필기 합격자 발표

www.q-net.co.kr에서 성적 확인 후 자격증 발급 신청

01 시험 과목

웹 디자인 구현, 웹페이지 제작

02 시험 방법

객관식 4지 택일형, 60문항(60분)

03 합격 기준

100점을 만점으로 하여 60점 이상 득점자

04 응시료

14,500원(수수료 포함)

(원서접수 마감일 18시까지 결제, 계좌 이체 및 신용카드 결제
가능)

06 출제기준

출제 기준 상세보기

- 적용 기간 : 2025.01.01.~2027.12.31.
- 필기 출제 기준

프로토타입 기초 데이터 수집 및 스케치	• 기초데이터 및 레퍼런스 수집 • 아이디어 스케치
프로토타입 제작 및 사용성 테스트	• 프로토타입 제작 • 사용성 테스트 • 테스트 수정사항 반영
디자인 구성요소 설계 제작	• 스토리보드 설계 · 제작 • 심미성 · 사용성 구성요소 설계 · 제작 • 매체성 구성요소 설계 · 제작
구현 및 응용	• 콘텐츠 구현 · 구성 • 기능 요소 구현 · 활용 • 개발 요소 구현 및 협업
조색	• 목표색 분석 및 색 혼합 • 조색 검사 및 완성
배색	• 색채 계획서 작성 및 배색 조합 • 배색 적용 의도 작성
프로젝트 완료 자료정리	• 산출물 자료 정리 • 프로젝트 결과 및 보고 자료 정리

05 자격증 수령

- 상장형 자격증을 원칙으로 하여 수첩형 자격증도 발급
- 자격 취득 사실 확인이 필요할 경우 취득사항확인서(한글, 영
  문) 발급

형태	상장형 및 수첩형
신청 절차	공단이 본인 확인용 사진을 보유한 경우, 인터넷 배송 신청 가능(q-net.co.kr)
수수료	• 인터넷 접수 수수료 : 3,100원 • 우편 발송 요금 : 3,020원
수령 방법	• 상장형 자격증은 인터넷을 통해 무료 발급 가 능(1회 1종목) • 수첩형 자격증은 우편배송만 가능 • 신분 미확인자는 공단에 직접 방문하여 수령
신청 접수 기간	합격자 발표일 이후

CBT 시험 가이드

CBT란?

CBT는 시험지와 필기구로 응시하는 일반 필기시험과 달리, 컴퓨터 화면으로 시험 문제를 확인하고 그에 따른 정답을 클릭하면 네트워크를 통하여 감독자 PC에 자동으로 수험자의 답안이 저장되는 방식의 시험입니다.

오른쪽 QR코드를 스캔해서 큐넷 CBT를 체험해 보세요!

큐넷 CBT
체험하기

CBT 필기시험 진행 방식

본인 좌석
확인 후 착석 ➡ 수험자
정보 확인 ➡ 화면 안내에
따라 진행 ➡ 검토 후
최종 답안 제출 ➡ 퇴실

CBT 응시 유의사항

• 수험자마다 문제가 모두 달라요. 문제은행에서 자동 출제됩니다!
• 답지는 따로 없어요!
• 문제를 다 풀면, 반드시 '제출' 버튼을 눌러야만 시험이 종료되어요!
• 시험 종료 안내방송이 따로 없어요.

FAQ

Q CBT 시험이 처음이에요! 시험 당일에는 어떤 것들을 준비해야 좋을까요?

A 시험 20분 전 도착을 목표로 출발하고 시험장에는 주차할 자리가 마땅하지 않은 경우가 많으므로, 대중교통을 이용하는 것을 추천합니다. 무사히 시험 장소에 도착했다면 수험자 입장 시간에 늦지 않게 시험실에 입실하고, 자신의 자리를 확인한 뒤 착석하세요.

Q 기존보다 더 어려워졌을까요?

A 시험 자체의 난이도 차이는 없지만, 랜덤으로 출제되는 CBT 시험 특성상 경우에 따라 유독 어려운 문제가 많이 출제될 수는 있습니다. 이러한 돌발 상황에 대비하기 위해 이기적 CBT 온라인 문제집으로 실제 시험과 동일한 환경에서 미리 연습해두세요.

CBT 진행 순서

좌석번호 확인	수험자 접속 대기 화면에서 본인의 좌석번호를 확인합니다.
수험자 정보 확인	시험 감독관이 수험자의 신분을 확인하는 단계입니다. 신분 확인이 끝나면 시험이 시작됩니다.
안내사항	시험 안내사항을 확인하고, 다음을 클릭합니다.
유의사항	시험과 관련된 유의사항을 확인합니다.
문제풀이 메뉴 설명	시험을 볼 때 필요한 메뉴에 대한 설명을 확인합니다. 메뉴를 이용해 글자 크기와 화면 배치를 조정할 수 있습니다. 남은 시간을 확인하며 답을 표기하고, 필요한 경우 아래의 계산기를 이용할 수 있습니다.
문제풀이 연습	시험 보기 전, 연습을 해 보는 단계입니다. 직접 시험 메뉴화면을 클릭하며, CBT가 어떻게 진행되는지 확인합니다.
시험 준비 완료	문제풀이 연습을 모두 마친 후 [시험 준비 완료] 버튼을 클릭하면 시험 감독관의 지시에 따라 시험이 시작됩니다.
시험 시작	시험이 시작되었습니다. 수험자는 제한 시간에 맞추어 문제풀이를 시작합니다.
답안 제출	시험을 완료하면 [답안 제출] 버튼을 클릭합니다. 답안을 수정하기 위해 시험화면으로 돌아가고 싶으면 [아니오] 버튼을 클릭합니다.
답안 제출 최종 확인	답안 제출 메뉴에서 [예] 버튼을 클릭하면, 수험자의 실수를 방지하기 위해 한 번 더 주의 문구가 나타납니다. 완벽히 시험 문제 풀이가 끝났다면 [예] 버튼을 클릭하여 최종 제출합니다.
합격 발표	CBT 시험이 모두 종료되면, 퇴실할 수 있습니다.

이제 완벽하게 CBT 필기시험에 대해 이해하셨나요?
그렇다면 이기적이 준비한 CBT 온라인 문제집으로 학습해 보세요!

이기적 온라인 문제집 : https://cbt.youngjin.com

이기적 CBT
바로가기

Q & A

Q 필기시험에 합격한 이후 언제까지 필기시험이 면제되나요?

A 국가기술자격법 시행령 제21조 제1항의 근거에 의거 필기시험 면제 기간은 당회 필기시험 합격자 발표일로부터 2년간입니다. 2년 안에 합격할 때까지 횟수에 제한 없이 실기시험에 응시할 수 있습니다.

Q 과목별 과락이 있나요?

A 과락이 없습니다. 100점 만점에 60점 이상이면 합격입니다.

Q 원서 접수 시 유의해야 할 사항이 있나요?

A – 원서 접수는 온라인(인터넷)으로만 가능하며, 스마트폰이나 태블릿 PC 사용자는 모바일 앱 프로그램을 설치한 후 접수 및 취소 · 환불 서비스를 이용할 수 있습니다.
 – 수험표 출력은 접수 당일부터 시험 시행일까지 출력 가능(이외 기간은 조회 불가)합니다. 출력 장애 등을 대비하여 사전에 출력 후 보관하시기 바랍니다.
 – 수험 일시와 장소는 접수 즉시 통보됩니다. 본인이 신청한 수험 장소와 종목이 수험표의 기재 사항과 일치하는지 확인하시기 바랍니다.

Q 수험자가 직접 시험장을 선택할 수 있나요?

A 네. 직접 시험을 치를 지역과 시험장을 선택할 수 있습니다.

Q 필기시험 당일 준비물은 무엇인가요?

A 신분증과 수험표를 준비하시면 됩니다.

Q 신분증으로 인정되는 것은 무엇이 있나요?

A – 시험에 응시할 때는 신분증이 필요합니다. 신분증으로는 주민등록증, 운전면허증, 공무원증, 장애인등록증, 국가유공자증 등이 가능합니다.
 – 초 · 중 · 고 및 만 18세 이하인 자는 학생증, 신분확인증명서, 청소년증, 국가자격증 등이 신분증으로 인정됩니다.

웹디자인 및 개발은 국가직무능력표준(NCS)의 디지털 디자인 분야에 속하는 직무로, 기업에서 전문인력으로 채용될 뿐만 아니라 프리랜서나 재택근무를 통해 유연한 형태로 각광받고 있습니다. 웹디자인개발기능사는 웹디자인과 콘텐츠 구현, 개발 능력을 검증하는 국가자격으로, 2017년부터 국가직무능력표준(NCS)에 따른 평가 방법이 적용되었습니다.

특히, 웹 표준 도입으로 콘텐츠 디자인 외에도 HTML, CSS, jQuery를 활용한 코딩 역량이 주요 검증 과제로 포함되었습니다. 이를 통해 웹디자인 기획, 설계, 구현, 웹 표준 준수 및 접근성, 그래픽 디자인과 콘텐츠 제작 등 프로젝트 전반에서 웹페이지 디자인과 개발 직무에 대한 종합적인 이해도를 평가하고 있습니다.

또한, 2025년부터 종목명이 웹디자인개발기능사로 변경됨과 동시에 필기시험 기준이 대대적으로 개편되었습니다. 이에 따라 웹디자인 개발과 관련된 프로젝트를 분석, 설계, 구현하여 인터넷 환경에 효과적으로 적용할 수 있는지를 평가하는 데 중점을 두고 있습니다.

이 책은 변화된 출제 기준에 맞춰 웹디자인 및 개발에 관한 이론과 최신 기출 문제를 신속히 반영함으로써, 독자분들이 변경된 자격시험에 효과적으로 적응할 수 있도록 돕고자 제작되었습니다. 독자분들의 시험 합격을 진심으로 기원하며, 이 책의 완성에 힘써주신 모든 분과 영진닷컴 관계자 여러분께 깊은 감사를 드립니다.

윤미선

- 서울여대 초빙교수
- 한국생산성본부, 한국언론진흥재단 자문
- 춘천교대대학원(AI융합교육), 지방자치인재개발원, KMOOC 강의
- 서울디지털대, 서경대, 동국대, 가천대, 세종대, 연세대 등 특강 다수
- (전) 앤윤닷컴 대표

수상
- 국방부 장관상 수상
- 한국생산성본부 우수지도자 회장상
- 서울여대 우수강사 4회 수상

저서
- 웹디자인개발기능사 필기 기본서
- IEQ지도사 인터넷윤리자격, 디지털 윤리, 인공지능 윤리로 갓생살기, 미디어 교육사 등

PART
01

프로토타입
기초데이터 수집
및 스케치

웹디자인 및 개발에 있어서 기초데이터 수집과 레퍼런스 조사 · 분석에 대해 익히고, 프로젝트의 기본 개념과 용어, 아이디어 시각화를 통한 프로젝트의 가능성을 파악합니다.

CHAPTER

기초데이터 및 레퍼런스 수집

학습 방향

기초데이터와 레퍼런스를 수집하는 방법에 대해 익히고 프로젝트의 개념을 이해하는 것이 중요합니다. 프로젝트 관련 문서와 저작권에 대해 학습합니다.

출제빈도

SECTION 01	중	30%
SECTION 02	상	40%
SECTION 03	중	30%

※ 출제빈도의 경우 2025년 이후로 변형된 기준에 맞춰 작성되었습니다.

기초데이터와 레퍼런스 데이터 수집

▶ 합격 강의

출제빈도 상 ⓒ 하
반복학습 ① ② ③

빈출 태그 기초데이터 · 레퍼런스 · 프로토타입

🅵 기적의 TIP

레퍼런스
프로젝트와 디자인 작업에 참고할 수 있는 자료로 컬러 팔레트, 타이포그래피, 아이콘, 레이아웃 등은 디자인 레퍼런스에 해당된다.

01 프로토타입을 위한 기초데이터와 레퍼런스

• 프로토타입(Prototype)이란 최종 제품의 디자인과 실제 사용자 상호작용을 테스트하기 위해 구현한 시뮬레이션 모델로서 '시제품' 이라고도 한다.
• 프로토타입을 제작하기 위해서는 사용자 요구와 시장 동향 등을 파악해야 하는데, 이러한 과정이 기초데이터 수집과 레퍼런스 조사 · 분석이다.
• 기초데이터는 사용자 요구, 시장 조사(리서치), 기술적 요구사항 등을 포함하는 중요한 정보로 프로젝트의 기초를 형성하는 모든 데이터이다.
• 레퍼런스(Reference)는 프로젝트 진행과 디자인 작업 시 참고할 수 있는 모든 자료이다.
  예 디자인 레퍼런스 : 컬러 팔레트, 타이포그래피, 아이콘, 레이아웃 등
• 레퍼런스는 프로토타입 제작 과정에서 트렌드(Trend) 파악을 통해 디자인의 영감을 얻거나, 산업 표준과 디자인 가이드라인을 준수하기 위해 조사 · 분석한다.

02 기초데이터 수집

• 설문조사, 인터뷰, 관찰 조사 등을 통해 사용자 데이터를 수집한다.
• 경쟁사 조사, 산업 트렌드, 시장 동향 등을 통해 시장 데이터를 수집한다.
• 웹디자인과 개발에 사용되는 프로그래밍 언어, 개발 도구, 브라우저 호환성, 성능 요구 사항 등의 기술 데이터를 수집한다.

1) 기초데이터 수집 방법

✅ 개념 체크

1 (   )은/는 최종 제품의 기능과 디자인을 사전에 확인하기 위해 간략히 만든 시제품이다.

2 많은 참여자들을 대상으로 모두에게 동일한 질문지를 주고 다수의 사람에게 동시에 진행할 수 있는 데이터 수집 방법은 인터뷰이다. (O, X)

1 프로토타입 2 X

설문조사	• 참여자 모두에게 동일한 질문지를 주고 다수의 사람에게 동시에 진행 • 서면 또는 온라인으로 응답 수집 가능 • 응답자가 많아 데이터 수집이 효율적 • 비용과 시간이 절약됨, 익명성을 보장하며 진행 가능 • 표준화된 질문으로 인해 응답이 제한적일 수 있음 • 시장 조사, 고객 만족도 조사 등에 활용 • SurveyMonkey, Google Forms, Typeform 등을 활용
인터뷰	• 심층적인 정보나 개인의 견해를 수집 • 대면, 전화, 온라인 등을 통해 1:1 대화 형식으로 정보 수집 • 깊이 있는 정보와 상세한 응답을 얻을 수 있음 • 개인의 생각과 감정을 깊이 있게 이해할 수 있음 • 시간과 비용이 많이 들며, 응답자의 협조가 필요함 • 채용 면접, 심층 인터뷰 등에 활용

관찰조사	• 행동이나 상황을 직접 관찰하여 데이터 수집 • 직접 현장에 나가서 상황을 관찰하고 기록 • 실제 상황을 기반으로 생성한 데이터를 수집 • 자연스러운 행동과 상황을 관찰하여 신뢰성 높은 데이터 수집 • 시간 소요가 크고, 관찰자의 주관이 개입될 가능성 있음 • 사용자 경험 조사, 사회적 행동 연구 등에 활용

03 레퍼런스 조사 · 분석

• 레퍼런스 조사는 시장과 기술의 변화를 이해하고 대응하게 하며, 고객의 요구사항 과 기대를 파악하고, 이를 웹사이트 설계에 반영할 수 있도록 해준다.

• 프로토타입 제작 과정에서 아이디어를 발전시키고, 유사한 문제에 대한 해결책을 도출하며, 디자인의 일관성과 완성도 향상, 사용자 경험 개선 등의 역할을 한다.

• 레퍼런스 조사는 어떤 종류의 레퍼런스가 필요한지, 무엇을 얻고자 하는지를 목표 를 명확하게 설정한 후 시작한다.

• 레퍼런스 조사는 글로벌 트렌드, 이머징 이슈(Emerging Issue) 등을 통한 최신 동향 조사, 경쟁사 분석을 통한 벤치마킹, 우수 디자인 분석, 설문조사, 인터뷰 등 다양한 방법을 활용한다.

• 레퍼런스 조사를 통해 사회적, 문화적, 심리적 트렌드를 파악하도록 한다.

• 수집된 레퍼런스 분석을 통해 최신 트렌드, 사용자들이 선호하는 디자인, 기술적 요구 사항 등을 파악하여 개선할 사항과 디자인에 반영시킬 사항 등을 도출하도록 한다.

• 레퍼런스 분석을 차트, 그래프, 인포그래픽 등으로 시각화해두면 빠르게 식별할 수 있어 전달력과 이해도를 높일 수 있으며, 고객과의 의사소통을 원활하게 하고 프로 젝트 팀원 간 협업을 개선할 수 있다.

🅱 기적의 TIP

레퍼런스 조사
글로벌 트렌드, 이머징 이슈 등 최신 동향 조사와, 경쟁사 분석, 우수 디자인 분석, 설문 조사, 인터뷰 등을 활용하며, 이를 통해 시장과 기술의 변 화를 이해하고 고객의 요구 사항을 파악한다.

1) 레퍼런스 조사 방법

비언어적 요소 조사 · 기록 기술	• 학술 논문, 기사 등 문헌 자료 • 관찰 연구 • 인터뷰, 설문조사 등을 통한 정성적 결과 도출
정보 검색 기술	• 학술 데이터베이스를 통한 검색 • 인터넷 검색, 검색엔진 활용 • 소셜미디어를 활용한 사용자 반응 검색

- 트렌드(Trend)
  - 디자인 트렌드는 디지털 기술과 디자인 분야의 현재와 미래 동향을 반영한다.
  - 트렌드를 조사하고 분석하는 것은 미래를 예측하는 데 중요한 요소이며, 경쟁 시장에서 앞서 나가기 위한 필수적인 작업이다.
  - 최신 웹 트렌드를 반영하는 것은 사용자 경험을 향상시키고, 브랜드 인지도를 높이며, 시장에서의 경쟁 우위를 확보하는 데 중요한 역할을 한다.
- 이머징 이슈(Emerging Issue)
  - 이머징 이슈란 사회적으로 큰 파급 효과를 일으킬 수 있는 트렌드나 기술을 의미한다.
  - 웹디자인에서 이머징 이슈는 최신 기술, 디자인 트렌드, 사용자 행동 변화 등 새롭게 등장하는 주제를 의미한다.
  - AI와 머신러닝 기술을 활용한 사용자 맞춤형을 제공한다.
  - 예 챗봇을 통한 고객 지원, 음성 인터페이스(Voice Interface), 증강현실(AR) 및 가상현실(VR) 활용 등

2) 경쟁사 분석(Competitive Analysis)

- 경쟁사 분석은 비즈니스 전략의 중요한 부분으로, 경쟁사의 강점, 약점, 전략 등을 파악하여 자사의 전략을 개선하고 시장 경쟁력을 높이는 과정이다.
- 웹디자인 프로세스 중 시장 조사 단계에서 실행하며, 타사 웹사이트의 장단점을 분석하고 차별점을 찾아 자사 웹사이트에 대한 전략을 수립한다.

경쟁사 식별	• 주요 경쟁사를 식별하고 그들의 시장 점유율을 파악 • 경쟁사의 제품이나 서비스의 품질, 가격, 기능 등을 분석
웹사이트 디자인	• 웹사이트 디자인 분석 : UI 디자인 특징, 컬러 팔레트 등 • 사용자 경험(UX) 분석 : 반응형 디자인 여부, 디바이스별 작동, 내비게이션 설계 등 • 레이아웃 분석 : 레이아웃 종류, 섹션의 구분 방식 등
콘텐츠	• 제공하는 콘텐츠 종류 및 콘텐츠 품질 분석 • 콘텐츠 업데이트 빈도, 콘텐츠 전달 방식 등을 분석
기능 및 서비스	• 경쟁사가 제공하는 웹사이트 기능 및 서비스의 특징 • 사용 편의성 및 성능 분석 : 소셜 로그인 기능을 지원 여부, 검색 옵션 및 속도, 결제 옵션과 과정, 고객지원 서비스 등
검색 엔진 최적화(SEO)	경쟁사의 SEO 전략 및 웹사이트의 검색 엔진 순위 분석
고객 리뷰 및 피드백	경쟁사의 고객 리뷰와 피드백을 검토하여 만족도와 불만사항을 파악 예 경쟁사의 소셜미디어 활동, 팔로워 수, 사용자 참여도 분석

3) 경쟁사 분석 방법

SWOT 분석	• 강점(Strengths), 약점(Weaknesses), 기회(Opportunities), 위협(Threats)을 체계적으로 분석 • 경쟁 환경에서 자사와의 비교를 통해 전략적 우위 도출
벤치마킹(Benchmarking)	• 우수한 사이트를 타켓으로 하여 여러 항목에서 강점, 유사점, 단점 등을 비교하고 평가한 후 우수한 기능을 도입하여 응용하는 것 • 경쟁사의 최고 사례와 자사의 성과를 비교하여 개선 방안 도출 • 시행착오를 줄이고 시장 흐름을 이해하는 데 도움을 주며, 경쟁 사이트 분석을 통해 시장에서의 경쟁력 재고
시장 조사	경쟁사 웹사이트 트래픽, 사용자 만족도 및 브랜드 인지도 조사
웹사이트 디자인 분석	웹사이트 디자인, 사용자 경험(UX), 색상 및 레이아웃 분석

4) 경쟁사 분석 이점

전략적 우위 확보	경쟁사의 강점과 약점을 파악하여 자사의 디자인과 기능을 개선
리스크 관리	시장 내 위협 요소 사전 파악 및 리스크 관리, 대응 전략 수립
고객 이해도 향상	경쟁사의 웹사이트 리뷰와 피드백 분석을 통해 사용자의 요구와 기대를 파악하고 이해

5) 웹사이트 사용자 유형

일반 사용자(Casual Browser)	특정 목적 없이 웹사이트의 다양한 섹션을 탐색하는 사용자
프로슈머(Prosumer)	• 생산자(Producer)와 소비자(Consumer)의 합성어로 소비자인 동시에 생산자 역할 • 웹디자인의 초기 컨셉부터 최종 결과물에 이르기까지 다양한 단계에서 의견과 피드백을 제공 • 웹사이트에 필요한 콘텐츠를 직접 제작하거나 제공 • 자신의 네트워크를 통해 웹사이트를 홍보하고 더 많은 사용자를 유치
정보 탐색자(Information Seeker)	• 특정 정보나 질문에 대한 답을 찾기 위해 웹사이트를 방문 • 검색 기능 사용, 기사 읽기, 관련 섹션 탐색
충성고객(로얄컨슈머)(Loyal Consumer)	• 웹사이트에 강한 신뢰를 가진 고객으로 지속적으로 관심을 가지고 방문하는 사용자 • 계정 생성, 뉴스레터 수신, 로열티 프로그램 참여
피드백 제공자(Feedback Provider)	• 적극적으로 피드백, 리뷰, 평점을 제공하는 사용자 • 댓글 남기기, 설문 조사 참여, 경험 공유
인플루언서(Influencer)	• 많은 팔로워를 보유한 온라인 영향력 있는 사람 • 링크 공유, 리뷰 작성, 콘텐츠 제작, 팔로워에게 웹사이트 홍보
콘텐츠 제작자(Content Creator)	• 블로그 글, 비디오, 이미지 등 콘텐츠를 제공하는 사용자 • 정기적으로 새로운 콘텐츠 업로드, 다른 사용자와 상호작용, 커뮤니티 참여
지원 요청자(Support Seeker)	• 고객 지원을 받거나 제품이나 서비스 문제를 해결하기 위해 방문하는 사용자 • 실시간 채팅, FAQ, 도움말 센터, 연락 양식 사용
구독자(Subscriber)	• 정기적인 업데이트, 뉴스레터 또는 프리미엄 콘텐츠를 받기 위해 구독하는 사용자 • 제공된 콘텐츠와 상호작용, 독점 이벤트 참여, 구독 갱신

🅕 기적의 TIP

프로슈머
웹디자인의 생산과 소비 과정에서 능동적인 역할을 하는 사용자를 의미한다.

프로젝트 개념 및 구조

▶ 합격 강의

빈출 태그 ▶ 프로젝트 • 프로젝트 착수 • 제안요청서 • 제안서

---

01 프로젝트

1) 프로젝트의 개념

> **기적의 TIP**
>
> **프로젝트**
> 고유성과 일시성을 가진 활동으로, 특정 목표를 달성하기 위해 일정 기간 동안 수행되는 일시적인 노력(활동)이다.

- 프로젝트는 디자인 개발의 총체적인 진행 단계로서, 고유한 제품, 서비스 또는 결과물을 산출하기 위해 일정 기간 동안 수행되는 일시적인 노력(활동)이다.
- 프로젝트는 명확한 시작과 끝이 있으며, 정의된 범위, 시간, 예산 내에서 진행된다.
- PMI(Project Management Institute)가 발행한 PMBOK(Project Management Body of Knowledge)는 프로젝트 관리에 관한 지식과 표준을 체계적으로 정리한 지침서이다.
- PMBOK는 프로젝트 관리자가 프로젝트를 성공적으로 계획, 실행 및 통제하는 데 도움을 주기 위한 필수 자원으로 전세계적으로 널리 사용된다.
- PMBOK는 프로젝트에 관한 5개 프로세스 그룹, 지식 영역, 프로젝트 관리 방법론 등을 포함한다.

5개 프로세스 그룹	착수 – 계획 – 실행 – 감시 및 통제 – 종료
10개 지식 영역	통합 관리, 범위 관리, 일정 관리, 비용 관리, 품질 관리, 인적자원 관리, 의사소통 관리, 리스크 관리, 조달 관리, 이해관계자 관리 등

2) 프로젝트의 특성

고유성	일상적인 운영 활동과는 다르며, 고유한 결과물을 생산하기 위해 수행됨
일시성	• 프로젝트는 시작과 끝이 정해져 있음(한시성) • 일정기간 동안만 지속되며, 목표 달성 후 종료됨
점진적 상세화	프로젝트는 진행됨에 따라 세부 사항이 점차 구체화됨

3) PMBOK의 5단계 프로세스 그룹

시작	계획	실행	모니터링 및 제어	종료
프로젝트 승인 프로젝트 시작	프로젝트 범위 설정 및 목표 구체화	프로젝트 수행	진행 상황 및 성과 추적/변경	최종 결과물 전달 문서 작성 및 보관

4) PMBOK에 기반한 웹디자인 프로세스

프로젝트 기획 ➡ 웹사이트 계획 ➡ 사이트 구축, 디자인 및 개발 ➡ 테스트 및 디버깅 ➡ 배포, 홍보, 유지보수

5) 프로젝트 관련 용어

성과 (Outcome)	프로젝트가 완료된 후 얻어지는 최종 결과 • 산출물(Output) : 구체적인 결과물 • 아티팩트(Artifact) : 프로젝트 수행 과정에서 생성되거나 사용되는 모든 유형의 문서, 도구, 산출물 • 프로젝트 활동을 통해 얻어진 이점과 가치
포트폴리오 (Portfolio)	전략적 목표를 달성하기 위해 한데 모아 그룹으로 관리되는 프로젝트, 프로그램, 보조 포트폴리오 및 운영
제품 (Product)	프로젝트 결과물 중 하나로, 생산되며 정량화가 가능하고 최종 완성된 형태의 산출물
프로그램 (Program)	여러 관련된 프로젝트와 프로그램 활동을 조정하여 관리하는 집합
프로젝트 관리 (Project Management)	프로젝트 요구 사항을 충족하기 위해 지식, 기술, 도구 및 기법을 적용하여 프로젝트 활동을 안내하는 것
프로젝트 관리자(PM) (Project Manager)	프로젝트 목표를 달성할 책임이 있는 프로젝트 팀을 이끄는 사람
프로젝트 팀 (Project Team)	프로젝트 작업을 수행하여 목표를 달성하는 개인 집합
가치 (Value)	프로젝트가 창출하는 이점, 중요성, 유용성 및 프로젝트 결과물(산출물)을 통해 조직, 고객, 이해관계자 등이 얻게 되는 혜택

🅑 기적의 TIP

• 산출물 : 프로젝트의 구체적인 결과물
• 제품 : 생산되고 정량화 가능하며 최종 완성된 형태의 산출물

02 프로젝트 관련 문서

• 프로젝트를 성공적으로 관리하고 수행하기 위해서 다양한 문서들이 사용된다.
• 각 문서는 프로젝트의 각 단계에서 중요한 정보를 제공하고, 팀 간의 의사소통을 원활하게 도와준다.

제안요청서(RFP) (Request for Proposal)	• 프로젝트 발주기관이 제안서 제출을 요청하기 위해 작성 • 프로젝트 요구사항, 범위, 제안서 작성 지침, 제출 방법, 평가 기준 등을 안내
제안서(Proposal)	• 서비스를 공급하려는 업체가 발주기관에 제출하기 위해 작성 • 프로젝트 차별화 전략, 계획, 수행능력, 예산, 기대효과 등을 설명
프로젝트 계획서	프로젝트 제안서 승인 후, 상세한 계획을 수립하기 위해 작성
최종 보고서	• 프로젝트 종료 시 작성 • 프로젝트 전체 과정을 정리하고 성과 평가

✔ 개념 체크

1 ( )은/는 프로젝트의 개요 및 목적, 차별과 전략 및 제작 일정 등을 작성하는 문서이다.

2 제안서는 프로젝트 발주기관에서 작성하는 문서이다. (O, X)

1 제안서 2 X

03 마르미(MaRMI) 아키텍처

1) 마르미(MaRMI) 아키텍처의 개념

- 마르미(MaRMI, Magic and Robust Methodology Integrated)는 국내에서 개발된 한국형 정보시스템 개발 방법론으로, 국내 개발 여건에 맞추어 체계적으로 개발 과정을 관리하는 방법론이다.
- 다양한 개념, 방법, 기법, 절차 및 경험적 지식을 통합하여 개발 관련 모든 이해관계자와 클라이언트의 요구를 충족시킨다.
- 여러 버전을 거쳐 발전해 왔으며, 최신 버전은 마르미-III(MaRMI-III)로, 컴포넌트 기반 개발(Component-Based Development)에 중점을 두고 있다.
- 컴포넌트 기반 개발(CBD, Component-Based Development)은 소프트웨어 시스템을 독립적이고 재사용 가능한 컴포넌트(구성요소)로 분리하여 개발하는 접근 방식이다.
- 마르미-III(MaRMI-III)는 4개의 공정과 30개의 활동으로 구성되며, 각 단계에서 내외부 이해관계자들의 커뮤니케이션을 위한 산출물 지침을 제공한다.

2) 마르미 아키텍처에 따른 개발공정 7단계

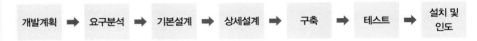

개발계획 ➡ 요구분석 ➡ 기본설계 ➡ 상세설계 ➡ 구축 ➡ 테스트 ➡ 설치 및 인도

3) 마르미의 특징

국제표준 수용	ISO/IEC 12207 개발 공정을 기반으로 함
개발 공정의 계층화	개발 과정을 체계적으로 나누어 관리함
UML 기반	객체지향 모델링을 사용하여 시스템 설계
위험 관리	개발 과정에서 발생할 수 있는 위험 관리
EJB 기반	Enterprise Java Beans를 사용하여 애플리케이션 개발

4) UML(Unified Modeling Language)

- 국제 표준화 기구(OMG)에서 정의한 시스템 개발에서 객체지향 설계를 시각적으로 표현하기 위한 표준 모델링 언어이다.
- 다양한 응용 분야에서 사용될 수 있는 범용성을 가지고 있어 다양한 시스템 설계에 유용하다.
- 여러 가지 다이어그램을 사용하여 시스템의 구조와 동작을 시각적으로 표현한다.

클래스 다이어그램(Class Diagram)	시스템의 정적 구조
시퀀스 다이어그램(Sequence Diagram)	객체 간의 상호작용을 시간 순서대로 표현
유스케이스 다이어그램(Usecase Diagram)	시스템 사용 방법을 나타냄
상태 다이어그램(State Diagram)	객체의 상태 변화와 이벤트 표현
액티비티 다이어그램(Activity Diagram)	프로세스의 흐름 표현

5) 마르미-III 구성

개요서	방법론의 전반적인 개요를 제공하는 문서 • 마르미 방법론이 어떤 목적을 가지고 있으며, 어떻게 구성되어 있는지 설명 • 마르미-III가 컴포넌트 기반 개발을 중심으로 하고 있음을 강조하며, 주요 구성요소와 각 단계의 개요를 설명
절차서	• 프로젝트를 진행하는 동안 필요한 활동과 작업을 정의한 문서 • 총 4개 구성 단계, 30개 활동으로 구성되고 세부 작업을 수행 • 각 작업은 100여 개의 입력/출력 산출물을 포함함

절차서	계획 단계	프로젝트의 목표와 범위를 정의하고, 초기 계획을 수립하는 단계
	아키텍처 단계	시스템의 전체 구조 설계, 각 컴포넌트의 역할을 정의하는 단계
	점진적 개발 단계	시스템을 점진적으로 개발하여 통합하는 단계
	인도 단계	최종 시스템을 완성하고, 사용자에게 인도하는 단계

기법서	프로젝트 진행 시 사용할 수 있는 다양한 기법과 도구를 설명한 문서 ⑩ 요구사항 수집 및 분석 기법, 시스템 설계 기법, 테스트 기법, 프로젝트 관리 기법
양식정의서	프로젝트 진행 중 생성되는 산출물의 양식을 정의한 문서 ⑩ 프로젝트 계획서 양식, 요구사항 문서 양식, 설계 문서 양식, 테스트 계획서 양식
적용사례서	• 실제 프로젝트에 적용한 사례를 설명한 문서 • 방법론의 적용 가능성을 이해하고, 구체적인 예시를 통해 실무에 활용할 수 있도록 제시 ⑩ 실제 프로젝트 적용 사례, 적용 시 문제점과 해결 방안, 성공 사례 분석

04 WBS(Work Breakdown Structure)

1) WBS의 개념

- WBS(작업분류체계)란 프로젝트 관리에서 프로젝트를 구성요소로 분할하여 체계적으로 관리하는 방법 또는 체계를 의미한다.
- WBS를 통해 프로젝트의 각 작업 단계와 세부 작업을 명확히 이해하고 관리할 수 있다.
- 프로젝트 산출물이 최상위 수준에 위치하고, 각 단계마다 주요 산출물이 정의된다.
- WBS는 일반적으로 트리구조 다이어그램 형태로 시각적으로 표현된다.

> **🅟 기적의 TIP**
>
> **WBS(작업분류체계)**
> 프로젝트를 작은 구성요소로 쪼개어 체계적으로 관리하는 방법이며, 일반적으로 트리구조 다이어그램으로 표현된다.

2) WBS 주요 요소

프로젝트 목표	WBS의 최상위 수준에 프로젝트 전체 목표나 산출물이 위치
주요 단계	프로젝트를 주요 단계로 분할하고, 각 단계의 주요 산출물 정의
작업 패키지	각 단계를 더 작은 작업 단위로 분할, 구체적인 작업 패키지 작성
작업 할당	각 작업 패키지에 필요한 자원 할당 및 책임자 지정

3) WBS 특징

계층적 구조	프로젝트를 계층적으로 나누어 단계별로 수행해야 할 작업들을 정의함, 각 작업은 특정 산출물 생산
명확한 정의	각 작업을 세부적으로 정의함으로써 목표와 기대되는 산출물을 명확히 함
책임 분담	각 작업과 산출물에 대한 책임(부서, 팀원 등)을 명확히 할 수 있음
진척 관리	프로젝트 진행 상황을 추적하고 관리하는 데 유용함
자원 배분	각 작업에 필요한 자원을 효과적으로 배분. 필요한 인력, 시간, 비용 등을 구체적으로 계획하고 관리

4) WBS 작성과 프로젝트 일정 수립

WBS 작성	프로젝트를 전체 작업을 달성가능한 작은 작업 단위로 세분화함
작업 순서 결정 및 의존성 정의	작업 간의 선후관계를 파악하여 순서 결정
작업 기간 추정	각 작업에 필요한 시간 예측
자원 할당	팀원과 자원을 각 작업에 배정
스케줄링 도구 사용	간트차트 등의 도구를 활용하여 타임라인 시각화 에 간트차트(Gantt Chart) : 프로젝트 관리 도구 중 하나로, 작업의 일정과 진행 상황을 시각적으로 표현하는 도구, 타임라인(Timeline)을 기준으로 작업의 시작일과 종료일, 작업 간의 의존 관계 등을 직관적으로 보여줌

▲ WBS 다이어그램

▲ 간트차트

▶ 합격 강의

01 산업재산권

• 산업재산권은 주로 상업적 또는 산업적 활동과 관련된 지적재산권으로, 디자인, 상표, 발명 및 기타 상업적 자산을 보호하는 역할을 하는 권리이다.
• 디자이너, 상표 소유자, 발명가 등이 자신의 혁신적 아이디어를 보호하고 경제적 이익을 확보할 수 있도록 한다.

특허권	• 고도의 발명에 대해 독점적인 권리를 부여 • 출원일로부터 20년간 보호
상표권	• 특정 상품이나 서비스에 대한 상표, 로고, 브랜드명 등 고유의 표시를 보호 • 최초 등록일로부터 10년간 보호(갱신 가능)
디자인권	• 제품의 외관, 형태, 디자인에 대한 독점적인 권리를 부여 • 최초 등록일로부터 15년간 보호
실용신안권	• 작은 개량, 기술적 소발명 등을 보호 • 출원일로부터 10년간 보호

02 저작권

• 저작권은 저작자(창작자)가 자신의 저작물(창작물)에 대해 가지는 배타적 권리이다.
• 저작자는 인격적 권리인 저작인격권과 재산적 권리인 저작재산권을 가진다.
• 저작물은 독창적이어야 하며, 고정된 형태로 표현하는 외부성을 가져야 한다. 즉, 아이디어처럼 고정된 형태로 표현되지 않은 것은 저작물로 인정되지 않는다.
• 저작물은 창작된 순간부터 자동으로 저작권 보호를 받으며 이에 대한 대상으로는 문서, 음악, 그림, 소프트웨어 등이 있다.
• 기존 저작물을 바탕으로 만들어진 2차적 저작물(편곡, 번역, 영상 제작 등 창작 요소가 있는 것)도 저작물로 인정되어 보호받는다.
• 사실의 전달에 불과한 시사보도, 헌법, 법률, 법원의 판결 등은 저작권의 보호 대상이 아니다.
• 웹상의 이미지나 영상은 대부분 저작권으로 보호받으므로, 무단 복제를 피하고 저작권자의 허락없이 사용하지 않도록 주의한다.
• 사용이 허락된 저작물도 사용 범위와 요건 등을 확인 후 사용하며, 출처를 명확히 하여 저작권 침해를 방지해야 한다.

🅱 기적의 TIP

저작권은 저작자가 자신의 저작물에 대해 가지는 배타적 권리이다. 저작물은 독창성과 외부성을 가져야 한다.

✓ 개념 체크

1 저작인격권 중 저작물이 저작자의 의도와 다르게 수정되거나 훼손되지 않도록 보호하는 권리를 (   )(이)라고 한다.

1 동일성유지권

- 공공저작물은 정부, 공공기관, 또는 기타 공익을 위해 만들어진 저작물로, 일반적으로 저작권 제한 없이 국민 누구나 자유롭게 사용할 수 있다.
- 공공저작물 중 안심글꼴은 저작권 침해 없이 사용할 수 있는 글꼴이다.

1) 저작인격권

- 저작인격권은 저작자가 자신의 저작물에 대해 가지는 비재산적 권리로, 저작자의 인격을 보호하기 위한 권리이다.
- 저작인격권은 타인에게 양도가 불가능하며, 저작자가 사망한 이후에도 보호받는다.

공표권	• 저작물의 최초 공표 여부와 시기를 결정할 권리 • 자신의 저작물을 언제, 어디서, 어떻게 공표할지 선택할 권리 • 공표하지 않은 저작물을 저작자가 도서관 등에 기증할 경우, 별도의 의사를 표시하지 않는다면 기증한 때에 공표에 동의한 것으로 간주(저작권법 제31조)
성명표시권	• 저작자가 저작물에 이름(실명, 예명 또는 이명)을 표시할 권리 • 저작자가 자신의 이름을 알릴 수 있는 권리로, 저작자가 원할 경우 저작물에 자신의 성명을 명시하거나, 반대로 익명이나 가명으로 발표할 수 있음
동일성유지권	• 저작물의 내용, 형식 및 제호 등 원형을 유지 • 저작물이 저작자의 의도와 다르게 수정되거나 훼손되지 않도록 보호하는 권리로, 저작자의 명예와 신용을 유지함

2) 저작재산권

- 저작재산권은 저작자가 자신의 저작물을 통해 경제적 이익을 얻을 수 있도록 보호하는 권리이다.
- 타인에게 양도가 가능하며, 저작자가 생존하는 기간 및 사망 후 70년까지 보호받는다.

복제권	• 복제란 저작물을 인쇄 · 사진 촬영 · 복사 · 녹음 · 녹화 · 다운로드 그 밖의 방법으로 유형물에 고정하거나 유형물로 다시 제작하는 것 • 복제권은 책, 음악, 소프트웨어 등의 저작물을 복제할 수 있는 권리
배포권	저작물을 판매하거나, 무료로 배포하거나, 기타 방법으로 유통할 수 있는 권리
공연권	저작물이나 실연 · 음반 · 방송을 상연, 연극, 음악 공연, 영화 상영 등 다양한 형태의 공개, 공연을 통해 저작물을 선보일 수 있는 권리
공중송신권	저작물을 대중이 수신하거나 접근할 수 있도록 무선 또는 유선 통신의 방법으로 송신하거나 이용할 수 있게 하는 권리(방송권, 전송권, 디지털 음성 송신권 등이 포함됨)
전시권	미술 작품, 사진 등 시각 예술 작품을 공개적으로 전시할 권리
대여권	영리를 목적으로 저작물을 타인에게 대여할 수 있는 권리
2차적저작물작성권	• 원 저작물을 바탕으로 한 2차적 저작물을 작성할 권리 • 원 저작물을 기반으로 한 번역, 편곡, 영상제작, 각색 등을 포함

✅ 개념 체크

1 저작자가 공표하지 않은 저작물을 저작자가 도서관 등에 기증할 경우, 기증한 때에 공표에 동의한 것으로 간주한다. (O, X)

2 책, 음악, 소프트웨어 등의 저작물을 복제할 권리를 ( )(이)라고 한다.

3 2차적저작물작성권은 기존의 저작물을 바탕으로 새로운 저작물을 창작하는 권리이다. (O, X)

1 O 2 복제권 3 O

3) 저작인접권

- 저작인접자란 저작물의 저작자 외에 저작물과 관련된 활동을 통해 권리를 가지는 사람으로, 저작인접자들에게 부여되는 권리를 저작인접권이라고 한다.
- 저작물을 이용하는 실연자, 음반제작자, 방송사업자 등의 권리이다.

실연자의 권리	• 가수, 배우, 연주자 등의 실연자가 자신들의 실연을 보호받을 권리 • 공연의 녹음, 방송, 복제 등에 대해 통제할 수 있는 권리를 포함
음반제작자의 권리	• 음반을 제작한 사람이나 기업이 그 음반을 보호받을 권리 • 음반의 복제, 배포, 대여 등에 대한 권리를 포함
방송사업자의 권리	• 방송 프로그램을 제작하고 방송하는 사업자가 그 방송을 보호받을 권리 • 방송의 재송신, 녹화, 복제 등에 대한 권리를 포함

4) 저작재산권의 제한

- 특정한 상황에서는 저작재산권에 대한 권리가 제한될 수 있다.
- 공공의 이익을 보호하거나 특정 상황에서 저작물의 자유로운 이용을 보장하기 위해 저작재산권을 제한한다.

사적 이용을 위한 복제	개인적인 목적으로 저작물을 복제하는 경우, 저작권자의 허락 없이 복제 가능
보도, 비평, 교육 등 이용	저작물이 비평, 보도, 교육, 연구 등의 목적으로 사용될 때 공정 이용으로 간주되어 저작권자의 허락 없이 이용 가능
도서관 등에서의 복제	도서관, 아카이브 등 공공적인 목적으로 운영되는 기관에서는 저작물을 복제하여 보존 가능
장애인을 위한 복제	시각장애인 등을 위해 점자책이나 음성책을 제작하는 경우, 저작권자의 허락 없이도 저작물 복제 가능

03 소프트웨어 라이센스

- 소프트웨어를 사용하는 경우 해당 제품의 특정 버전에 대한 합법적인 권한을 부여받아야 하는데, 이를 라이센스(License)라고 한다.
- 저작권이 저작권자가 가지는 법적 권리를 의미한다면, 라이선스는 저작권자가 자신의 저작물에 대해 타인에게 특정한 사용 권한을 부여하는 계약이다.
- 라이센스는 주로 소프트웨어를 사용하는 데 필요한 권리와 조건을 규정하며, 소프트웨어의 복제, 배포, 수정 등에 대한 권한을 포함한다.
- 오픈 소스 소프트웨어(OSS, Open Source Software)는 소스 코드가 공개되어 있으며 누구나 수정 및 배포할 수 있는 소프트웨어이다.
- 프리웨어(Freeware)는 무료로 사용할 수 있으나, 상업적 이용은 제한될 수도 있다.
- 셰어웨어(Shareware)는 일정 기간 동안 무료로 사용할 수 있지만, 이후에는 구매해야 한다.

 개념 체크

1 소프트웨어를 사용하는 데 필요한 권리와 조건을 규정한 것을 (　　)(이)라고 한다. 디지털 워터마크는 이미지나 영상에 ⓒ 마크를 삽입하는 것이다.

1 라이센스

04 워터마크(Watermark)

1) 워터마크의 개념

- 디지털 이미지나 영상 등에 삽입된 식별 정보로 저작권을 보호하고 불법 복제를 막기 위해 사용된다.
- 디지털 데이터에 숨겨진 정보로 삽입되며, 대부분 시각적으로 인식되지 않는다.

2) 워터마크 종류

가시적 워터마크	• 저작권 관련 텍스트, ⓒ 마크 또는 로고와 같은 가시적인 요소 삽입 • 사용자가 쉽게 인식할 수 있음
비가시적 워터마크	• 이미지나 영상에 보이지 않게 삽입 • 디지털 파일의 메타데이터(추가 정보), 특정 픽셀 패턴 또는 영상의 주파수 영역에 저작권 정보를 숨겨둠 • 인간의 시청각으로 인식할 수 없고 특수 소프트웨어를 통해 인식

> **➕ 더 알기 TIP**
>
> **DRM(Digital Rights Management)**
> - 디지털 콘텐츠의 저작권 관리를 위한 보호 기술로, 저작권 관리, 불법복제 방지, 사용료 부과, 사용 기간 제한 등 여러 기술을 통해 콘텐츠에 대한 권리와 이익을 보호한다.
> - DRM이 적용된 파일은 DRM 기술이 적용된 플레이어에서만 정상적으로 재생될 수 있다.

05 CCL(Creative Commons License, CC 라이선스)

저작권자가 저작물에 대해 일정한 조건 하에 이용할 수 있도록 허락하는 라이선스이다.

🛈	저작자표시(Attribution, BY) : 저작물을 사용할 때 원저작자 표기
🚫	비영리(Noncommercial, NC) : 영리 목적으로 사용 금지
=	변경금지(No Derivative Works, ND) : 저작물의 변경 금지
⟳	동일조건변경허락(Share-alike, SA) : 2차 저작물 작성 시 동일한 라이선스 적용

CHAPTER

아이디어 스케치

프로젝트 기획과 아이디어 스케치 종류를 알아 두고, 프로젝트 기획 초기에 사용되는 아이디어 발상법에 대해 이해합니다. 아이디어를 정확하게 전달하고자 이미지화하는 콘셉트의 시각화 방법들을 학습합니다.

출제빈도

| SECTION 01 | 상 | 60% |
| SECTION 02 | 중 | 40% |

※ 출제빈도의 경우 2025년 이후로 변형된 기준에 맞춰 작성되었습니다.

프로젝트 기획 의도와 아이디어 스케치

▶ 합격 강의

빈출 태그 프로젝트 기획 의도 • 아이디어 스케치 • 아이디어 발상법

01 프로젝트 기획과 아이디어 스케치

🔵 **기적의 TIP**

디자이너는 프로젝트 기획 의도, 목적, 스타일 등의 콘셉트를 시각화시킬 수 있어야 한다.

- 프로젝트 기획 의도는 프로젝트의 목표와 방향을 명확히 정의하는 것으로 프로젝트를 시작할 때 모든 이해관계자에게 프로젝트의 목적과 기대 효과를 전달한다.
- 이를 통해 프로젝트의 성공 가능성을 높이고, 팀원들이 동일한 목표를 향해 나아갈 수 있도록 한다.
- 아이디어 스케치는 프로젝트 초기 단계에서 기획 의도에 정의된 추상적인 목표와 방향을 빠르게 그림으로 표현하는 것이다.
  예 브레인스토밍에서 도출된 아이디어를 간단한 도형과 선으로 나타낸 스케치
- 아이디어 스케치는 빠르고 간단하게 그려지며, 세부 사항보다는 큰 그림과 레이아웃에 집중한다.
- 프로젝트 초기 단계에서 창의적인 브레인스토밍 도구로 사용되며, 홈페이지 디자인의 콘셉트를 이끌어 내기 위해 종이에 최대한 많이 그리면서 여러가지 구성을 만들게 된다.

1) 아이디어 스케치의 종류

섬네일 스케치 (Thumbnail Sketch)	• 섬네일 스케치는 엄지손톱(Thumbnail)이라는 단어에서 유래되었으며, 아이디어가 떠오르는 대로 여러 콘셉트나 생각을 처음으로 표현 • 메모하듯이 간략하게 그리며, 상세한 묘사보다는 전체적인 이미지나 핵심 아이디어를 기록함
스크래치 스케치 (Scratch Sketch)	• 개념 간의 관계를 시각적으로 보여주는 도구로 복잡한 아이디어를 쉽게 이해할 수 있도록 함 • 플로우차트, 조직도, 시퀀스 다이어그램 등
러프 스케치 (Rough Sketch)	• 시나리오를 시각적으로 표현하는 것으로 각 단계를 그림으로 표현하여 사용자 경험을 시뮬레이션함 • 웹디자인에서 화면의 구성에 대한 아이디어를 스케치하는 데 활용

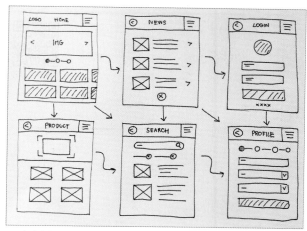

▲ 아이디어 스케치

02 아이디어 발상법

- 아이디어 발상법이란 아이디어를 도출하기 위해 사용하는 다양한 기법을 의미한다.
- 웹디자인 초기 단계에서 창의적인 아이디어를 도출하는 데 사용되며, 디자인 콘셉트를 형성하고 발전시키는 과정에서 활용된다.

브레인스토밍 (Brain Storming)	• 알렉스 오스번(Alex Osborn)에 의해 고안된 창의력 기법 • 여러 사람들이 자유롭게 생각을 나누며 많은 양의 아이디어를 도출하는 방식 • 자유로운 분위기에서 진행, 아이디어 생성 시에는 비판을 금지하고 모든 아이디어를 수용
스캠퍼 (SCAMPER)	• 밥 에벌(Bob Eberle)이 개발한 창의적 문제 해결 기법 • 대체(Substitute), 결합(Combine), 응용(Adapt), 변경(Modify)/확대(Magnify)/축소(Minify), 다른 용도로 사용(Put to other uses), 제거(Eliminate), 재배열(Reverse/Reaatange)로 이루어짐 • 각 단어는 질문을 이끌어내기 위한 것으로 아이디어의 출발점 제공
HMW 질문법 (How Might We)	• 문제를 해결하기 위해, 문제를 '어떻게 할 수 있을까?'라는 질문 형식으로 재구성하는 방법 • 질문을 바탕으로 다양한 아이디어를 브레인스토밍하고 실현가능한 해결책을 모색
연상결합법 (Image Association)	관련이 없는 사건이나 요소로부터 주관적으로 떠오른 정보에서 유사점이나 차이점을 결합시킴으로써 아이디어를 도출하는 방법
입출력법 (Input/Output System)	주어진 문제(Input)에 대해 강제로 도달해야 하는 지점(Output)을 연결시키는 방법 ⑩ '문 앞에 서면 문이 열린다'에서 '문 앞에 서면'은 입력(Input), '문이 열린다'는 출력(Output)
시네틱스법 (Synectics)	• 서로 관련이 없어 보이는 요소들을 결합하여 새로운 아이디어를 도출하는 방법 • 직접적으로 유추하거나 대상을 의인화 또는 상징적인 것을 떠올리는 방법
고든법 (Gordon Method)	미국 고든이 고안한 아이디어 발상법으로 짧은 키워드만 제시하고 아이디어를 자유롭게 펼쳐나감 ⑩ '핸드폰 회사와 관련한 웹디자인'에 관한 주제인 경우 사회자가 '건다'로만 제시한 채 회의를 진행
체크리스트법 (Checklist)	다양한 항목을 질문 형태로 체크리스트를 만들어 여러 사항을 검토하고 분석

콘셉트의 시각화

▶ 합격 강의

출제빈도 상 중 하
반복학습 1 2 3

빈출 태그 콘셉트 시각화 • 다이어그램 • 스토리보드 • 인포그래픽

01 콘셉트 시각화

1) 콘셉트 시각화의 개념

• 콘셉트 시각화는 아이디어나 개념을 시각적으로 표현하여 보다 명확하게 전달하는 과정이다.
• 추상적인 개념을 구체화하고, 이해관계자들 간의 원활한 의사소통을 돕는 데 중요한 역할을 한다.
• 콘셉트 시각화는 주로 수치 데이터를 포함하지 않는 아이디어를 정확하게 전달하고자 이미지화하는 것이다.
• 콘셉트 시각화 단계의 활동으로는 아이디어 시각화, 와이어프레임 작성, 컬러 팔레트 결정, 스토리보드 구성 등이 있다.

2) 콘셉트 시각화의 방법

스케치 (Sketching)	• 초기 구상을 시각적으로 나타냄 • 러프 스케치로 시작하여, 점차 디테일을 추가한 세부 스케치로 발전시킴
다이어그램 (Diagramming)	개념 간의 관계를 시각적으로 보여주는 도구로 복잡한 아이디어를 쉽게 이해할 수 있도록 함 예 플로우차트, 조직도, 시퀀스 다이어그램 등
스토리보드 (Storyboarding)	• 시나리오를 시각적으로 표현하는 것으로 각 단계를 그림으로 표현하여 사용자 경험을 시뮬레이션함 • 웹디자인에서 화면의 구성에 대한 아이디어를 스케치하는 데 활용
프로토타입 (Prototype)	• 초기 디자인을 실체처럼 테스트하고 피드백을 수집하여 제품 개선에 활용 • 인터랙티브한 요소를 포함해 실제 사용 환경을 시뮬레이션함 • 와이어프레임 → 목업(Mockup) → 프로토타입의 순서로 진행
인포그래픽 (Infographic)	• 텍스트, 이미지, 그래프 등을 결합한 시각적 자료 • 복잡한 데이터를 시각적으로 표현하여 쉽게 이해할 수 있을 때 활용

🅑 기적의 TIP

콘셉트 시각화 요소에는 컬러, 이미지, 타입, 레이아웃 등이 있다.

✓ 개념 체크

1 시나리오를 시각적으로 표현하는 것으로, 웹디자인에서 화면의 구성에 대한 아이디어를 스케치하는 데 활용하는 것을 (   )(이)라고 한다.

2 콘셉트 시각화 요소에는 컬러, 이미지, 타입 세가지가 있다. (O, X)

1 스토리보드 2 X

3) 콘셉트 시각화의 장점

• 정보를 쉽게 전달할 수 있다.
• 이해하기 쉽다.
• 의사결정을 하는데 시간을 절약할 수 있다.
• 트렌드 식별이 가능하다.
• 고객 및 직원과 소통이 용이해진다.

02 콘셉트 시각화 요소

콘셉트를 시각화하는 데는 컬러(Color), 이미지(Image), 타입(Type), 레이아웃 (Layout) 등의 디자인 요소들이 활용된다.

컬러(Color)	• 시각적으로 가장 먼저 인식되는 요소 • 사용자에게 첫인상을 남기며, 상품에 대한 연상 작용을 일으키는 요소
이미지(Image)	상품의 키워드를 시각적으로 구체화하는데 사용되며, 사진, 그림, 동영상 등 다양한 형태로 표현될 수 있음
타입(Type)	디자인에서 사용되는 텍스트의 서체로 본문 내용을 나타내는 데 사용되지만, 때로는 시각적 이미지를 형성하는 데 활용됨
레이아웃(Layout)	텍스트, 이미지, 그래픽 요소 등의 구성요소를 시각적으로 배열하는 방법으로 컬러, 이미지, 타입 요소들의 조화를 통해 완성됨

01 홈페이지의 해당 컨셉을 이끌어내기 위해 종이에 최대한 많이 그려봄으로써 여러 가지 구성을 만들어 보는 디자인 실무의 초기 작업은?

① 브레인스토밍
② 콘텐츠디자인
③ 벤치마킹
④ 아이디어 스케치

02 웹사이트를 제작하기 위해 타사의 웹사이트를 분석하는 이유로 적당하지 <u>않은</u> 것은?

① 해당 분야의 인터넷 시장을 파악한다.
② 경쟁 사이트들을 분석하여 자신의 사이트 경쟁력을 제고한다.
③ 인터넷 시장의 흐름을 이해한다.
④ 웹사이트에 사용할 이미지를 얻는다.

03 웹페이지 제작 시 제안서에 포함될 내용으로 가장 거리가 <u>먼</u> 것은?

① 프로젝트의 개요 및 목적
② 차별화 전략 및 제작 일정
③ 팀 구성 및 예산
④ 구조설계 및 내비게이션 디자인

오답 피하기

구조를 설계하고 내비게이션을 디자인하는 단계는 웹사이트를 구축하는 단계에서 이루어진다.

04 타사의 우수한 사이트를 타깃으로 하여 여러 항목에서 강점, 유사점 단점 등을 비교하며 평가한 후 우수한 기능을 도입하는 것은?

① 벤치마킹
② UI 디자인
③ 프로모션
④ 콘셉트 개발

05 사용자들의 사용 패턴을 분석하고, 그 결과를 바탕으로 창의적으로 디자인하는 모든 과정을 뜻하는 것은 무엇인가?

① UX 디자인
② GUI
③ UI 디자인
④ 사용자 인터페이스

06 서로 다르고 관련이 없어 보이는 요소를 합친다는 의미로 보는 관점을 완전히 다르게 하여 연상되는 점과 관련성을 찾아내어 아이디어를 발상시키는 방법은?

① 브레인스토밍법
② 연상결합법
③ 입출력법
④ 시넥틱스법

오답 피하기

• ① 브레인스토밍법 : 여러 사람이 자유분방하게 의견을 제시하여 많은 양의 아이디어 도출
• ② 연상결합법 : 관련 없는 사건이나 요소의 연상에서 유사점이나 차이점을 결합해 아이디어를 도출하는 방법
• ③ 입출력법 : 주어진 문제(Input)와 목표(Output)를 강제로 연결하여 아이디어를 도출하는 방법

정답 01 ④ 02 ④ 03 ④ 04 ① 05 ① 06 ④

07 참여자 모두에게 동일한 질문지를 주며 다수의 사람에게 동시에 진행할 수 있는 조사 방법은?

① 설문조사
② 관찰 조사
③ 인터뷰
④ 온라인 커뮤니티 모니터링

08 웹사이트 제작에서 경쟁사의 웹사이트를 분석하는 이유로 틀린 것은?

① 해당 분야의 인터넷 시장을 파악한다.
② 경쟁 사이트들을 분석하여 자신의 사이트 경쟁력을 재고한다.
③ 인터넷 시장의 흐름을 이해한다.
④ 웹사이트 제작에 필요한 콘텐츠를 얻는다.

09 콘셉트 시각화 단계에서 이루어지는 활동이 <u>아닌</u> 것은?

① 아이디어 시각화
② 와이어프레임 작성
③ 컬러 팔레트 결정
④ 콘텐츠 제작

10 다음 중 브레인스토밍에 대한 설명으로 옳은 것은?

① 비판적인 사고를 바탕으로 아이디어를 평가하는 과정이다.
② 다양한 아이디어를 자유롭게 제시하고 비판없이 수용한다.
③ 한 가지 해결책을 정하고 그 방법을 구체적으로 계획한다.
④ 관련성이 낮아 보이는 개념들을 결합하여 새로운 발상을 도출한다.

11 저작권법에서 저작물을 비영리 목적으로 사용해도 되는 것은?

① 신문 기사
② 인터넷에서 검색한 사진
③ 저작자가 등록하지 않은 저작물
④ 도서관 등 공공 기관에 기부한 저작물

> **오답 피하기**
> ① 신문 기사의 경우 대부분 '무단복제, 배포 금지'라는 이용 금지 표시를 하고 있으며 저작권으로 보호받음
> ② 인터넷에서 검색한 사진은 대부분 저작권으로 보호받음
> ③ 저작자가 등록하지 않은 저작물이라고 하더라도 저작권으로 보호받음

12 마르미-III의 원칙과 절차를 웹사이트 개발에 적용하는 주된 이유와 관련이 적은 것은?

① 웹사이트를 모듈 단위로 분할하여 점진적으로 개발
② 컴포넌트 기반 개발(CBD)을 중심으로 시스템 개발
③ 시스템 개발의 각 단계에서 피드백 반영
④ 프로젝트의 재정을 계획하고 실행

> **오답 피하기**
> 마르미-III의 원칙과 절차는 주로 웹사이트 개발의 구조화, 모듈화, 점진적 개선을 중심으로 이루어지며, 이를 통해 효율적인 개발 프로세스를 구현하는 것이 목표

정답 07 ① 08 ④ 09 ④ 10 ② 11 ④ 12 ④

프로토타입 제작 및
사용성 테스트

프로토타입 제작 준비와 프로토타입 제작에 대해 살펴보고 사용자 조사 · 분석
및 사용성 테스트에 대해 알아봅니다.

CHAPTER

프로토타입 제작

학습 방향

프로토타입 제작을 위해 필요한 다양한 콘텐츠 준비에 대해 알아보고, 프로토타이핑의 의미, 프로토타입 종류와 특징에 대해 학습합니다.

출제빈도

SECTION 01	하	10%
SECTION 02	상	40%
SECTION 03	중	20%
SECTION 04	상	30%

※ 출제빈도의 경우 2025년 이후로 변형된 기준에 맞춰 작성되었습니다.

사진 · 이미지 준비

▶ 합격 강의

빈출 태그 사진 • 이미지 • 비트맵 • 벡터 • 이미지 파일 포맷

01 사진 준비

1) 사진 준비의 개념

- 사진은 카메라로 촬영한 현실의 사물이나 인물 등 실물의 장면을 담은 그림을 의미한다.
- 사진을 준비할 때는 적절한 해상도와 조명, 구도를 고려하여 촬영하거나 선택한다.
- 이미지는 더 넓은 의미로서 그래픽 프로그램으로 생성된 그림, 디지털 방식으로 편집된 사진 등을 의미한다.
- 사진과 이미지는 웹디자인에서 중요한 시각적 요소로 웹페이지의 주제와 목적에 맞는 사진을 선택하거나 제작해야 한다.
- 사진에서 구도란 사진의 주요 요소가 화면에 배치되는 방식을 의미하며, 구도는 사진의 시각적 균형과 초점을 결정한다.
- 사진 및 이미지 편집 소프트웨어로는 포토샵(Adobe Photoshop), 페인트샵 프로(PaintShop Pro)과 같은 유료 소프트웨어와 김프(GIMP, GNU Image Manipulation Program)과 같은 무료 소프트웨어 등이 있다.
- 아이콘 이미지 등을 제작하는 편집 소프트웨어로는 일러스트레이터(Illustrator), 코렐드로우(CorelDRAW) 등이 있다.

2) 웹디자인의 사진 준비 과정

① 목적에 맞는 사진 선택	• 웹페이지의 주제와 목적에 맞는 사진 선택 • 사용자 경험을 고려하여 긍정적인 경험을 할 수 있는 사진 선택
② 이미지 해상도 조정	• 이미지 편집 소프트웨어를 사용하여 사진의 해상도를 적절하게 조정 • 너무 저해상도의 이미지가 되지 않도록 주의하도록 함
③ 이미지 편집 및 보정	• 사진의 색상을 보정하여 일관된 톤과 분위기를 유지 • 웹페이지의 레이아웃에 맞게 사진의 크기를 적절하게 조절 • 사진의 불필요한 부분을 제거하고, 필요한 부분만 남김 • 필요에 따라 배경을 제거하고 투명한 배경의 이미지로 만듦
④ 이미지 최적화	• 웹페이지 로딩 속도를 향상시키고자 이미지를 최적화하여 파일 크기 줄임 • 웹에서 사용할 수 있는 JPEG, PNG, WebP와 같은 포맷으로 저장
⑤ 이미지 업로드 및 배치	• 이미지 파일명과 이미지 파일 경로를 이해하기 쉽게 지정 • HTML, CSS를 사용하여 이미지를 삽입하고 스타일 적용

🅑 기적의 TIP

사진
카메라로 촬영한 실물(사물 및 인물)의 장면을 담은 그림을 말한다.

✅ 개념 체크

1 사진보다 더 넓은 의미로서 그래픽 프로그램으로 생성된 그림, 디지털 방식으로 편집된 사진 등을 ( )(이)라고 한다.

2 사진이나 이미지 편집은 일러스트레이터로 한다. (O, X)

1 이미지 2 X

ⓒ2 이미지 표현 방식

1) 비트맵 방식(래스터 방식)

- 비트맵 이미지는 픽셀(Pixel)이라는 요소로 이루어지는 방식으로 사진을 보정하거나 합성할 때 많이 사용된다.
- 픽셀로 이루어진 이미지의 형식을 래스터(Raster)라고 한다.
- 비트맵 이미지의 품질을 고려할 때 스캔을 받거나 디지털 카메라로 사진을 찍을 때 미리 이미지 해상도를 높은 값으로 지정해 놓고 작업하도록 한다.
- 낮은 해상도의 이미지에 효과를 반복해서 주거나, 확대 · 축소할 경우 픽셀의 손실로 인해 이미지의 품질이 저하된다.
- 해상도가 높을수록 파일의 용량이 증가한다.
- 비트맵 이미지 편집 도구로는 포토샵(Photoshop), 페인트샵프로(PaintShop Pro) 등이 있다.

🅱 기적의 TIP

비트맵 이미지
픽셀로 이루어진 이미지를 의미한다.

장점	• 하나의 픽셀마다 다른 색상을 표현할 수 있기 때문에 이미지 전체적으로 음영이나 색상의 미세한 단계를 표현할 수 있고, 색상의 표현이 풍부함 • 색상의 변이나 이미지의 보정, 합성 작업이 쉬운 편임
단점	• 한 이미지에 들어가는 픽셀의 개수가 고정되어 있어, 크기 조절이나 압축을 할 경우 이미지가 가지고 있던 원래의 픽셀이 손실됨 • 이미지를 과하게 확대 · 축소거나, 계속해서 압축 저장하게 되면 이미지의 질이 떨어짐(이미지 해상도에 의존적)

➕ 더 알기 TIP

- **픽셀(Pixel)**

픽셀은 비트맵 방식의 이미지를 이루는 최소 단위로 위치 정보와 색상 정보를 가진다. 즉, 비트맵 방식은 여러 개의 픽셀이 모여 하나의 이미지를 구성하며 프로그램에 따라 픽셀을 래스터(Raster)라고 부르기도 한다.

- **이미지 해상도(Image Resolution)**

이미지 해상도란 비트맵 이미지가 몇 개의 픽셀로 구성되어 있는가를 의미한다. 해상도는 이미지 크기의 기본 단위 당 들어가는 픽셀의 개수로 표현하는데 보통 ppi나 dpi 단위를 사용하며 이미지 해상도가 높을수록 이미지를 더욱 세밀하게 표현할 수 있다.

- **안티 앨리어싱(Anti-aliasing)**

  - 안티 앨리어싱이란 비트맵 방식에서 나타나는 계단 현상(Jaggies)을 줄여 이미지나 텍스트의 가장자리 부분을 보다 부드럽고 자연스럽게 보이도록 만드는 기술이다.
  - 비트맵 이미지는 픽셀이 사각형이기 때문에 곡선이 부드럽게 표현되지 않고 들쑥날쑥하고 거칠게 보일 수 있다. 이때 안티 앨리어싱 옵션을 선택하면, 가장자리 픽셀의 색상과 밝기를 조정하여 경계 부분을 더욱 부드럽고 자연스럽게 만들어준다.

▲ 안티 앨리어싱 미사용

▲ 안티 앨리어싱 사용

2) 벡터 방식

- 수학적인 계산을 이용하여 이미지를 표현하는 방식으로 X, Y 좌표에 의거한 점, 선, 면들의 좌표 값과 곡선 값 등을 기본으로 정확한 선과 면을 표현한다.
- 출력할 때 깨끗하고 선명하게 출력되며 정확한 수치 계산이 가능하기 때문에 로고, 심벌 디자인, 도안 작업 등에 많이 사용된다.
- 벡터 방식 편집 도구로는 일러스트레이터(Illustrator), 코렐드로우(CorelDRAW) 등이 있다.

장점	• 픽셀을 이용하지 않고 수학적인 계산으로 상황에 따라 이미지를 재구성하기 때문에 이미지의 질이 쉽게 낮아지지 않음 • 크게 확대해도 이미지 손상 없이 원래의 질이 유지됨 • 크기 조절과 직선과 곡선 변형이 자유로움
단점	• 미세한 그림이나 점진적인 색의 변이를 표현하기 어려움 • 그림에 효과를 줄 경우 처리 속도가 느림 • 다른 이미지와 자연스러운 합성이 힘듦

▲ 비트맵 방식(래스터 방식) 이미지

▲ 벡터 방식 이미지

3) 래스터라이징(Rasterizing)과 벡터라이징(Vectorizing)

래스터라이징	벡터 방식의 이미지를 비트맵 방식의 이미지로 전환하는 작업
벡터라이징	비트맵 방식의 이미지를 벡터 방식으로 전환하는 작업

03 색상 체계

1) 이미지 색상 체계

- 색상 체계(컬러 모델)는 색상을 표현하는 방법을 정의하는 시스템으로, 색상 모드라고도 한다.
- 대표적인 색상 체계는 웹이나 디지털 디스플레이 장치에서 활용되는 RGB와 인쇄물에서 활용되는 CMYK가 있다.
- RGB로 저장된 이미지는 대부분의 웹 브라우저와 디지털 디스플레이에서 잘 표시된다.
- 반면, CMYK로 저장된 이미지 파일을 익스플로러와 같은 낮은 버전의 웹 브라우저에서 실행하면 이미지가 표시되지 않을 수 있다.

✔ 개념 체크

1 색료의 혼합의 색상 체계를 ( )(이)라고 한다.

2 웹이나 디지털 디스플레이에서 사용하는 색상 체계는 RGB이다. (O, X)

3 CMYK는 사이안, 마젠타, 옐로우, 카키로 이루어지는 색상 체계이다. (O, X)

1 CMYK 2 O 3 X

RGB 컬러		• 빨강(Red), 녹색(Green), 파랑(Blue) 색상으로 이루어지는 색광(빛) 혼합의 색상 체계 • 모니터, TV, 스마트폰 등의 디지털 디스플레이, 웹에서 사용됨 • RGB 컬러는 혼합할수록 밝은 색상으로 표현되어 가산혼합이라고 함 • 각 색의 값은 십진수 0~255로 표현 ⓔ RGB = 0, 255, 255이면 빨강 • RGB 컬러 모두를 혼합할 경우 가장 밝은 흰색으로 표현됨
CMYK 컬러		• 사이안(청록, Cyan), 마젠타(자홍, Magenta), 옐로(노랑, Yellow), 블랙(검정, Black) 색상으로 이루어지는 색료 혼합의 색상 체계 • CMYK 컬러는 혼합할수록 어두운 색상으로 표현되어 감산혼합이라고 함 • CMYK 각 원색의 값은 0~100%로 표현 ⓔ CMYK 0%, 0%, 100%, 0%이면 노랑 • 모니터 결과물을 프린터로 인쇄할 경우 색상이 다르게 인쇄되는 이유는 모니터와 프린터의 색상 체계와 색상의 범위가 다르기 때문임 • CMYK에서 K는 검정을 의미하는 것으로, 사이안, 마젠타, 노랑을 혼합했을 때 순수 검정색으로 나타나지 않기 때문에 검정(BlacK) 추가 • 컬러 인쇄를 위해 C, M, Y, K의 4개의 반전된 형태의 네거 필름(Negative Film)으로 만드는 과정을 색분해라고 함. 또한 이러한 인쇄 방식을 4도 분판 인쇄라고 하여 CMYK의 4도 분판은 EPS 파일 포맷 사용

🅑 기적의 TIP

RGB 색상 체계는 웹과 디지털 디스플레이 장치에서 활용되며 CMYK 색상 체계는 인쇄물에 활용된다.

2) 기타 색상 체계

인덱스 컬러 (Indexed Color)	• 컬러나 흑백 이미지 중 이미지에 많이 사용된 256가지의 색상을 선별한 색상 체계 • 색상의 수가 RGB 컬러에 비해 현저히 적어 이미지의 품질이 낮아질 수 있고, 이미지 파일의 용량도 RGB 컬러의 이미지보다 1/3 정도로 줄어듦 • 웹용 파일 포맷인 GIF 파일 포맷으로 저장할 수 있음
그레이스케일 (Grayscale)	• 흰색, 검정 그리고 그 사이의 회색 음영으로 구성되는 색상 체계 • 이미지의 색상 체계를 그레이스케일로 변경하면 이미지의 컬러 정보는 없어지게 되고, 하나의 픽셀이 가질 수 있는 색상이 256단계의 회색 음영 색상으로 변경됨
듀오톤 (Duotone)	• 그레이스케일의 이미지를 인쇄할 때 단순한 회색 음영이 아닌 색상톤이 추가된 이중톤의 이미지로서 인쇄하기 위해서 사용하는 색상 체계 • 그레이스케일 컬러에서 변경이 가능하며 보통 검정과 다른 색상 한 두 가지를 사용하여 원하는 톤을 만듦
비트맵 컬러 (Bitmap)	• 이미지를 흰색과 검정 픽셀로만 표현하는 색상 체계 • 그레이스케일 컬러에서 변경 가능하며 색상의 가지 수가 2가지(흰색, 검정색) 밖에 되지 않음 • 색상 체계 중 이미지 파일의 용량이 가장 작음
Lab 컬러 (L*a*b* Color)	• 국제조명협회(CIE)가 정확한 색상 측정을 위해 국제 표준으로 제안한 색상 체계 • 이미지의 명도 L(Lightness)과 a(Green,Red), b(Blue,Yellow)의 두 성분으로 분리해서 표현 • RGB와 CMYK의 범위를 모두 포함하여 RGB와 CMYK의 색상 차이를 조절하는 데 사용 • 장치 독립적이기 때문에 다양한 종류의 모니터나 프린터에서 발생하는 색상 차이에 영향을 받지 않음 • 정교한 출력이 필요한 전문가들이 많이 사용
HSB 컬러	• 색의 세 가지 속성인 Hue(색상), Brightness(명도), Saturation(채도)를 바탕으로 색상을 표현하는 방식 • H(색상)은 표준 색상환의 위치로 0~360° 사이의 값으로 표현 • B(밝기)는 상대적인 밝기로 일반적으로 0(검정색)~100(흰색)%까지의 값으로 표현됨

🅑 기적의 TIP

색상 모드 중 256색상으로 이미지를 표현하는 것을 인덱스 컬러라고 한다. 비트맵 색상 체계에서는 이미지가 흰색과 검정색의 픽셀로만 표현된다.

✅ 개념 체크

1 이미지를 흰색과 검정 픽셀로만 표현하는 색상 체계는 ( ) 컬러이다.

2 Lab 컬러는 모니터나 프린터의 색상 차이에 영향을 받지 않는 색상 체계이다. (O, X)

1 비트맵 2 O

인덱스 컬러

그레이스케일

듀오톤

비트맵 컬러

04 이미지 해상도

- 이미지 해상도는 비트맵 방식의 이미지에서 이미지의 세부 사항을 얼마나 세밀하게 표현할 수 있는지를 나타내는 척도이다.
- 이미지 해상도는 이미지 크기의 기본 단위 당 들어가는 픽셀의 개수로 표현하는데 보통 ppi(pixel per inch) 단위를 사용하며 ppi가 높을수록 이미지를 더욱 세밀하게 표현할 수 있다.
- 이미지 해상도는 모니터 화면의 정밀도, 비트맵 체계에서 이미지의 질 등을 결정하는 요소이다.
- 해상도가 높을수록 이미지를 세밀하게 표현할 수 있고 해상도가 낮을수록 이미지의 질이나 화면의 정밀도가 떨어진다.

1) 비트 심도(Bit Depth)

- 비트 심도란 디지털 이미지나 오디오 파일에서 각 픽셀이 표현할 수 있는 색상 수나 각 샘플이 표현할 수 있는 음의 수를 의미한다.
- 비트맵 방식의 이미지에서 각 픽셀의 색상은 0과 1로 구성된 이진수 비트(bit)로 나타내며, 각 픽셀의 색상을 표현하기 위해서 사용되는 비트의 수는 색상 체계마다 달라진다.
- 픽셀의 색상을 더 많이 표현하려면 더 많은 비트를 사용해야 하며, 이를 비트 심도가 높다고 한다.
- 비트 심도가 높을수록 표현 가능한 색상의 수가 많아지고, 이미지의 파일 용량도 증가된다.
- RGB 컬러에서 한 픽셀의 색상은 보통 R, G, B 각각 8bit로 표현되며, 전체적으로 24비트(풀컬러 또는 트루컬러)의 정보로 나타난다. 즉, 한 개의 픽셀은 24비트의 용량을 갖게 되며, 이 24비트에 어떤 값이 들어가는지에 따라 픽셀의 색상이 달라진다.
- RGB 컬러에서 다음과 같이 24bit의 비트 심도를 가질 경우, 24bit 전체가 0값으로 채워지면 픽셀의 색상은 검정색이 된다.
- 반대로 1로 채워지면 흰색, 만일 빨강(Red) 부분 8bit만 1로 채워지고, 녹색(Green), 파랑(Blue)이 0으로 채워지면 픽셀의 색상은 빨강으로 표현된다.
- 8bit가 0으로 채워지면 10진수 0, 8bit가 0로 채워지면 10진수 255로 표기한다.

Red	0	0	0	0	0	0	0	0

Green	0	0	0	0	0	0	0	0

Blue	0	0	0	0	0	0	0	0

▲ RGB 컬러의 비트 심도

2) 픽셀의 비트 심도에 따른 픽셀의 색상 수

비트 심도	표현 가능한 색상 수	관련 방식
1bit(2^1)	2색(검정 또는 흰색)	비트맵, 흑백
8bit(2^8)	256색	인덱스 컬러, 그레이스케일
16bit(2^{16})	65,536색	하이컬러
24bit(2^{24})	16,777,216색(약 1,670만 가지)	RGB 컬러, 24bit 트루컬러, 풀컬러
32bit(2^{32})	24bit+8bit(256단계) (트루컬러에서 8bit는 투명도를 나타내는 알파채널)	32bit 트루컬러, 풀컬러

➕ 더 알기 TIP

• **트루컬러(True Color)**

사람이 볼 수 있는 색이라는 뜻에서 트루컬러라고 부른다. 풀컬러(Full color)는 종종 트루컬러와 같은 의미로 사용되지만, 경우에 따라 24비트 이상의 색상 깊이를 의미한다. 트루컬러는 3D게임, 디지털 이미지, 카메라 등에서 적용되고 있다.

• **웹페이지에서의 16진수 색상 표현**

　– 웹페이지에서 RGB 색상 값은 #FFFFFF와 같이 16진수로 표현되며 여기서 'FF'는 10진수로 255를 의미한다.
　– 따라서 #FFFFFF는 'R=255, G=255, B=255'로, 이는 최대 밝기의 흰색을 나타낸다.
　– 16진수로는 00부터 FF까지, 10진수로는 0부터 255까지 총 256단계로 색상을 표현한다.

16진수 표현			10진수 표현			색상
R	G	B	R	G	B	색상
FF	FF	FF	255	255	255	흰색
FF	FF	0	255	255	0	옐로우
FF	0	FF	255	0	255	마젠타
0	FF	FF	0	255	255	사이안
0	0	0	0	0	0	검정

✔ 개념 체크

1 디지털 이미지의 품질을 좌우하는 척도로 픽셀 단위로 표현하는 것을 (　　　）(이)라고 한다.

2 이미지 해상도의 단위는 lpi를 사용한다. (O, X)

1 이미지 해상도　2 X

3) 해상도(Resolution)

해상도에는 이미지의 품질을 나타내는 이미지 해상도, 모니터가 이미지를 표현하는 화면 해상도, 출력 기기로 인쇄할 때 사용되는 출력 해상도가 있다.

기적의 TIP

이미지 해상도
비트맵 이미지의 품질을 좌우하는 척도를 의미한다.

이미지 해상도	• 비트맵 이미지의 품질을 좌우하는 척도 • 이미지 크기의 기본 단위 당 들어가는 픽셀의 개수로 표현하는데 보통 ppi를 사용 • 어떤 이미지의 이미지 해상도가 72ppi라면 가로, 세로 1inch x 1inch 크기의 영역에 총 72 x 72개의 픽셀이 들어가 있는 것을 의미함 • 만일 이 이미지의 크기가 가로 3inch, 세로 4inch이고 이미지 해상도가 72ppi라면 이미지에 들어간 픽셀의 개수는 다음과 같이 계산됨 – (3inch × 72ppi) × (4inch × 72ppi) = 62,208개 • 해상도가 높은 이미지는 세밀한 부분까지 묘사할 수 있음 • 비트맵 이미지의 크기를 과도하게 줄이거나 압축 저장을 하게 될 경우 이미지의 품질이 현저하게 떨어지게 됨 이미지 해상도 낮아짐
화면 해상도	• 디스플레이 화면에서 얼마나 많은 픽셀(Pixel)이 배열되어 있는지를 나타내는 척도로 모니터 해상도라고 부르기도 함 • 모니터가 이미지를 얼마나 정밀하게 표현할 수 있는가와 관련됨 • 화면 해상도가 높을수록 이미지와 텍스트가 더 선명하게 보임
출력 해상도	• 출력 해상도는 lpi(line per inch) 단위를 사용 – 잉크 인쇄 시에는 dpi(dot per inch)를 사용 • LPI는 출력 기기로 인쇄할 때 해당 단위당 인쇄하는 선의 수 • 보통 DPI와 LPI는 2배의 비율로 계산(dpi : lpi = 2 : 1) • CG 작업 시 적어도 인쇄하려는 해상도보다 2배 이상의 이미지 해상도를 작업하는 것이 출력할 때 좋은 품질의 결과물을 얻을 수 있음

05 이미지 파일 포맷

1) GIF 포맷

① GIF 포맷의 특징

기적의 TIP

GIF 포맷은 기업 로고나 문자가 포함된 선명한 단색 이미지에 활용된다. 반면 JPEG 포맷은 색상 수가 많기 때문에 섬세한 이미지와 고해상도 이미지에 활용된다.

개념 체크

1 GIF 파일 포맷에서 제한된 컬러를 사용하여 높은 비트의 컬러 효과처럼 표현하기 위한 것을 (　　)(이)라고 한다.

2 GIF 포맷은 512가지 색상을 지원한다. (O, X)

1 디더링 2 X

• Graphic Interchange Format의 약자로 미국 CompuServe 사에서 저속모뎀의 통신을 목적으로 개발한 파일 포맷이다.
• 무손실 압축 기법인 LZW(Lempel Zev Welch)을 이용하여 이미지가 손상되지 않는다.
• 8bit를 지원하여 최대 256가지의 색상을 표현한다.
• 이미지 파일 크기를 최소화하기 위해 사용하며, 전송 속도가 빨라서 웹용 이미지에 많이 사용된다.
• 기업 로고나 문자가 포함된 선명한 단색 이미지에 활용되며, 이미지에 동일 색상이 수평으로 나열된 경우 높은 압축률을 보인다.
• GIF의 256가지의 색상들이 선별되는 것을 인덱싱(Indexing)이라고 한다.

- GIF87a와 GIF89a 버전이 있으며, GIF89a 버전을 이용하면 웹 브라우저에서 이미지의 일부를 투명하게 나타낼 수 있고 간단한 애니메이션을 제작할 수 있다.
- 크기가 작은 버튼이나 웹페이지 배경 이미지 등에 많이 사용된다.

② GIF 포맷의 속성

디더링(Dithering)	• 이미지에 포함되지 않은 색상을 마치 이미지에 포함된 색상처럼 비슷하게 구성해주는 기법으로 제한된 컬러를 사용하여 높은 비트의 컬러 효과처럼 표현하기 위해 사용 ⑩ 노랑색과 파랑색의 픽셀을 교차시켜서 녹색과 같이 보이도록 할 수 있음 • 디더링 사용 시 이미지 용량을 줄일 수 있음
투명도	웹 브라우저에서 배경이 투명한 이미지를 만들 수 있음
인터레이스(Interlace)	웹 브라우저에서 이미지가 점진적으로 나타나도록 함

2) JPEG 포맷

① JPEG 포맷의 특징

- Joint Photographic Experts Group의 약자로 이미지를 압축해 전송 속도가 빨라서 웹용 이미지에 많이 사용된다.
- GIF에 비해 색상 수가 많기 때문에 섬세한 이미지와 고해상도 이미지에 적합하다.
- 비트맵 이미지를 효율적으로 압축하지만, 압축률이 높은 손실 압축을 사용하기 때문에 이미지의 세부 정보는 상실된다. 상실된 정보는 복구되지 않으므로 JPEG 포맷으로 저장하기 전에 백업을 해두어야 한다.
- 확장자는 *.jpg, *.jpeg를 사용한다.

② JPEG 포맷의 속성

색상 수	• 풀컬러 24비트를 사용하기 때문에 1670만 가지의 색상을 표현할 수 있음 • 색상 수를 24bit에서 8bit까지 줄일 수 있음
품질	0부터 100까지의 값을 설정하여 이미지의 품질을 조정
프로그레시브(Progressive)	웹 브라우저에서 이미지를 점진적으로 나타나도록 할 수 있음

3) PNG 포맷

① PNG 포맷의 특징

- Portable Network Graphic의 약자로 GIF 포맷을 대체하기 위해 개발되었다.
- GIF 포맷과 성질이 비슷하지만 애니메이션을 만들 수 없다.
- GIF와 달리 풀컬러를 사용할 수 있어서 섬세한 이미지를 나타낼 수 있다.
- JPG 파일보다 파일 용량이 늘어나는 단점이 있다.
- 투명도를 표현하는 알파채널을 지원하여 투명한 이미지를 만들 수 있다.

② PNG 포맷의 속성

색상 수	8bit부터 최대 풀컬러 24bit를 지원하며, 1670만 가지의 색상을 표현
투명도	웹 브라우저에서 배경이 투명한 이미지를 만듦
인터레이스(Interlace)	웹 브라우저에서 이미지가 점진적으로 나타나도록 함

✔ 개념 체크

1 포토샵 원본 파일의 확장자는 (   )이다.
2 EPS 포맷은 CMYK의 4도 분판을 목적으로 인쇄하는 파일 포맷이다. (O, X)

1 PSD 2 O

4) WebP 포맷

① WebP 포맷의 특징

- 인터넷에서 이미지가 로딩되는 시간을 단축하기 위해 Google이 출시한 포맷이다.
- WebP를 사용하면 웹사이트에서 고품질 이미지를 표현할 수 있으나, PNG, JPG 등의 기존 포맷보다 파일 크기가 작아진다.
- 확장자는 *.webp를 사용한다.

② WebP 포맷의 속성

무손실 및 손실 압축 지원	무손실 및 손실 압축을 모두 지원
품질	0부터 100까지의 값을 설정하여 이미지의 품질 조정 가능
XMP 메타데이터 포함	이미지의 저작권 정보, 설명 등의 메타데이터를 포함
EXIF 메타데이터 포함	이미지의 카메라 설정, 촬영 위치 등의 정보를 포함

5) 기타 이미지 파일 포맷

*.bmp	• 비트맵 이미지를 저장하는 방식 24bit까지 색상을 표현 • RGB, Index, Grayscale, Bitmap 색상 모드를 지원 • 비압축 또는 무손실 압축을 사용하며 파일의 용량이 큼
*.tiff	• 모든 종류의 시스템에서 호환이 되는 뛰어난 포맷 방식 • 인쇄를 목적으로 하는 용도로 쓰임 • 무손실 압축
*.ai	• 비트맵 이미지와 벡터 이미지를 동시에 저장 • 일러스트레이트에서 기본적으로 저장하게 되는 파일 포맷 방식
*.eps	• CMYK의 4도 분판을 목적으로 인쇄, 출력의 용도로 많이 사용 • 가장 완벽하게 분판 Film으로 직접 인쇄할 수 있는 파일 포맷 • 포토샵과 일러스트레이터, 전자출판(DTP)의 대표적인 공통 포맷
*.pdf	• 디지털 출판을 목적으로 만든 어도비 애크로뱃 파일 포맷 • 전자책과 CD 출판에 사용 • 용량이 작고 컴퓨터 기종에 관계없이 문서가 호환됨
*.psd	포토샵 원본 파일 포맷

영상 · 아이콘 · 서체 · 타이포그래피 · 애니메이션 준비

▶ 합격 강의

빈출 태그 동영상 · 스트리밍 · 아이콘 · 서체 · 세리프 · 타이포그래피 · 애니메이션 · 트위닝

01 영상 준비

1) 영상 준비의 개념

- 영상은 정지 이미지와 움직이는 동영상 등 다양한 시각적 매체를 포괄하는 개념이다.
- 동영상은 시간에 따라 연속적으로 움직이는 이미지로 구성된 매체를 의미한다.
- 녹화된 영상 콘텐츠를 비디오(Video), 디지털 형식으로 저장된 움직이는 이미지 파일을 동영상이라고 하며, 두 용어는 같은 의미로도 사용된다.
- 영상은 웹디자인에서 동적인 요소를 제공하며, 사용자 경험을 향상시키는 데 활용된다.
- 배경 음악, 효과음 등을 추가하여 영상의 완성도를 높인다.
- 스토리보드 작성, 촬영, 편집 과정을 통해 영상을 준비한다.
- 동영상 파일 포맷 중 MP4, WebM은 HTML5와 호환되며 웹 스트리밍에 사용된다.

> **기적의 TIP**
>
> **영상**
> 정지 이미지와 움직이는 동영상을 포괄하는 넓은 의미의 개념이다.

2) 동영상 준비 과정

① 동영상 촬영	고품질의 동영상을 촬영하고, 적절한 조명과 앵글을 고려하여 촬영
② 이미지 편집	• 프리미어(Adobe Premiere), 맥용 파이널 컷 프로(Final Cut Pro) 등의 동영상 편집 소프트웨어를 사용하여 동영상 편집 • 실사 화면을 입력받아 재편집하거나, 영상에 특수 효과 삽입 • 컷 편집, 효과 추가, 색상 보정 등을 수행
③ 동영상 최적화	• 파일 크기를 줄이고, 웹용 MP4, WebM 등의 포맷으로 변환 • 브라우저 호환성을 고려하여 다양한 포맷으로 저장

3) 비디오 및 동영상 파일 포맷

*.mp4	• 높은 압축률과 좋은 품질을 제공하는 멀티미디어 포맷 • 웹사이트의 비디오 콘텐츠, 소셜미디어 동영상, 스트리밍 서비스 등에 활용
*.webm	• HTML5 표준을 지원하는 웹용 비디오 포맷 • HTML5 비디오, 유튜브와 같은 스트리밍 서비스에 활용
*.ogv	• 오픈 소스이며 효율적인 스트리밍과 좋은 품질을 제공 • 비디오와 오디오를 효율적으로 압축 • HTML5 비디오, ogg 포맷으로 오디오 파일 저장에 활용
*.mov	• Apple의 QuickTime 파일 형식으로 고품질 동영상에 사용 • 파일 크기가 큰 편이며 모든 브라우저에서 지원되지 않음
*.avi	• 다양한 코덱을 지원하며, 품질을 유지할 수 있음 • 파일 크기가 큰 편이며 모든 브라우저에서 지원되지 않음
*.swf	• Adobe(구 매크로미디어)에서 개발한 플래시 프로그램 확장자 • 멀티미디어, 벡터 그래픽, 액션스크립트 등에 활용
*.srt	• SRT(SubRip Subtitle)은 비디오(AVI)의 공식 자막으로 사용하는 포맷 • 텍스트 파일 형태이며, 자막의 시작과 끝 시간을 지정하여 비디오와 동기화함

➕ 더 알기 TIP

스트리밍(Streaming) 기술

기존의 음향이나 영상, 애니메이션 등의 전송 방식이 하드디스크에 다운로드 받아진 후 재생되던 것과 달리, 데이터가 실시간으로 다운로드 받아지면서 동시에 재생되는 기술을 의미한다.

02 아이콘(Icon)

1) 아이콘의 개념

- 아이콘은 시각적 상징 요소로, 어플리케이션, 파일, 웹사이트 등을 시각적으로 식별하고 표현하기 위해 사용한다.
- 웹 아이콘은 웹사이트나 웹 애플리케이션에서 특정 기능을 시각적으로 표현하여 사용자가 쉽게 찾고 사용할 수 있도록 사용성을 높이는 요소이다.
- 아이콘은 해상도에 영향을 받지 않도록 일러스트레이터나 스케치 등의 벡터 그래픽 소프트웨어를 활용하여 디자인한다.
- 아이콘 디자인은 크기, 색상, 두께 등을 통일하여 디자인의 일관성을 유지하여 아이콘 세트를 구성하도록 한다.

2) 아이콘의 파일 포맷

*.svg	• 벡터 그래픽 형식으로 확대나 축소 시에도 품질이 저하되지 않음 • XML 형식으로 작성되어 텍스트 편집기로 열어 수정할 수 있음
*.png	• 픽셀 기반의 고해상도 이미지를 제공 활용 • 투명한 이미지를 만들 수 있음
*.ico	• 마이크로소프트 윈도우의 아이콘에 쓰이는 파일 포맷 • 주로 웹사이트의 파비콘(favicon)이라 불리는 브라우저 탭 아이콘으로서, 웹 브라우저의 주소창에서 웹사이트를 식별할 때 사용됨

03 서체(Typefaces)

1) 서체의 개념

- 서체란 공통된 스타일과 형식으로 디자인된 글꼴의 집합 또는 글자의 디자인 스타일 그 자체를 의미한다.
  - 예 Arial(전체적인 디자인 스타일)
- 웹디자인에서 서체는 텍스트의 가독성을 높이고 디자인의 분위기를 결정한다.
- 서체의 구성요소로는 서체 내에서 글자 모양이나 기울기 등 서체의 변형된 스타일을 의미하는 폰트(글꼴, Font)와 각각의 개별적인 글자나 기호를 의미하는 문자(Character)가 있다.
  - 예 Arial Regular, Arial Bold, Arial Italic(서체의 변형)
- 웹사이트의 목적과 스타일에 맞는 서체를 선택하도록 하되, 가독성을 우선으로 고려하도록 한다.
- 웹 폰트는 사용자의 로컬 디바이스에 설치되어 있지 않아도 웹 서버에서 제공하는 글꼴로, 다양한 웹 브라우저와 장치에서 일관되게 표시된다.
  - 예 Google Fonts, Adobe Fonts – 웹 폰트 사용 : CSS에서 font-family 속성 또는 예약어 @font-face를 사용
- 웹페이지에서 CSS를 사용하여 폰트를 불러올 수 있으며, 스타일도 지정할 수 있다.

2) 서체의 종류

세리프(Serif)	글자의 끝 부분에 돌기가 있는 서체 예 로만체, 명조체
산세리프(Sanserif)	글자의 끝 부분에 돌기가 없는 서체 예 고딕체, 굴림체
스크립트(Script)	필기체처럼 손으로 쓴 것 같은 자유로운 서체 예 Brush Script

3) 폰트 파일 포맷

*.ttf	• True Type Font의 약자 • 벡터 기반 글꼴로 확장성이 뛰어나며, 해상도에 영향을 받지 않음
*.otf	• Open Type Font의 약자로 고해상도 대형 출력 작업에 활용 가능 • ttf처럼 벡터 기반 글꼴이며 확장성이 뛰어나고 해상도에 영향을 받지 않음

04 타이포그래피(Typography)

1) 타이포그래피의 개념

- 타이포그래피는 텍스트를 디자인하고 배치하는 기술과 디자인 분야를 의미한다.
- 서체를 사용하여 가독성과 시각적 매력을 높이는 것을 목표로, 서체를 새롭게 구성하여 작품을 디자인한다.
- 웹디자인, 디지털 미디어, 출판물, 광고 및 마케팅 등에서 메시지를 명확하고 매력적으로 전달하는 데 사용한다.
- 사이트의 내용, 컨셉, 가독성, 판독성 등을 고려하여 서체를 사용하고, 웹페이지 여백, 문장의 정렬을 고려하도록 한다.

2) 타이포그래피에서 가독성을 향상시키는 요소

폰트(서체)	• 가독성에 가장 중요한 요소로, 읽기 쉬운 서체 스타일을 선택 • 글자 모양이 명확하고 다양한 크기에서도 쉽게 읽을 수 있는 서체 선택
자간(글자 간격)	간격이 너무 밀접하면 읽기 어렵고, 너무 멀면 연결성이 저하되므로 적절한 간격으로 설정
행간(줄 간격)	• 줄과 줄 사이의 간격을 적절하게 설정 • 텍스트가 답답하지 않고 여유 있게 배치되도록 함
여백	• 텍스트 주변에 충분한 여백을 두어 시각적 부담을 줄임 • 중요한 내용에 집중할 수 있도록 여백 설정
폰트 크기	적절한 크기를 설정하여 다양한 화면 크기에서 텍스트가 잘 보이도록 함

➕ 더 알기 TIP

레터링 디자인(Lettering Design)

- 개별 글자를 독창적인 스타일로 손으로 묘사하거나 디자인하는 분야
- 각 글자가 독특하고 개별적으로 디자인되며, 새롭게 글자를 디자인
- 넓은 의미로는 글자 디자인을 의미, 좁은 의미로는 손으로 제작한 문자를 의미함

✔️ 개념 체크

1 타이포그래피에서 가독성을 향상하는 요소로는 폰트(서체), 자간, 여백 등이 있다. (O, X)

1 O

05 애니메이션

1) 애니메이션의 개념

- 애니메이션은 라틴어의 아니마투스(Animatus, 생명을 불어 넣다)에서 유래한 것으로, 웹디자인에서 인터랙티브한 요소를 추가하여 디자인의 생동감을 높이고 사용자 경험을 향상시키는 데 활용된다.
- 애니메이션 제작 프로그램으로는 어도비 애니메이트(Adobe Animate), 에프터이펙트(Adobe After Effects), 오픈소스 소프트웨어인 블렌더(Blender) 등이 있다.
- CSS, JavaScript를 사용하여 웹페이지 내에서 버튼 클릭 시 사용될 애니메이션, 페이지 로딩 애니메이션 등을 제작할 수 있다.

기적의 TIP

CSS, JavaScript를 사용하여 웹페이지 내에서 버튼 클릭 시 사용될 애니메이션, 페이지 로딩 애니메이션을 제작할 수 있다.

2) 애니메이션의 제작 과정

① 기획	제작 콘셉트를 수립하고, 제작과 스토리에 대한 일정을 계획하는 단계
② 스토리보드 제작	• 시나리오 줄거리를 그림과 이미지로 시각화한 것 • 컴퓨터 애니메이션 작업자 사이의 의사소통 수단 • 연속되는 장면, 물체와 빛의 움직임, 음악, 편집 과정 등을 나열 • 캐릭터의 액션, 녹음, 장면전환 기법, 카메라 조작 등을 고려하여 준비
③ 제작	• 애니메이션을 실제로 제작하는 과정 • 제작 과정에서는 수정이나 보완 작업을 거쳐 정확한 편집을 해나감
④ 음향 합성	• 음악이나 음향 효과 등을 선별하여 추가하는 단계 • 배경 음악이나 테마 음악 등을 고려하여 제작함
⑤ 레코딩	완성된 애니메이션을 VTR 테이프 등에 기록하는 과정

3) 애니메이션의 방식

프레임 (Frame)	• 애니메이션의 각 프레임을 하나하나 개별적으로 보여주는 방식으로 정해진 시간에 정지된 프레임을 연속해서 보여주는 방법 • 정지화면을 일정한 시간 안에 반복적으로 보여줌 • 만화는 1초에 12~24컷, 동영상은 1초에 30컷의 프레임을 진행시킴
키프레임 (Keyframe)	• 키프레임은 애니메이션의 시작과 끝 지점을 정의하는 프레임을 의미 • 키프레임 방식은 대상물의 시작과 끝만 지정하고 중간 단계는 계산으로 생성 • 중간 단계는 수학적으로 두 점 사이의 값을 생성하는 보간법(Interpolation)을 이용하여 생성함 • 중간 프레임을 자동으로 생성하는 과정을 트위닝(Tweening)이라고 함

기적의 TIP

애니메이션 제작에서 중간 프레임을 자동으로 생성하는 과정을 트위닝(Tweening)이라고 한다.

개념 체크

1 컴퓨터 애니메이션 작업자 사이의 의사소통 수단으로 시나리오 줄거리를 그림과 이미지로 가시화한 것을 ( )(이)라고 한다.

2 애니메이션의 시작과 끝 지점을 정의하는 프레임을 ( )(이)라고 한다.

1 스토리보드 2 키프레임

4) 애니메이션의 시각 효과

모핑 (Morphing)	• 컴퓨터 그래픽스를 이용한 특수 효과 중 하나로, 서로 다른 이미지나 3차원 모델이 점진적으로 변환되는 과정을 나타내는 기법 • 처음 프레임과 마지막 프레임만 지정해 주고 나머지는 컴퓨터가 생성하도록 하는 보간법 사용
크로마키 (Chroma-Key)	• 두 가지의 다른 화면 합성하기 위한 그래픽스 기술 • 전경 오브젝트를 울트라마린 블루(Ultramarine Blue)나 녹색(Green)의 배경에서 촬영하여 얻은 후, 배경이 되는 화면에 합성
모션캡처 (Motion Capture)	• 실제 생명체(사람, 동물)의 움직임을 추적해 얻은 데이터를 모델링된 캐릭터에 적용하는 기술 • 자연스러운 움직임과 표정 변화를 효율적으로 부여 • 영화 속 컴퓨터 그래픽스 작업에 많이 사용됨
콤마(Comma) 촬영	• 상황이 규칙적이지 않아 상황을 예측하기 어려울 때 카메라를 수동으로 버튼을 조작하여 프레임을 잘라 녹화하는 방법 • 애니메이션 촬영을 위해 각 장면을 콤마 촬영하여 영사하면 연속해서 움직이게 되는 원리

5) 애니메이션의 종류

셀 애니메이션 (Cells Animation)	• 배경은 그대로 두고 캐릭터만 움직이는 초창기 애니메이션 기법 • 투명 필름 위에 수작업으로 캐릭터를 채색한 후 배경 위에 놓고 촬영 및 편집함
스톱모션 애니메이션 (Stop-Motion Animation)	• 한 프레임씩 따로 촬영한 후, 각 프레임을 연결하여 영사 • 영화가 1초당 24프레임으로 구성되는 것에 착안하여 개발되었는데 24번의 개별적인 움직임을 한 프레임 한 프레임씩 촬영 • 관련 기법으로 클레이 애니메이션(Clay Animation)이 있음
고우모션 애니메이션 (Go-Motion Animation)	• 기계 장치가 된 인형이나 제작물을 움직이게 하여 촬영하는 기법 • 각 프레임의 촬영 중간에 카메라를 나아가게 할 수 있도록 동작제어 장치가 사용되어 스톱모션 애니메이션 기법보다 훨씬 생동감 있는 표현이 가능
컷아웃 애니메이션 (Cut-Out Animation)	• 특정한 형태를 그린 종이를 잘라낸 후, 각 종이들을 화면에 붙이거나 떼면서 일정한 모양을 만들어가며 조금씩 촬영 • 그림을 사용해 동작을 만들어내는 가장 단순한 방법
투광 애니메이션 (Back-Light Animation)	• 밑에서 조명이 투사된 라이트 테이블(Light Table)위에 검은 종이나 점토 등의 절단 부분이나 틈에서 나오는 빛을 콤마 촬영하는 기법 • 영화의 메인 타이틀이나 앤드 타이틀에서 검은 배경 위에 밝은 색조로 드러나는 글자를 표현하기 위해 많이 사용
로토스코핑 (Rotoscoping)	• 실사와 애니메이션을 합성하는 기법 • 먼저 촬영한 실제 필름 위에 애니메이션을 위한 셀을 올려놓고 실사 안에 추가하고자 하는 애니메이션을 삽입하는 기법 • 실사에 있는 특정 인물이나 사물을 배경으로 이용하여 애니메이션으로 그림
플립북 (Flip-book animation)	가장 간단한 애니메이션 효과로 책이나 노트 등에 변해가는 동작을 페이지마다 그린 후 일정한 속도로 종이를 넘겨 애니메이션을 확인하는 작업

▲ 모션캡처

▲ 고우모션 애니메이션

▲ 플립북

SECTION

03 아이디어 시각화

출제빈도 상 (중) 하
반복학습 [1] [2] [3]

빈출 태그 시각화 • 히트맵 • 트리맵 • 쌍곡선 트리

01 아이디어 시각화

1) 아이디어 시각화의 개념

- 아이디어 시각화는 아이디어를 이미지, 텍스트 등을 활용하여 아이디어를 명확하고 구체적으로 표현하는 과정이다.
- 아이디어 시각화 자료는 아이디어를 체적이고 정교한 표현을 통해 아이디어를 명확히 전달하고 실제 구현 가능성을 평가하는데 사용된다.

2) 아이디어 시각화의 장점

- 방대한 데이터를 쉽게 이해할 수 있도록 한다.
- 예상치 못한 데이터의 특성을 인지할 수 있게 해준다.
- 데이터 내 결함을 빠르고 명확하게 확인할 수 있게 한다.
- 큰 규모의 데이터 특성을 이해하는 데 도움이 된다.
- 시각화는 가설을 세우는 과정에서 유용하게 사용된다.

3) 아이디어 시각화의 방법

1차원적 방법	• 정보를 일렬로 배열하여 표현 • 주로 텍스트나 음성 출력, 점자 등을 통해 정보를 전달
2차원적 방법	• 위치, 크기, 방향과 같은 공간적 속성을 이용하여 정보를 표현 • 그래프는 데이터를 도형으로 시각화하여 패턴이나 경향을 쉽게 이해할 수 있도록 함 예 라인 그래프, 파이 차트 등 • 웹페이지 레이아웃을 통해 웹페이지를 구조적으로 배치함으로써 사용자가 정보를 쉽게 접근할 수 있도록 함
3차원적 방법	• 3차원 공간에 아이디어나 데이터를 입체적으로 표현 • 3D 모델링, 3축 그래프, 가상공간에서의 정보 표현 등이 있음

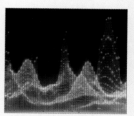

▲ 3축 그래프

4) 데이터 시각화의 방법

히트맵 **(Heatmap)**	• 웹페이지에서 사용자가 클릭하거나 주목하는 영역을 색상으로 시각화하는 기법 • 데이터 값의 크기나 빈도를 색상으로 표현 • 웹사이트의 사용자 행동 분석, 데이터 패턴 인식에 사용됨 ⑩ 아이 트래킹(Eye Tracking) 기술을 활용하여 사용자가 웹페이지에서 어떤 부분에 시선을 맞추고 있는지를 추적한 후, 이 시선 데이터를 바탕으로 히트맵 생성
트리맵 **(Treemap)**	• 계층구조 데이터를 직사각형 타일로 표현하여 데이터의 양과 범주를 시각적으로 표현 • 사용량 분석, 시장 점유율 시각화 등에 활용됨 ⑩ 웹 트래픽을 타일 형태로 시각화
쌍곡선 트리 **(Hyperbolic Tree)**	• 대규모 계층구조 데이터를 쌍곡면 상에 시각적으로 표현 • 웹사이트의 계층구조 탐색, 대형 데이터베이스 탐색에 활용 ⑩ 웹페이지 전체적인 구조와 관계를 시각화

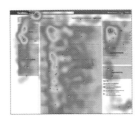 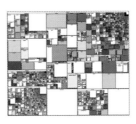 

▲ 히트맵　　　　　　　　　　▲ 트리맵　　　　　　　　　　▲ 쌍곡선 트리

02 아이디어 시각화 과정

• 아이디어는 아이디어 시각화 과정을 통해 정리되고 발전된다.
• 아이디어를 시각화할 때는 빠른 시간 내에 효과적으로 표현될 수 있도록 하며, 단계별로 고려할 사항을 검토하면서 진행시킨다.

① 초안 그리기	• 아이디어를 간략하고 빠르게 대략적인 것만 그려보는 단계 • 여러 가지 시도를 통해 최적의 해결책을 찾으며 아이디어를 수시로 검토
② 수정하기	• 1단계에서 그린 그림을 정리하는 단계 • 에스키스(Esquisse)한 스케치 그림 위에 낮은 불투명도를 보이는 트레이싱 페이퍼(Tracing Paper)를 얹고, 잘못된 부분을 수정함 • 1단계에서 놓친 부분이 있거나 새로운 아이디어가 나타나면 1단계로 피드백함
③ 정리하기	• 아이디어를 명확히 전달하기 위해 보는 사람의 입장을 고려하는 단계 • 디자인이 클라이언트의 요구를 충분히 반영하도록 함
④ 완성하기	명암, 반영, 채색 등을 통해 아이디어의 표현을 극대화하는 단계

프로토타입 제작과 종류

▶ 합격 강의

빈출 태그 프로토타이핑 • 프로토타입 제작 • 프로토타이핑 • 디지털 프로토타입

01 프로토타이핑

1) 프로토타이핑의 개념

- 프로토타입 제작은 최종 제품의 결과물이 나오기 전에 초기 시제품 모델을 제작하는 것으로 이를 '프로토타이핑(Prototyping)'이라고도 한다.
  - 와이어프레임 → 목업(Mockup, 정적 모델) → 프로토타이핑(초기 시제품)
- 프로토타입에서 피델리티(Fidelity)는 실제 제품의 유사성을 나타내며 로우파이, 미드파이, 하이파이로 구분된다.
- 프로토타입 제작은 스토리보드에 따라 간단한 인터렉티브(Interactive) 모델, 모션 테스트 애니메이션(Motion Test Animation)을 제작한다.
- 프로토타입은 실제 디자인처럼 인터렉션과 기능을 테스트할 수 있는 테스트베드 (Test Bed) 역할을 하며, 사용자 피드백을 수집하여 디자인을 수정할 수 있도록 해준다.
- 이 과정을 통해 제품 출시 전 수정이 필요한 오류 수를 최소화하고, 변경 사항을 적용함으로써 설계 및 개발 프로세스를 간소화하여 제품 출시 시간을 단축시킬 수 있다.

2) 피델리티(Fidelity, 충실도)

- 프로토타입이나 모델에 대한 묘사나 표현의 정도를 나타내는 속성으로, 프로토타입이 실제 최종 제품과 얼마나 유사한지를 설명한다.
- 피델리티의 수준은 프로젝트 단계, 목표, 자원(시간, 비용, 인력), 사용자 피드백 정도, 협업 및 커뮤니케이션 대상, 테스트 목적에 따라 결정된다.
- 최종 제품과의 유사성에 따라 로우파이, 미드파이, 하이파이 레벨로 구분된다.

로우파이 (Lo-Fi, Low Fidelity)	• 기본적인 형태와 개념 정도만 포함 • 자원(시간, 비용, 인력) 절약 • 팀원 간 초기 아이디어 공유, 사용자 기본 피드백 수집 예 종이 프로토타입, 간단한 와이어프레임
미드파이 (Mid-Fi, Middle Fidelity)	• 로우파이와 하이파이의 중간 정도 • 인터랙션(Interaction)과 디자인 요소를 조금 더 표현 예 디지털 와이어프레임
하이파이 (Hi-Fi, High Fidelity)	• 실제 제품과 매우 유사하며, 세부 사항까지 정확하게 표현 • 충분한 자원과 시간을 투자하여 제작 • 사용성 피드백(사용자 경험 및 디자인 세부 사항 검증), 내외부 이해관계자와의 소통에 사용 예 정교한 인터랙티브 프로토타입, 코드화된 프로토타입

🅿 기적의 TIP

프로토타입 제작은 최종 제품이 완성되기 전에 초기 단계의 시제품 모델을 만드는 것으로, 프로토타입을 제작하면 실제 디자인처럼 테스트해 볼 수 있다.

✓ 개념 체크

1 ( )란 프로토타입이 실제 웹사이트나 최종 제품과 얼마나 유사한지를 나타내는 속성이다.

2 프로토타입 제작 도구에는 Figma, Sketch, Adobe XD, Photoshop 등이 있다. (O, X)

1 피델리티 2 X

3) 프로토타입 제작 도구

Figma	실시간 협업 및 디자인 시스템 관리, 프로토타이핑 도구
Adobe XD	UX/UI 디자인 협업 및 인터랙티브 프로토타이핑 도구
Sketch	벡터 그래픽 디자인, UI/UX 디자인 도구
InVision	디자인 프로토타이핑 및 실시간 협업 도구
CodePen	HTML, CSS, JavaScript로 빠르게 프로토타입 작성 및 실시간 결과 확인

02 프로토타입 종류

프로토타입에는 초기 아이디어를 빠르게 시각화하는 종이 프로토타입, 상세한 시각화가 가능한 디지털 프로토타입, 실제 코드로 구현하는 코드화된 프로토타입이 있다.

종이 프로토타입	• 종이와 펜을 사용하여 제품의 기본 구조와 인터페이스를 간단하게 스케치한 프로토타입 • 빠르고 저렴하게 제작이 가능하며, 초기 아이디어를 빠르게 시각화할 수 있음
디지털 프로토타입	• Figma, Adobe XD, Sketch 등과 같은 소프트웨어를 사용하여 인터랙티브 프로토타입을 제작할 수 있음 • 사용자와의 상호작용을 시뮬레이션하고, 실제 사용 환경과 유사하게 테스트 가능 • 팀원들과 공유할 수 있어 원격 협업이 가능
코드화된 프로토타입	• 실제 코드로 구현하여 최종 제품과 비슷한 프로토타입 • 디자인이나 기능 면에서 최종 제품과 비슷하여 사용자 피드백을 수입할 때 유용함
로우파이 프로토타입	• 간단한 형태로 제작된 프로토타입 • 초기 아이디어를 시각화하고 큰 틀을 검토하는 데 사용 • 와이어프레임(Wireframe), 종이 프로토타입 등
하이파이 프로토타입	• 최종 제품과 거의 동일한 수준으로 제작된 프로토타입 • 디자인, 기능, 상호작용 등이 완성도 있게 구현되어 최종 제품의 느낌으로 시뮬레이션 가능 • 실제 사용자 경험을 정확하게 평가할 수 있으며, 최종 제품에 대한 구체적인 피드백을 받을 수 있음 • 정교한 인터랙티브 프로토타입, 코드화된 프로토타입 등

▲ 로우파이 프로토타입

▲ 하이파이 프로토타입

CHAPTER 02

사용자 조사 · 분석 및 사용성 테스트

사용자 조사 · 분석(리처치) 과정과, 사용자 행동 분석 및 사용자 태도 분석에 대해 이해합니다. 또한 사용성 테스트 과정 및 사용적합성 평가 항목, 사용성 테스트에 대해 알아봅니다.

출제빈도

SECTION 01	중	40%
SECTION 02	상	60%

※ 출제빈도의 경우 2025년 이후로 변형된 기준에 맞춰 작성되었습니다.

사용자 조사 및 분석

▶ 합격 강의

빈출 태그 사용자 조사 • 사용자 행동 분석 • 사용자 태도 분석 • 사용성 테스트

01 사용자 조사 기획

1) 사용자 조사 기획의 개념

- 사용자 조사 기획은 사용자의 요구, 행동, 태도, 경험 등을 이해하기 위해 체계적으로 조사를 계획하고 실행하는 과정이다.
- 사용자 조사와 사용성 테스트를 통해 사용자의 필요와 요구를 정확히 파악하고 반영함으로써 더 나은 웹사이트 사용자 경험(UX)을 제공할 수 있다.

2) 사용자 조사 기획 과정

① 조사 목표 설정	목표와 목적을 명확히 정의 예 사용성 평가, 만족도 측정
② 조사 대상 선정	조사할 사용자 그룹 설정 예 주요 사용자, 잠재 사용자
③ 조사 방법론 결정	정량적 방법과 정성적 방법 선택 예 설문조사, 인터뷰
④ 조사 도구 준비	필요한 도구와 자료 준비 예 설문지, 인터뷰 질문지
⑤ 조사 일정 계획	조사 일정 및 단계 계획
⑥ 데이터 수집 및 분석	결과 수집, 정리, 분석하여 인사이트 도출
⑦ 결과 보고 및 피드백	결과 공유 및 피드백 반영

02 사용자 조사 · 분석(리서치)

- 사용자 조사는 사용자의 행동과 경험 등을 파악하기 위해 데이터를 수집하는 과정으로 수집된 데이터를 바탕으로 사용자의 행동과 패턴을 이해하고 해석한다.
- 사용자 분석은 사용자 행동과 태도를 분석하는 과정을 포함하며, 분석 결과는 웹사이트나 앱의 성능을 최적화하고 사용자 경험을 개선하는 데 활용된다.

1) 사용자 행동 분석

- 사용자 행동 분석은 사용자가 제품이나 서비스와 상호작용하는 동안 수행하는 행동을 이해하고 분석하는 과정이다.
- 페이지 뷰, 클릭한 링크, 체류 시간 등을 통해 사용자가 웹사이트에서 어떻게 행동하는지를 이해하고 이를 통해 사용자의 행동 패턴, 선호도, 탐색 경로 등을 파악할 수 있다.

① 사용자 행동 분석 요소

페이지 뷰(Page View)	사용자가 특정 웹페이지를 열어본 횟수
클릭률(Click Through Rate)	사용자가 클릭한 링크나 버튼의 비율
페이지 체류 시간(Time on Page)	사용자가 특정 페이지에 머문 시간
이탈률(Bounce Rate)	사용자가 웹페이지에 방문한 후 다른 페이지로 이동하지 않고 떠난 비율
전환율(ConVersion Rate)	사용자가 목표 행동(구매, 가입 등)을 수행한 비율

② 사용자 행동 분석 방법

웹 로그 분석 (Web Log Analysis)	• 웹 로그란 사용자가 웹사이트를 방문하고 상호작용하는 동안 발생하는 다양한 활동을 웹 서버가 서버 측에 파일 형태로 기록한 데이터 • 웹 로그에는 웹사이트 방문자의 IP 주소, 웹사이트에 접속 시간과 날짜, 페이지 뷰, 클릭 등이 기록됨 • 웹 로그 분석은 웹 로그 데이터를 분석하여, 웹사이트의 성능 모니터링, 사용자 행동 분석, 보안 관리 등에 활용하는 것
클릭스트림 분석 (Clickstream Analysis)	• 사용자가 웹사이트에서 이동한 경로, 클릭한 패턴 등을 추적·분석 • 사용자가 어떤 페이지를 방문하고, 어떤 링크를 클릭하며, 어떻게 웹사이트를 탐색하는지에 대한 정보를 수집
사용자 여정 분석 (User Journey Analysis)	• 사용자가 제품을 처음 접한 순간부터 사용을 끝낼 때까지의 모든 과정을 추적하고 분석함 • 사용자가 접촉하는 모든 지점을 식별 • 각 터치포인트(접점)에서의 경험을 평가 • 사용자가 경험하는 페인포인트(불편한 점) 분석
히트맵 분석 (Heatmap Analysis)	• 웹페이지에서 많이 상호작용한 부분을 시각적으로 표현 • 아이트래킹(Eye Tracking, 시선추적)을 활용하여 사용자의 시선이 고정된 지점, 시선이 빠르게 도약한 경로, 특정 부분을 얼마나 오래 보고 있었는지에 대한 시선의 트래픽 등을 분석
A/B 테스트 (A/B Testing)	사용자에게 두 가지 다른 버전(A와 B)의 페이지나 요소를 제공한 후, 각 버전에 대한 사용자의 행동과 반응을 측정
코호트 분석 (Cohort Analysis)	• 특정 시점에서 동일한 특성을 가진 사용자 그룹(코호트)를 추적하고 분석하는 방법 • 사용자 유지율, 전환율, 사용 패턴 등을 분석 　– 가입 시기별 코호트 : 특정 기간에 가입한 사용자 그룹의 행동 패턴을 분석 　– 디바이스 유형별 코호트 : 데스크탑 사용자와 모바일 사용자 그룹을 비교, 각 디바이스에서의 사용자 행동, 공통된 문제점 등을 분석

▲ 웹 로그 분석

③ 웹 로그 주요 정보

웹 서버 방문자의 IP 주소	웹사이트 방문자의 인터넷 프로토콜(IP) 주소
방문 시간	웹사이트에 접속한 시간과 날짜
클릭한 링크	클릭한 링크나 버튼
브라우저 및 OS 정보	사용하는 브라우저와 운영체제 정보
페이지뷰(Page View)	사용자가 특정 웹페이지를 열어본 횟수
세션(Session)	웹사이트에 접속하여 체류한 시간 동안의 활동
리퍼러(Referrer)	사용자가 웹사이트에 접속하기 전에 방문한 페이지를 기록
상태 코드(Status Code)	웹 서버가 반환하는 HTTP 상태 코드를 기록 ⓐ 200, 404

④ 웹 서버가 반환하는 HTTP 상태 코드

200	OK	요청 성공	요청이 성공적으로 처리되어 서버가 요청된 데이터를 반환
301	Moved Permanently	영구 이동	요청된 리소스가 영구적으로 이동됨
302	Found	임시 이동	요청된 리소스가 임시적으로 이동됨
403	Forbidden	금지됨	• 요청한 리소스에 접근할 권한이 없음 • 권한이 없는(접근이 금지된) 사용자 또는 IP에서 접근할 경우 발생
404	Not Found	찾을 수 없음	• 요청된 리소스를 찾을 수 없으며, 서버에 해당 URL이 존재하지 않음 • 리소스 삭제되었거나, 잘못된 URL 입력, 존재하지 않는 파일을 요청한 경우 발생
500	Internal Server Error	내부 서버 오류	• 서버 내부에 오류가 발생하여 요청을 처리할 수 없음(서버 설정 오류, 코드 오류, 서버 과부하 등) • 잘못된 URL 입력으로도 발생
503	Service Unavailable	서비스 불가	• 서버가 일시적으로 과부하 상태이거나 점검 중이어서 요청을 처리할 수 없음 • 동시 접속자 수가 많아 서버가 요청을 처리할 수 없는 경우일 때 발생
505	HTTP Version Not Supported	지원되지 않는 HTTP 버전	클라이언트가 요청한 HTTP 버전을 서버가 지원하지 않음

2) 사용자 태도 분석

기적의 TIP

사용자 태도 분석
사용자의 생각, 감정, 의견 등을 설문조사, 인터뷰, 포커스 그룹 인터뷰 등을 통해 수집하고 분석하는 것이다.

• 사용자 태도 분석은 사용자가 제품이나 서비스에 대해 어떻게 느끼고 생각하는지를 이해하는 과정이다.
• 사용자의 태도, 생각, 의견 등을 수집하고 분석한다.
• 사용자 태도 분석은 제품이나 서비스에 대한 사용자의 주관적인 경험을 파악함으로써, 행동 분석만으로는 발견하기 어려운 숨겨진 문제점을 찾아내고, 제품 개선과 사용자 만족도 향상을 위한 인사이트를 제공한다.
• 행동 분석은 주로 사용자의 실제 행동 패턴과 데이터를 기반으로 하는 반면, 태도 분석은 사용자의 내면적인 생각과 감정을 이해하는 것에 중점을 둔다.
• 사용자 행동 분석과 사용자 태도 분석을 함께 활용하여 사용자 경험을 총체적으로 이해하고 분석할 수 있다.

① 사용자 태도 분석 요소

생각	제품/서비스에 대한 사용자의 인식, 믿음, 가치관
감정	제품/서비스 사용 시 느끼는 긍정적 또는 부정적 감정 반응
의견	제품/서비스에 대한 사용자의 주관적인 판단, 평가, 피드백, 제안
태도	제품/서비스에 대한 전반적인 성향이나 입장
동기	제품/서비스를 사용하는 이유와 목적
기대	제품/서비스에서 기대하는 기능이나 성능
만족도	현재 제공되는 기능/서비스에 대한 사용자의 만족도
선호도	사용자가 선호하는 디자인, 기능, 스타일 등

② 사용자 태도 분석 방법

설문조사	사용자의 태도와 생각을 대면, 온라인 설문을 통해 수집하고 분석
인터뷰	사용자를 직접 대면하여 심도 있는 사용자 의견을 수집
포커스 그룹 인터뷰	표적 그룹과의 인터뷰를 통해 다양한 사용자 의견을 수집
관찰	사용자가 제품을 사용하는 모습을 직접 관찰하여 인사이트를 발굴
감정 분석	리뷰나 소셜미디어 데이터를 분석하여 사용자의 감정적인 반응을 파악
사용자 저널	사용자가 일정 기간 제품 사용 경험을 기록하도록 하여 인사이트 발굴
현장 조사	실제 사용 환경에서 사용자의 행동과 태도를 관찰하고 이해

③ 사용자 조사 · 분석 분류표

	조사 방법	정량적 (양적/간적접)	정성적 (질적/직접적)	태도	행동
태도 분석	설문조사	✓		✓	
	인터뷰		✓	✓	
	포커스 그룹 인터뷰(FGI)		✓	✓	
	감정 분석	✓		✓	
	사용자 저널		✓	✓	✓
	현장 조사		✓	✓	✓
행동 분석	웹 로그 분석	✓			✓
	클릭스트림 분석	✓			✓
	사용자 여정 분석		✓	✓	✓
	히트맵 분석	✓			✓
	A/B 테스트	✓			✓
	코호트 분석	✓			✓

사용성 테스트 및 분석

▶ 합격 강의

빈출 태그 사용성 테스트 • 사용성 평가 • 사용성 테스트 분석 • 수정 • 보완 • 결과 반영

01 사용성 테스트

1) 사용성 테스트의 개념

- 사용성 테스트(사용성 평가, Usability Test)는 웹사이트가 얼마나 효율적이고 효과적으로 사용될 수 있는지를 평가하는 것으로 프로토타입을 실제 사용자에게 테스트하여 피드백을 수집하는 과정이다.
- 웹사이트의 사용성을 개선하기 위해 사용자 경험을 중심으로 웹사이트의 효과성을 평가하는 형성적 사용적합성 평가(Formative Usability Testing)를 실시한다.

> **🅱 기적의 TIP**
>
> 사용성 테스트는 웹사이트가 얼마나 효율적이고 효과적으로 사용될 수 있는지를 평가하는 것이다.

2) 사용성 테스트의 준비 사항

사용성 테스트 항목	• 웹사이트 사용성 평가의 고유한 특징을 고려해야 함 　– 웹 사용자는 단일한 집단으로 분류하기 어려움 　– 사용자가 웹페이지에 방문하는 목적에 따라 평가 기준이 달라짐 • 웹사이트의 위치의 정확성, 이동의 용이성, 레이아웃, 메뉴 배치, 검색 기능, 반복 사용성, 명확성 등을 기준으로 평가함
사용성 테스트 방법	• 질문법 : 조사법, 설문법 • 감정법 : 발견적 평가, 속성 검사, 가이드라인 체크법, 수행 측정, 안구 추적 등
사용성 테스트 목표 설정	• 사용성 테스트를 통해 확인하고자 하는 목표를 명확히 정의 • 사이트의 역할, 사용자가 방문하는 목적, 주로 이용하는 서비스 분석, 서비스와 기능의 사용 용이성 확인 등의 목표를 설정

3) 사용자 테스트 VS 사용성 테스트

사용자 테스트 (User Test)	• 타겟 사용자층이 특정 솔루션이 필요한지 여부를 파악 • 서비스 전체 또는 주요 기능을 중심으로 제품이나 서비스에 대한 필요성 테스트
사용성 테스트 (Usability Test)	• 타겟 사용자층이 제품이나 서비스를 효과적으로 사용할 수 있는지 평가 • 기능을 중심으로 사용자가 어디서 어려움을 겪었는지, 고객의 경험을 개선하기 위해서 무엇을 할 수 있는지 파악

> **✅ 개념 체크**
>
> 1 ( ) 테스트는 프로토타입을 실제 사용자에게 테스트하여 피드백을 수집하는 과정이다.
>
> 2 사용성 평가 항목은 사용자가 웹페이지에 방문하는 목적과 상관없이 평가 항목을 일정하게 유지하도록 한다. (O, X)
>
> 1 사용성 2 X

4) 사용성 테스트의 도구

정성적 테스트	소수의 사용자를 대상으로 하여 웹사이트의 사용성 평가
정량적 테스트	다수의 사용자를 대상으로 하여 데이터와 통계를 기반으로 웹사이트 사용성 평가
사용자 인터뷰	사용자를 직접 인터뷰하여 웹사이트 사용 경험에 대한 심층 피드백 수집
사용자 관찰	사용자가 웹사이트를 사용하는 동안 행동을 관찰하여 문제점 식별
설문조사	사용자를 대상으로 설문을 진행하여 웹사이트 사용 경험 데이터 수집
A/B 테스트	두 가지 버전(A와 B)의 웹사이트나 앱을 비교하여 최적의 성과를 평가하는 방법
형성적 사용적합성 평가	• 제품의 개발 과정에서 이루어지는 평가로 사용자 인터페이스(UI)와 사용자 경험(UX)을 평가하고 개선하기 위한 방법 • 사용자 경험을 중심으로 웹사이트의 효과성을 평가 • 사용자 인터페이스 평가로 디자인의 장점, 단점, 예상치 못한 사용 오류 탐색

5) 형성적 사용적합성 평가 항목

정보의 효율성	사용자가 웹사이트에서 필요한 정보를 얼마나 빨리 찾을 수 있는지 측정
작업의 효율성	사용자가 웹사이트에서 작업을 수행하는 데 걸리는 시간과 노력 평가
사용자의 만족도	사용자가 웹사이트를 얼마나 만족스럽게 사용하는지 파악
직관성	웹사이트의 내비게이션과 인터페이스가 얼마나 직관적인지 평가
접근성	다양한 사용자, 특히 장애를 가진 사용자가 웹사이트를 얼마나 쉽게 접근하고 사용할 수 있는지 측정
응답성	웹사이트가 다양한 장치와 화면 크기에서 얼마나 잘 작동하는지 평가

🅑 기적의 TIP

웹사이트의 형성적 사용적합성 평가는 정보의 효율성, 작업의 효율성, 사용자 만족도, 직관성, 접근성, 응답성을 평가한다.

6) 사용성 테스트의 과정

사용성 분석	• 웹사이트 역할 정의 • 주요 활동 정의, 주요 과제 목록화, 사용성 테스트 목표 확정
선호도 분석	• 소비자의 소비 형태 분석 • 웹 라이프 스타일 분류 • 사용자가 사이트를 방문한 후 하는 일을 테스트 목록으로 정리
사용자 프로파일 기준 정의	• 참여자 선별 기준 설정 • 연령 및 성별 정의 • 설문 응답자 분포 참조 • 특정 타깃을 중심으로 참여자 선정 • 설문 및 사용자 대상을 선정하기 위한 연령 및 성별 현황 참조
전화 인터뷰 진행	• 선정된 참여자의 적합성 판단을 위해 전화 인터뷰 실시
테스트 · 관찰 룸 세팅	• 테스트 룸에 테스트 참여자와 진행자만 배치하여 참여자 부담 최소화 • 테이블, 컴퓨터, 비디오 카메라 등 준비
지원 인력 역할 점검	• 진행자, 관찰자, 커뮤니케이션 소통자, 안내자 등을 배치 　－ 진행자 : 기능 선택 의도 설명 유도, 실수 원인 확인, 과제 초과 시 사후 인터뷰 진행 　－ 관찰자 : 장애, 오류, 주요 의견 기록, 사용자 행동 관찰 후 체크리스트 항목에 표시 　－ 커뮤니케이션 소통자 : 내부 직원과 진행자 사이의 소통 역할 　－ 안내자 : 사전 준비 사항 전달, 장소 안내
테스트 당일 인터뷰	• 테스트 당일 테스트 목적과 절차 설명에 관한 오리엔테이션 실시 • 녹화를 할 경우 개인정보 동의서 작성 • 테스트 후 사용자와 사용 경험에 대한 심층 인터뷰

7) 발견적 평가(Heuristic Evaluation)

- 제이콥 닐슨(Jakob Nielsen)인 주창한 사용성 방법론으로 전문가들이 웹사이트나 인터페이스를 검사하여 사용성 문제를 발견하는 방법이다.
- 웹사이트와 애플리케이션의 사용성을 평가하는 데 사용되는 10가지 휴리스틱(경험 기반의 문제 해결) 원리를 제안한다.

① 시스템 상태의 가시성 유지	시스템의 상태를 사용자에게 알리는 것
② 실제 세상과 시스템의 일치	사용자에게 익숙한 단어과 구문 사용
③ 사용자 제어 및 자유	조종의 자유와 실수 시 실행 취소 및 다시 실행 지원
④ 일관성과 표준	다른 단어, 상황, 동작이 동일한 것을 의미하는지 혼동되지 않도록 함
⑤ 오류 예방	오류가 발생하기 쉬운 상황을 제거하거나 사용자에게 확인 옵션 제공
⑥ 회상 보다는 인식	사용자가 별도 학습없이 기능을 쉽게 인식하도록 함
⑦ 유연성과 효율성	초보 사용자와 숙련된 사용자 모두를 돕는 인터페이스 제공
⑧ 심미적이고 최소의 디자인을 제공	관련없거나 필요하지 않은 정보를 포함하지 않음
⑨ 오류로부터 회복 지원	사용자가 오류를 인식, 진단 및 복구할 수 있도록 지원
⑩ 도움말 및 문서 제공	도움을 줄 수 있는 도움말이나 문서 제공

02 사용성 테스트 분석

1) 사용성 테스트

- 사용성 테스트 분석은 수집된 데이터를 분석하여 사용성의 문제점을 도출한다.
- 사용자가 과제를 수행하는 동안의 행동을 분석하여 문제점을 파악한다.
- 사용자가 제공한 피드백을 바탕으로 주요 문제점을 식별한다.

2) 테스트 분석 과정

만족도 측정	• 과제 수행 이후 이용 만족도 측정 • 과제 종료 후 인터뷰를 통해 측정하거나 사용자가 직접 체크리스트 항목에 표시하도록 함
과제별 만족도 비교 측정	과제별 이용 만족도를 쉽게 파악할 수 있도록 그래프로 작성
과제 성공 여부 측정	• 사용자가 과제를 수행하는 데 어려움이 있었는지 여부를 파악하여 성공/실패 여부 측정(성공, 부분성공, 실패, 제외로 나누어 측정) • 참여자의 성공/실패 여부 측정표 작성 • 과제별 성공/실패 결과를 그래프로 작성 • 참여자의 특성과 성공/실패 여부를 상호 비교 분석
참여자의 과제 달성 용이성 측정	• 과제별 평균 소요 시간 측정 • 페이지 이동 횟수, 커서 클릭 횟수 분석 • 이동한 화면 동선 분석
오류가 과제 수행에 미치는 영향을 평가	• 참여자가 과제를 수행할 때 발생한 오류가 과제 수행에 미치는 영향 평가 • 사용성 테스트 과정에서 발견한 오류 요인을 목록으로 정리하여 참여자에게 전달하고, 참여자가 직접 오류의 심각도를 표시하도록 함 • 오류 심각도 수준 산정

03 수정 · 보완

1) 수정 · 보완의 개념

- 웹사이트의 사용성과 선호도 테스트 결과를 바탕으로 수정 및 보완 작업을 진행한다.
- 사용성과 선호도 테스트 결과를 바탕으로, 웹사이트의 어떤 화면과 UX에 개선이 필요한지 선정한다.
- 테스트 결과를 분석할 때는 사용자 피드백, 오류 발생 빈도, 과제 달성 용이성 등을 종합적으로 고려하여 주요 개선 사항을 도출한다.
- 중요도별로 구분된 수정 · 보완 사항의 적용 순서를 결정한다.
- 수정 작업의 난이도, 필요한 자원, 시간 등을 고려하여 최적의 순서를 설정하며 간단한 수정 작업을 먼저 완료하고, 시간이 많이 필요한 작업은 뒤에 배치하는 순서로 설정할 수도 있다.
- 수정 · 보완 작업이 완료되면, 수정 사항과 반영된 사항을 비교하여 분석한다.
- 수정 사항과 보완된 사항을 바탕으로 향후 관리 지침을 작성하고, 이를 웹사이트의 지속적인 개선과 유지 보수를 위한 가이드라인으로 활용하도록 한다.

2) 수정 · 보완 사항 관리 방법

- 사용성 테스트 분석을 기반으로 수정 사항 체크리스트를 작성한다.
- 수정 보완 사항을 중요도에 따라 분류하고 보완한다.
- 유용성과 관련한 정보 오류를 최우선으로 수정하며, 그 다음으로 레이아웃, 컬러, 버튼 오류를 순차적으로 수정한다.
- 수정 사항과 보완된 사항을 정리하여 최종 체크리스트를 작성한다.

> **기적의 TIP**
>
> 수정 및 보완 작업 시에는 유용성 관련 정보 오류를 가장 먼저 수정하고, 이후 레이아웃, 색상, 버튼 오류를 차례대로 수정한다.

01 웹에서 사용되지 않는 그래픽 이미지 파일은?

① jpeg
② gif
③ tiff
④ png

02 색상 모드 중 256색상 내에 이미지를 표현하는 것으로 용량이 적기 때문에 웹에서 가장 많이 쓰이는 색상 체계는?

① RGB
② CMYK
③ INDEX
④ GRAYSCALE

03 다음 중 동영상 관련 파일 포맷으로 옳지 <u>않은</u> 것은?

① asf
② wmv
③ avi
④ xml

오답 피하기
xml은 웹 프로그래밍 언어 관련 포맷

04 인터넷에서 음성 및 동영상, 애니메이션 등의 콘텐츠를 실시간으로 다운로드하여 실행 가능하도록 하는 기술은?

① Streaming 기술
② Water Mark 기술
③ DRM 기술
④ Compression 기술

오답 피하기
Streaming(스트리밍) 기술은 기존의 음향이나 영상, 애니메이션 등의 전송 방식이 하드디스크에 다운로드 받아진 후 재생되던 것과 달리, 데이터가 실시간으로 다운로드 받아지면서 동시에 재생됨

05 다음 중 한 장의 영상을 의미하는 단위는?

① 픽셀(Pixel)
② 씬(Scene)
③ 프레임(Frame)
④ 테이크(Take)

오답 피하기
① 픽셀(Pixel) : 위치 정보와 색상 정보를 갖는 디지털 이미지의 구성요소
② 씬(Scene) : 특정 장소와 시간에서 일어나는 사건이나 행동의 연속으로 여러 개의 프레임이 모여 이루어짐
④ 테이크(Take) : 특정 장면이나 장면의 부분을 한 번의 연속 촬영으로 기록

06 웹(Web)에서 타이포그래피를 적용 시 고려할 사항으로 틀린 것은?

① 페이지마다 또는 동일한 페이지 내에 다양한 서체 사용
② 가독성, 판독성을 고려한 서체 사용
③ 웹페이지의 여백과 무장의 정렬
④ 사이트 내용과 컨셉(Concept)에 어울리는 서체 사용

07 가독성은 많은 양의 텍스트를 접할 때 읽기 쉬운 정도를 말하는데, 인쇄물과 영상물에 각각 적용되는 가장 효율적인 글자체 설정은?

① 세리프체, 산세리프체
② 굴림체, 고딕체
③ 바탕체, 명조체
④ 궁서체, 돋움체

08 화면을 표현하기 위한 최소 단위이면서 화소라고도 불리는 것은 무엇인가?

① 비트맵
② 벡터
③ 해상도
④ 픽셀

정답 01 ③ 02 ③ 03 ④ 04 ① 05 ③ 06 ① 07 ① 08 ④

09 다음 중 이미지의 표현방식인 벡터 방식과 비트맵 방식에 대한 설명으로 **틀린** 것은?

① 벡터 방식은 점과 점을 연결하여 그린 선과 곡선으로 구성되어 있는 방식이다.

② 벡터 방식은 도형을 확대, 축소, 회전, 이동 등의 경우에도 그림의 질을 그대로 유지할 수 있다.

③ 비트맵 방식은 작은 점인 픽셀의 집합으로 바둑판 격자와 같은 모양으로 배열되어 있는 방식을 말한다.

④ 비트맵 방식은 벡터 방식보다 적은 디스크 공간을 소모한다.

오답 피하기

비트맵 방식은 픽셀 단위로 용량이 벡터 방식보다 큼

10 웹에 사용할 이미지에 대한 설명으로 맞는 것은?

① 이미지는 최대한 고해상도의 이미지를 사용한다.

② 이미지의 기본 단위는 cm이다.

③ 이미지는 CMYK 모드를 사용한다.

④ 주로 JPG, GIF 포맷의 이미지를 사용한다.

오답 피하기

• ① : 웹용 이미지는 로딩 속도를 줄이기 위해 용량과 품질을 고려한 '최적화된 이미지' 사용
• ② : 웹 이미지 단위는 px(pixel) 이용
• ③ : RGB 모드 사용

11 컬러 인쇄를 위해 C, M, Y, K 4색의 필름 기반의 반전된 형태의 네거필름(Negative Film)으로 만드는 과정을 무엇이라 하는가?

① 색분해

② 색상좌표

③ 색도도

④ 색 수정

12 Indexed Color Mode의 특징으로 옳은 것은?

① 최고 256 컬러를 사용하여 이미지를 표현한다.

② 색상이 없어 256가지의 명암만으로 이미지를 표현한다.

③ 광원으로 이미지의 색상을 표현하며 최고 1,670만 색상으로 이미지를 표현한다.

④ 인쇄를 하기 위한 이미지를 표현할 때 가장 적합하다.

오답 피하기

• ② : 256가지의 명암만으로 이미지를 표현하는 것은 Grayscale Color Mode임
• ③ : 광원으로 이미지의 색상 표현 및 1,670만 색상을 표현하는 것은 RGB Color Mode임
• ④ : 인쇄를 하기 위한 이미지를 표현하는 것은 CMYK Color Mode임

13 기업의 로고나 문자가 있는 일러스트레이션 같이 선명한 단색 이미지를 포함하고, 동일 색상이 수평으로 나열되어 있을 경우에 높은 압축률을 보이는 파일포맷은?

① PNG-8

② JPEG

③ GIF

④ PSD

14 다음 중 보기의 색상이 바르게 묶인 것은?

RGB(255,255,0)	CMY(255,255,0)

① 파랑 - 흰색

② 초록 - 검정

③ 사이언 - 초록

④ 노랑 - 빨강

PART

03

디자인 구성요소
설계 및 제작

파트 소개

스토리보드 설계 및 제작에 대해 알아보고 심미성 · 사용성 설계 및 구성과 관련하여 디자인의 의미와 조건, UX 적용 및 UI 설계, 반응형 디자인의 특징을 살펴봅니다.

CHAPTER 01

스토리보드 설계 및 제작

학습 방향

정보설계와 정보구조의 의미를 알아보고, 정보 이동을 위한 내비게이션 구성요소를
익힙니다. 또한 와이어프레임의 특징과 작성 방법, 레이아웃 구성요소와 기능을 확인
하고, 스토리보드의 특징과 작성 방법에 대해 학습합니다.

출제빈도

SECTION 01 중		20%
SECTION 02 상		40%
SECTION 03 상		40%

※ 출제빈도의 경우 2025년 이후로 변형된 기준에 맞춰 작성되었습니다.

정보설계와 정보구조

▶ 합격 강의

빈출 태그 정보설계 • 정보체계화 • 정보구조화 • 내비게이션 • 레이블링

01 정보설계(Information Design)

1) 정보설계의 개념

- 정보설계란 웹사이트 정보의 체계를 조직하고 정보구조를 설계한다.
- 정보설계는 웹사이트에 대한 효율적인 정보 전달을 가능하게 하며, 사용자 경험을 향상시키기 위해 필요하다.

기적의 TIP

정보설계는 정보의 구조와 흐름을 계획하는 과정이다.

2) 웹디자인 관련 정보의 종류

구체적인 사실(Facts)	특별한 설명 없이도 이해할 수 있는 명확하고 구체적인 정보
개념(Concepts)	대상에 대해 사용자가 이해하기 쉽도록 설명된 정의
절차(Procedures)	특정 작업을 순차적으로 수행하는 과정에 대한 정보
과정(Processes)	특정 시스템이나 아이템 작동의 원리와 진행되는 과정에 대한 정보
원칙(Principles)	사용자나 콘텐츠 제공자에게 요구되는 기본 원칙이나 행동 지침

3) 정보설계를 위한 기초 지식

웹사이트 정보구조 이해	• 웹사이트의 정보구조를 명확히 이해 • 사용자가 쉽게 탐색할 수 있도록 설계
내비게이션 구조 설계	• 사용자 친화적인 내비게이션 구조 설계 • 정보 탐색을 용이하도록 설계
구축 기능 이해 및 사용 도구 운용	• 웹사이트 구축에 필요한 다양한 기능 이해 • 웹사이트 구축 도구들을 능숙하게 활용

4) 웹사이트 설계 요소

이용자 등록	• 사용자 등록 폼의 위치, 필수 입력 항목, 계정 관리 페이지 등에 대한 배치 계획 • 정보설계를 통해 사용자가 회원가입을 쉽게 찾고 완료할 수 있도록 함
로그인 및 인증	• 로그인 페이지의 위치와 인증 절차 계획 • 로그인 관련 링크와 메뉴를 적절한 위치에 배치
비밀번호 재설정	• 비밀번호 재설정 절차와 관련된 정보를 사용자에게 제공 • 비밀번호 재설정을 위한 페이지와 링크 구조화
프로필 관리	사용자가 자신의 프로필을 쉽게 찾고 수정할 수 있도록 프로필 관리 메뉴와 페이지를 체계적으로 구성
검색 기능	검색창의 위치, 검색 결과 페이지의 구조 등 계획

내비게이션 메뉴	• 주요 카테고리와 하위 메뉴를 논리적으로 배치 • 사용자가 사이트 내에서 쉽게 이동할 수 있도록 메뉴 구조 설계
콘텐츠 관리	다양한 콘텐츠의 체계적인 분류와 배치
피드백 및 문의	피드백 폼과 문의 페이지를 적절한 위치에 배치
알림	사용자가 중요한 알림을 빠르게 확인할 수 있도록 알림 시스템과 관련 페이지를 적절한 위치에 배치

02 정보체계화

1) 정보체계화의 개념

- 정보체계화는 개별적으로 분산된 정보(콘텐츠)들을 체계적으로 그룹화하는 과정이다.
- 정보들을 논리적으로 연결하여 일관된 섹션으로 그룹화한다.

2) 정보체계화의 과정

콘텐츠 수집 → 주제나 성격에 따라 그룹화 → 체계적으로 조직하고 구조화 → 구조화된 콘텐츠를 기반으로 계층구조 설계 → 콘텐츠 구조 테스트

3) 정보체계화의 방법

특징이 명확한 정보	알파벳순, 연대와 날짜, 위치나 장소 등에 따른 분류
특징이 불명확한 정보	주제, 기능, 이용자, 상징이나 의미 등에 따른 분류

4) 정보체계화의 주요 요소

정보분류	다양한 정보를 주제별, 기능별, 이용자별로 그룹화하여 체계적으로 조직하는 것 예 카테고리, 서비스 유형, 사용자 그룹 등에 따라 분류
정보구조화	체계화된 정보체계를 연결하여 웹사이트의 계층구조를 구성하는 것 예 웹사이트의 주요 메뉴와 하위 메뉴 구조를 설계
레이블링(Labeling)	• 웹페이지 정보체계에 이름(레이블)을 붙이는 것 • 사용자들이 혼동 없이 정보를 찾을 수 있도록 각 정보에 명확한 이름을 붙임 예 메뉴 이름, 페이지 제목, 섹션 제목 등을 명확하게 지정
내비게이션	사용자들이 정보를 쉽게 검색하여 이동할 수 있도록 제공하는 기능 예 검색기능, 드롭다운 메뉴, 사이드맵 등

✓ 개념 체크

1 (   )(이)란 정보를 특정 기준에 따라 그룹화하는 과정이다.

2 레이블링이란 웹페이지 정보체계에 이름을 붙이는 것이다. (O, X)

1 정보체계화 2 O

03 정보구조(Information Architecture)

1) 정보구조의 개념

기적의 TIP

정보구조는 웹사이트의 정보, 콘텐츠, 기능 등을 체계적으로 조직하여 사용자 경험을 최적화하는 뼈대이다.

- 정보구조란 웹사이트의 정보와 콘텐츠, 기능 등을 체계적으로 조직하는 것이다.
- 정보구조는 웹사이트나 애플리케이션의 뼈대에 해당하며, 정보구조의 구성을 통해 사용자 경험을 최적화할 수 있다.
- 정보구조화는 체계화된 정보체계를 연결하여 계층구조를 구성하는 것으로 정보의 체계, 구조, 동선 등을 만든다.
- 정보구조에서 정보의 상하위 관계를 계층(Hierarchy), 최상위 계층부터 최하위 계층까지의 단계를 깊이(Depth), 각 계층에서 선택할 수 있는 항목의 수를 폭(Width), 같은 깊이(Depth)에 존재하는 항목을 레벨(Level)이라고 한다.
- 정보구조는 정보의 폭(Width)과 깊이(Depth)를 고려하여 설계하도록 한다.
  - 예 폭(Width) 5개, 깊이(Depth) 5단 이하

2) 정보구조의 유형

계층 구조 (Hierarchical Structure)	정보가 상위와 하위 카테고리로 나뉘어 계층적으로 배치되는 구조
허브 앤 스포크 (Hub and Spoke Structure)	중앙 허브 페이지에서 여러 분산된 페이지(스포크)로 이동하는 구조
중첩 인형 (Nested Doll Structure)	• 큰 개요 페이지에서 시작해 세부 정보 페이지로 단계별로 이동하는 선형 메뉴 구조 • 점진적으로 탭하거나 스와이프하여 추가 메뉴 옵션 탐색
대시보드 (Dashboard Structure)	홈 화면에서 다양한 정보를 한 눈에 볼 수 있도록 제공하는 구조
레이블링 (Labeling Structure)	각 콘텐츠나 정보에 레이블을 붙여 필요한 정보를 쉽게 탐색할 수 있도록 하는 구조

개념 체크

1 (　　　)(이)란 정보구조에서 정보의 상하위 관계를 의미한다.

2 정보구조에서 최상위 계층부터 최하위 계층까지의 단계를 깊이(Depth)라고 한다. (O, X)

1 계층 2 O

04 내비게이션(Navigation)

1) 내비게이션의 개념

- 내비게이션이란 웹페이지 내에서 사용자가 다양한 섹션과 페이지로 쉽게 이동할 수 있도록 링크들을 체계적으로 모아놓은 것이다.
- 내비게이션이 잘 되어있는 웹사이트는 어떤 페이지로 이동하든지 사용자가 현재의 위치를 파악할 수 있으며, 원하는 정보가 있는 페이지로 쉽게 이동할 수 있다.

🅱 기적의 TIP

내비게이션
웹페이지 안에서 다양한 섹션과 페이지 사이로 쉽게 이동할 수 있도록 링크들을 모아놓은 것이다.

2) 내비게이션의 구성요소

내비게이션 바	• 다른 페이지나 섹션으로 이동할 수 있게 해주는 메뉴 또는 링크 모음 • 홈 버튼, 메뉴 항목, 검색 창 등으로 구성 • 사용자 인터페이스(UI) 디자인에서 중요한 요소이며 사용자 경험(UX)을 향상시키는 역할 🅲 홈 버튼을 누르면 웹사이트 첫 페이지로 이동
메뉴	계층구조를 표현하는 기본요소로 웹사이트의 카테고리별 페이지 링크 🅲 드롭다운 메뉴, 햄버거 메뉴
링크	하이퍼링크로 원하는 페이지로 이동할 수 있도록 해주는 경로
이미지맵	• 그림의 일부에 하이퍼링크를 적용시켜 원하는 페이지로 이동 • 한 그림 안에 여러 개의 링크를 지정할 수 있음
사이트맵	웹사이트의 전체 구조를 한 눈에 알아볼 수 있도록 트리구조 형태로 만든 것으로, 웹사이트의 지도와 같은 역할
사이드바	• 부가적인 콘텐츠나 기능을 제공하는 공간 • 주로 웹사이트의 좌측 또는 우측에 위치 • 특정 기능 또는 정보를 제공하는 독립적인 요소 '위젯(Widget)'을 포함할 수 있음
바닥글 내비게이션	텍스트 링크를 사용하여 사용자가 다른 페이지로 이동할 수 있도록 하는 방식으로 주로 웹페이지 하단에 위치
기타	방문자 정보 표시, 이용자 위치 정보 등

HOME   ABOUT   PRACTICE AREAS   OUR TEAM   CONTACT

▲ 내비게이션 바

3) 내비게이션 메뉴의 종류

고정된 헤더	사용자가 스크롤할 때 헤더 영역 안의 메뉴가 화면 상단에 고정되도록 하여 쉽게 접근할 수 있도록 구현
드롭다운 메뉴 (Dropdown Menu)	메뉴 항목을 클릭하거나 선택하면 하위 메뉴가 나타나도록 구현하여, 사용자가 필요한 정보를 쉽게 찾을 수 있도록 함
햄버거 메뉴 (Hamburger Menu)	모바일 기기에서는 햄버거 메뉴 아이콘을 사용하여 전체 메뉴를 감추고, 필요할 때만 펼쳐서 사용하도록 구현
메가 메뉴 (Mega Menu)	• 사용자가 메뉴 항목을 클릭하거나 마우스를 가져갈 때 메뉴 항목 아래에 나타나는 큰 콘텐츠 패널 • 대규모 사이트의 경우 메가 메뉴를 구현하여 많은 정보를 한눈에 볼 수 있도록 함

🅱 기적의 TIP

내비게이션에는 내비게이션 바, 드롭다운 메뉴, 검색 기능 등이 있다.

개인	기업	금융상품	카드
조회	조회	저축상품	카드정보
이체	이체	대출상품	카드신청
공과금	전자결제	투자상품	이용내역조회
예금/신탁	수표/어음		

▲ 드롭다운 메뉴

4) 내비게이션의 유형

순차(Sequence) 구조	• 선형 구조로 앞뒤로만 이동이 가능한 내비게이션 구조 • 중요 정보를 쉽게 나타낼 수 있고, 대등한 정보를 순차적으로 보여줌 • 강의노트, 연대기, 회원 가입 절차 등 순서를 지켜야 할 때 적합
그리드(Grid) 구조	• 순차 구조를 여러 개 합해 놓은 형태로 수평적 또는 수직적인 내비게이션 구조 • 데이터베이스 사이트처럼 많은 양의 데이터를 카테고리로 나누어 분류할 때 사용
계층(Hierarchy) 구조	• 가장 일반적인 유형으로 특정 정보를 중심으로 하위 페이지로 이동 • 정보를 논리적으로 연결시킬 수 있고 효율적인 탐색이 가능 • 계층 설계가 잘못되거나, 계층 단계가 많아지면 사용자가 현재 위치를 놓칠 수 있음(길 잃는 현상)
네트워크(Network) 구조	• 웹페이지가 순서 없이 나열된 복잡한 구조 • 개발자의 의도와 상관없이 사용자가 자기만의 방식대로 이동할 수 있는 내비게이션 구조 • 사용자가 현재 위치를 가장 많이 놓칠 수 있음(길 잃는 현상 많음) • 엔터테인먼트나, 체험 사이트 등 고객 스스로 하나의 정보를 가지고 학습을 할 수 있는 사이트에 적합

▲ 순차 구조

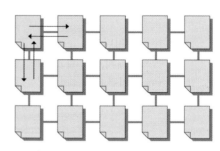

▲ 그리드 구조

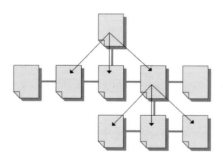

▲ 계층 구조

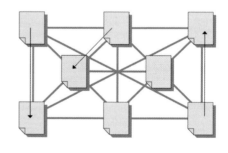

▲ 네트워크 구조

와이어프레임 작성과 레이아웃

▶ 합격 강의

01 와이어프레임(Wireframe) 작성

- 와이어프레임이란 웹페이지의 구조와 레이아웃을 간단한 선과 사각형 정도만을 사용하여 윤곽을 그린 설계 도구이다.
- 전체적인 주요 UI 요소의 배치를 보여주기 위해 작성한다.
- UI/UX의 기획 단계 또는 시각적 요소를 디자인하기 전, 전체적인 레이아웃을 스케치하는 데에 사용된다.
- 와이어프레임은 기본적이고 피델리티(충실도)가 낮은 프로토타입으로서, 웹사이트에 대한 초기 아이디어를 작성할 때 사용한다.
- 색상, 타이포그래피, 이미지 등의 시각적 요소는 최소화하고, 화면의 계층구조와 주요 요소의 위치를 중심으로 표현한다.
- 웹 브라우저, 모바일 웹 등 다양한 매체의 화면 비율을 고려하여 작성한다.

> **기적의 TIP**
>
> 와이어프레임은 UI/UX 기획 단계에서 웹페이지의 구조와 레이아웃을 스케치하는 기본적인 프로토타입이다.

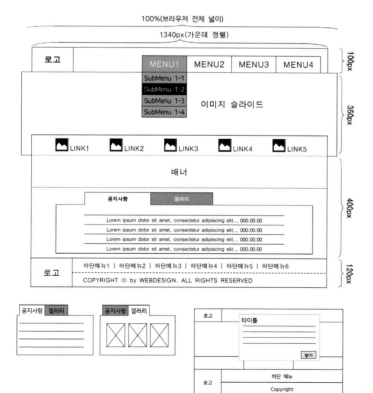

▲ 와이어프레임

> **개념 체크**
>
> 1 ( )(이)란 웹페이지의 구조와 레이아웃을 간단한 선과 사각형으로 윤곽을 그린 도면이다.
>
> 2 와이어프레임에서 색상, 타이포그래피, 이미지 등의 시각적 요소는 최소화한다. (O, X)
>
> 1 와이어프레임 2 O

02 레이아웃(Layout)

1) 레이아웃의 개념

- 레이아웃이란 콘텐츠를 적절하게 배치시킨 구조 또는 형태를 의미한다.
- 레이아웃을 구성할 때는 중요한 콘텐츠를 먼저 배치한 후 세부 사항을 결정한다.
- 레이아웃은 단순하고 간결해야 하며, 사용자가 쉽게 콘텐츠를 찾을 수 있도록 콘텐츠가 일관되도록 구성한다.
- 와이어프레임은 초기 아이디어와 구조에 중점을 두는 반면, 레이아웃은 와이어프레임을 기반으로 헤더, 내비게이션, 콘텐츠, 푸터, 배너 등 시각적 요소를 배치하여 웹페이지의 골격을 구체화한다.

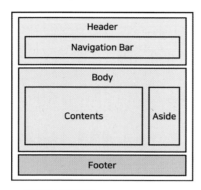

▲ 웹사이트 레이아웃

2) 레이아웃의 구성요소 및 기능

헤더(Header)	• 웹페이지 상단에 위치 • 웹사이트 로고 또는 타이틀 등을 배치 • 사용자 경험(UX)을 고려하여 홈으로 이동 가능하도록 구성
내비게이션(Navigation)	• 탐색 링크가 모여있는 영역으로 헤더 다음에 배치 • 텍스트나 이미지 형태로 표현
콘텐츠(Contents)	• 웹페이지의 주요 콘텐츠를 제공하는 영역 • 웹사이트의 특성에 따라 구성과 표현이 달라짐
어사이드(Aside)	• 주요 콘텐츠와는 별도로 부가적인 정보를 제공하는 영역 • 배너 광고, 바로가기 버튼, 쇼핑 히스토리 등을 배치
푸터(Footer)	• 웹페이지의 가장 아래쪽에 위치하는 영역 • 기업 로고, 저작권 정보, 기업 주소 및 연락처 정보, 패밀리사이트 링크, SNS 아이콘, 개인정보처리방침 등을 배치
광고	• 다양한 배너 형태로 표현 • 콘텐츠의 구성에 방해받지 않도록 구역과 크기를 적절히 구성 • 페이지 또는 사이트 단위로 연결되는 하이퍼링크와 페이지 내로 연결하는 마이크로링크 등으로 연결
기타 영역 분할	• 사용자가 특정 정보를 쉽게 찾을 수 있도록 구역을 나누어 구성 • 웹페이지를 2단 또는 3단으로 분할

3) 레이아웃의 구성 방법

- 중요한 콘텐츠들을 먼저 배치한 후 세부 사항을 결정한다.
- 단순하고 간결하며, 사용자가 쉽게 콘텐츠를 찾을 수 있도록 구성한다.
- 콘텐츠의 연결이 일관성 있고 논리적이어야 한다.
- 텍스트와 시각적 요소를 적절히 조화한다.
- 여러 레이아웃을 구성한 후 사용자 테스트를 통해 적합한 레이아웃을 최종 선택한다.
- 레이아웃 구성에 템플릿(Template)을 사용하면, 중요한 콘텐츠를 효율적으로 배치하고 일관된 스타일을 유지할 수 있다.

➕ 더 알기 TIP

템플릿(Template)

- 템플릿은 '형판', '보기판'이라는 뜻으로 특정 레이아웃과 스타일을 미리 정의하여, 여러 페이지에서 일관성 있게 사용할 수 있도록 만든 디자인 파일이다.
- 레이아웃 구조, 스타일시트, 반복적으로 사용되는 내비게이션 등을 포함하고 있어, 웹사이트 디자인에 템플릿을 사용하면 일관된 스타일과 구조를 유지하면서 보다 빠르고 효율적으로 개발할 수 있다.

4) 레이아웃 종류

유형	특징	단점
고정형 너비 레이아웃 (Fixed Width Layout)	• 웹페이지 너비가 픽셀 단위로 고정되어 있음 • 일관된 디자인 제공 • 쉬운 구현	• 다양한 화면 크기에 적응이 어려움 • 큰 화면에서는 상대적으로 작아보일 수 있음 • 작은 화면에서 수평 스크롤바가 발생할 수 있으며 비효율적임
유동형 레이아웃 (Fluid Layout)	• 웹페이지 너비가 퍼센트(%) 단위로 설정 • 브라우저 창, 화면 크기에 따라 상대적으로 유연하게 조정됨 • 상대적으로 사용자 스크롤이 줄어듦	• 구현이 복잡하고 일관된 디자인이 어려울 수 있음 • 화면이 너무 넓거나 좁을 때, 텍스트가 지나치게 길어나 좁아져 가독성이 떨어질 수 있음
반응형 레이아웃 (Responsive Layout)	• 고정 레이아웃과 유동 레이아웃의 장점을 결합 • 특정 화면 크기(브레이크포인트)에 따라 다른 스타일을 적용 • CSS와 미디어 쿼리를 사용하여 구현 • 모든 디바이스, 화면 크기에서 일관된 화면, 최적화된 사용자 경험 제공	• 구현이 복잡함 • 테스트 과정이 복잡함 • CSS, HTML, JavaScript 등의 웹 기술에 대한 충분한 이해가 필요함
적응형 레이아웃 (Adaptive Layout)	• 특정한 화면 크기에 맞추어 미리 정의된 여러 개의 레이아웃 사용 • 각 디바이스에 최적화된 사용자 경험 제공	다양한 디바이스를 위해 여러 레이아웃을 만들어야 함

🄱 기적의 TIP

고정형 너비 레이아웃은 웹페이지의 너비가 특정 픽셀 값으로 고정되며, 유동형 레이아웃은 브라우저 창의 크기에 따라 상대적으로 조정된다.

✅ 개념 체크

1 (　　) 레이아웃은 웹페이지의 너비가 퍼센트 단위로 설정되어 브라우저 창의 크기에 따라 상대적으로 조정된다.

2 고정형 너비 레이아웃은 브라우저 창의 크기와 관계없이 일정한 너비를 유지하는 레이아웃이다. (O, X)

1 유동형 2 O

스토리보드 작성

▶ 합격 강의

빈출 태그 스토리보드 • 화면 설계 • 서비스 흐름도

01 스토리보드(Storyboard)

1) 스토리보드의 개념

- 스토리보드란 일종의 작업 지침서로서 웹사이트의 전체 구성을 나타낸 문서이다.
- 초기 아이디어를 탐색하는 데 사용된 스케치를 바탕으로 스토리보드를 작성한다.
- 웹페이지 화면에 대한 계획, 레이아웃, 내비게이션, 기능 등을 그림과 설명으로 시각화한다.
- 주로 와이어프레임에 시나리오를 포함하여 사용자가 웹사이트 각 단계를 어떻게 사용하게 될지를 표현한다.

2) 스토리보드의 장점

- 시각적으로 표현하여 이해하기 용이하다.
- 작업 중의 시행착오를 줄일 수 있도록 해 준다.
- 같은 이해를 바탕으로 소통할 수 있어 팀원 간 커뮤니케이션과 협업이 원활해진다.
- 프로젝트의 전체적인 흐름과 진행 상황을 파악할 수 있다.
- 각 단계가 시각화되어 작업 시간을 효율적으로 관리할 수 있다.
- 고객에게도 아이디어를 명확하게 전달하고 피드백을 받을 수 있다.

02 스토리보드 작성

1) 스토리보드 작성의 개념

- 웹사이트의 다양한 페이지와 화면 요소를 시각적으로 표현한다.
- 페이지의 구성은 시각적으로 이해하기 쉽도록 스케치한다.
- 웹페이지에 들어갈 콘텐츠와 화면 설계에 대해 구체적으로 명시한다.
- 중요한 부분은 다른 색상과 화살표 등의 기호를 이용하여 강조하도록 한다.
- 웹페이지에 들어가는 다양한 미디어 파일, 오디오 파일 등을 포함할 수 있다.

2) 스토리보드 작성 내용

표지 페이지	프로젝트 제목, 날짜, 관련 팀원 등을 작성
개정 이력	• 시간 경과에 따라 스토리보드에 적용된 모든 변경 사항 문서화 • 수정 날짜, 상세 내용, 수정 버전 등을 작성하여 한눈에 파악 가능
화면 설계	• 각 페이지의 대략적인 스케치 또는 와이어프레임 기입 • 헤더, 푸터, 내비게이션 메뉴, 콘텐츠 영역 등 주요 영역과 요소들의 배치를 표시하고 설명 • 통일된 규격이 없어 작성자에 따라 차이가 있을 수 있음
서비스 흐름도	한 페이지에서 다른 페이지로의 사용자 여정과 상호작용 흐름을 설명 ⑩ 홈페이지 → 서비스 소개 페이지 → 서비스 상세 페이지 → 고객 문의 페이지
페이지 상세 정보	• 페이지가 저장될 디렉토리 및 파일 이름 기입 • 콘텐츠에 대한 간략한 설명 • 내부 링크 및 외부 링크 정리 • 양식, 버튼 또는 기타 대화형 요소 기입
디자인 요소	• 색 구성표, 타이포그래피 및 이미지를 포함한 시각적 스타일 정의 • 메뉴 레이아웃 및 사용자 인터페이스 구성요소의 세부 디자인 기입
기능과 요구사항	• 각 페이지나 기능이 수행해야 할 기술적 요구사항, 제약 조건 명시 • 각 페이지에 필요한 JavaScript, PHP 등의 프로그램과 기능 표시 • 개발에 대한 기술적 요구 사항 또는 특별한 지침 언급

3) 스토리보드 작성 시 주의 사항

• 디자인 요소보다는 페이지에 노출되는 주요 요소를 표현하는 것이 더 중요하다.
• 화면의 설명이 부족할 경우, 별도의 서비스 페이지를 구상하여 보완해야 한다.
• 작성자의 의도를 정확히 전달하려면, 각 페이지의 구성요소와 기능을 상세하게 작성해야 한다.

➕ 더 알기 TIP

UX 디자인에서 스토리보드 작성

• UX(User Experience) 디자인 과정에서 스토리보드는 사용자의 경험을 시각적으로 표현하는 도구이다.
• UX 디자인에서 가상의 사용자 프로필을 페르소나(Persona)라고 하며, 페르소나를 이용하여 다음의 순서로 스토리보드를 작성할 수 있다.
  ① 사용자 페르소나 정의 : 사용자 유형을 설정하고 대상 고객을 분석
  ② 사용자 목표 및 니즈 식별 : 사용자 행동과 요구 사항을 정리
  ③ 사용자 시나리오 작성 : 제품의 사용 과정을 구체적으로 설정
  ④ 스토리보드 시각화 : 각 단계에서 사용자의 행동을 그림이나 텍스트로 표현
  ⑤ 피드백을 반영하여 개선 : 초기 제작된 스토리보드를 팀과 공유하여 수정 및 개선

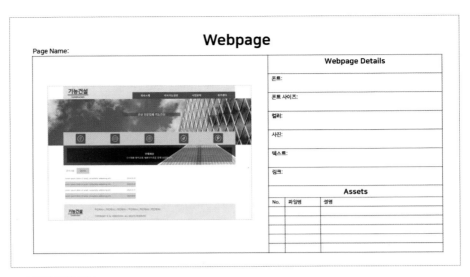

▲ 스토리보드의 예시

CHAPTER

심미성 · 사용성 설계 및 구성

학습 방향

디자인 의미와 디자인의 4대 조건을 알아두고, 디자인 과정에 대해 살펴봅니다. 이후 디자인의 구성요소와 조형 요소의 차이, 다양한 디자인 원리들과 형태의 심리에 대해 학습합니다. 특히 UX 적용 및 UI 설계와 반응형 디자인, 페르소나 등에 대해 숙지하도록 합니다.

출제빈도

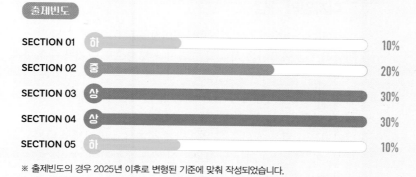

SECTION 01	하	10%
SECTION 02	중	20%
SECTION 03	상	30%
SECTION 04	상	30%
SECTION 05	하	10%

※ 출제빈도의 경우 2025년 이후로 변형된 기준에 맞춰 작성되었습니다.

디자인의 의미와 조건

▶ 합격 강의

빈출 태그 ▸ 디자인의 의미 • 도안 • 데시그나레 • 디자인의 분류 • 아이덴티티 • 디자인의 역사

01 디자인 용어

1) 디자인 용어의 유래

- 디자인(Design)은 De(이탈)와 Sign(형상)의 합성어이다.
- 디자인 용어의 유래는 '계획을 세우다', '지시하다', '스케치 하다'라는 의미의 라틴어 '데시그나레(Designare)'에서 유래되었다.
- 프랑스어의 데생(Dessin)과 같은 어원으로서 르네상스 시대 이후 오랫동안 데생과 같이 가벼운 의미로 사용되기도 하였다.
- '디자인'이라는 용어는 1920~1930년대 근대 디자인 운동 이후 본격적으로 사용되었다.

> 🅑 기적의 TIP
>
> 디자인(Design)은 De(이탈)와 Sign(형상)의 합성어이다. 라틴어인 데시나레(Designare)에서 유래하였으며 프랑스어 데생(Dessin)과도 어원을 같이 한다.

2) 국내 디자인 용어의 변화

1950년대	도안, 의장
1960년대	산업 미술, 응용 미술, 디자인이라는 용어 사용
1970년대	시각 디자인, 환경 디자인, 공업 디자인, 패션 디자인, 공예 등으로 세분화
1980년대	디자인 매니지먼트, 디자인 비즈니스라는 용어 사용

02 디자인의 개념

- 디자인(Design)의 사전적 의미는 '의장(意匠)', '도안', '계획', '설계'이다.
- 일반적으로 디자인은 하나의 그림이나 모형으로 그것을 구체화하고 전개시키는 계획 및 설계를 의미한다.
- 좁은 의미로는 사용하기 쉽고 안전하며, 아름답고 쾌적한 생활 환경을 창조하는 것이고, 넓은 의미로는 심적 계획(A Mental Plan)을 의미한다.
- 디자인은 수립한 계획을 목적에 맞게 설계하고 발전시켜 나가는 것, 또는 그 과정으로서, 미적인 것과 기능적(실용적)인 것을 통합하여 가시적으로 표현하는 것이다.
- 빅터 파파넥(Victor Papanek)은 디자인을 단순히 형태나 기능으로 정의하는 것을 넘어서, '방법, 용도, 필요, 목적(텔레시스), 연상, 미학'의 측면을 복합적으로 고려해야 한다는 복합 기능(기능복합체, Function Complex)이라는 포괄적인 개념을 제시하였다.

① 빅터 파파넥(Victor Papanek)의 복합 기능

방법(Method)	디자인을 실행하는데 사용되는 도구, 재료, 기술, 작업과정의 상호작용
용도(Use)	디자인이 실제로 어떻게 사용되는지를 고려해야 함
필요(Needs)	디자인이 사용자에게 제공해야 하는 경제적, 심리적, 정신적, 기술적인 요구
목적(Telesis)	디자인이 가진 목적과 의도, 사회적, 문화적 목표를 포함해야 함
연상(Association)	디자인이 사용자에게 전달하는 의미와 경험을 고려해야 함
미학(Aesthetics)	디자인은 시각적으로 아름답고, 사용자에게 감각적으로 만족스러운 경험을 제공해야 함

② 뉴미디어 디자인과 리디자인(Re-Design)

뉴미디어 디자인	디지털 기술과 새로운 매체를 활용한 디자인. 컴퓨터, 인터넷, 인터랙티브 기술 등을 통합하여 더 다양한 표현과 상호작용을 가능하게 함
리디자인	디자인을 현대적 감각에 맞게 수정하거나, 더욱 기능적인 디자인으로 개량하는 것

03 디자인의 조건

- 디자인의 4대 조건으로는 '합목적성, 경제성, 심미성, 독창성'이 있고, '질서성'을 더하면 5대 조건이라고도 한다.
- 디자인에 영향을 주는 기타 조건으로는 민족성, 사상, 시대적인 유행, 기후 등이 있다.

5대 조건	4대 조건	객관적	합목적성	• 목표성, 디자인이 대상과 용도, 목적에 맞게 이루어진 것 • 기능성과 실용성이 모두 갖추어진 것을 의미
			경제성	• 최소의 비용으로 최대의 효과를 얻는 경제의 원리에 맞는 가격 • 사용 대상과 목적에 부합되는 합리적인 가격이어야 함
		주관적	심미성	• 형태와 색채가 조화를 이루어 '아름다움'의 성질을 만들어내는 것 • 시대적인 미의 기준, 사회적인 개성에 따라 변화됨
			독창성	• 다른 제품과 차별화된 창조적이고 주목할만한 디자인을 의미 • 독창성(창조성)이 더해져야 디자인으로서의 생명이 있음
	질서성			디자인의 4대 조건인 합목적성, 경제성, 심미성, 독창성이 균형을 이루며 조화를 유지하는 것

🅱 기적의 TIP

디자인의 4대 조건
합목적성, 경제성, 심미성, 독창성

➕ 더 알기 TIP

굿 디자인(Good Design)

합목적성, 경제성, 심미성, 독창성, 질서성을 만족시켜 외적인 독창성과 편리함을 갖춘 디자인이다.

✅ 개념 체크

1 디자인의 4대 조건 중 ( ) 은/는 목표성이라고도 말하며 디자인이 대상과 용도, 목적에 맞게 이루어진 것을 의미한다.

1 합목적성

04 디자인의 과정

• 디자인의 발상 단계는 '모방 → 수정 → 적응 → 혁신' 순으로 이루어진다.
• 디자인의 과정은 '발의 → 확인 → 조사 → 분석 → 종합 → 평가 → 개발 → 전달' 순으로 이루어진다.

① 발의 단계	디자인 제품의 대상과 방법에 대해 요청을 수렴하고 선정
② 확인 단계	선정된 디자인 제품에 대해 예측되는 문제점과 가능성을 확인
③ 조사 단계	확인 단계에서 나타난 문제점을 연구, 제품에 대한 정보를 수집
④ 분석 단계	수집된 모든 자료를 체계적으로 분류, 분석
⑤ 종합 단계	분석된 자료를 종합하여 관련된 분야를 바탕으로 디자인을 진행
⑥ 평가 단계	디자인을 최종적으로 평가하고 결정
⑦ 개발 단계	결정된 디자인을 토대로 디자인화 된 제품을 제작
⑧ 전달 단계	디자인 제품을 사용자가 직접 사용

• 디자인 문제 해결은 '계획 → 조사 → 분석 → 종합 → 평가' 순으로 이루어진다.

05 디자인의 분류

구분	시각(시각전달) 디자인	공업(제품) 디자인	환경 디자인
2차원 평면 디자인	• 광고와 선전 • 편집 디자인 • 아이덴티티(CIP) • 타이포그래피 • 레터링 디자인 • 일러스트레이션 • 웹디자인	• 텍스타일 디자인 • 벽지 디자인 • 인테리어 패브릭 디자인	
3차원 입체 디자인	• POP 디자인 • 패키지(포장) 디자인	• 용기 디자인 • 가구 디자인 • 액세서리 디자인 • 전자/가전제품 디자인 • 문구/완구 디자인 • 운송수단 디자인	• 도시환경 디자인 • 조경 디자인 • 인테리어 디자인 • 무대 디자인
4차원 시공간/매체 디자인	• TV/CF • 영상 • 애니메이션/가상현실		

① 시각 디자인(Visaul Design)
- 시각 전달 디자인(Visual Communication Design)을 의미한다.
- 그래픽 디자인(Graphic Design)라고도 한다.
- 신속하고 정확한 의미를 전달한다.

② 아이덴티티(Identity)와 브랜드 아이덴티티(Brand Identity)
- 아이덴티티는 기업의 본질, 특징, 가치 등을 포괄하는 근본적인 개념으로, 기업 통합 전략이다.
- 브랜드 아이덴티티는 기업의 본질을 포착하고 전달하여 기업의 방향을 나타내는 것이다. 로고, 색상, 타이포그래피, 마케팅 자료 등 기업이나 제품이 대중에게 전달하고자 하는 시각적, 청각적, 감각적 요소들의 총합이라고도 볼 수 있다.

로고(Logo)	기업, 단체 또는 제품을 대표하는 시각적 상징물
슬로건(Slogan)	브랜드의 주제나 핵심 메시지를 짧고 강렬하게 표현한 문구
캐릭터(Character)	브랜드나 제품을 의인화하여 시각적으로 표현한 상징물
컬러 팔레트(Color Palette)	브랜드를 상징하는 색상 조합

③ CI(Corporate Identity)
- 기업의 본질, 특징, 가치 등을 시각적으로 통합시켜 표현한 기업의 정체성이다.
- CI 3대 요소로 BI, MI, VI가 있다.

BI(Brand Identity)	기업의 방향
MI(Mission Identity)	기업의 이념
VI(Visual Identity)	기업을 시각적으로 표현

④ CIP(Corporate Identity Program)
CI를 관리하고 유지하기 위한 프로그램으로, CI 요소들을 체계적으로 조직하고 시각적으로 표현한다.

베이직 시스템	심벌마크, 로고타입, 전용색상, 전용서체, 마스코트
응용 시스템	회사 서식류(명함, 봉투 등), 유니폼, 사인류(간판, 배너 등)

06 디자인의 역사

근대	미술공예운동	• 1850~1900년 공예 개량 운동 • 산업화 저항, 순수한 인간 노동 예술 중시 • 파괴된 인간미 회복 주장 • 윌리엄 모리스
	아르누보	• 1890년 프랑스와 벨기에 중심으로 일어난 신 장식미술 운동 • 식물 모티브 추상 형식과 화려한 색채 • 빅토르 오르타, 앙리 반 데 벨데, 알퐁소 뮈샤, 안토니오 가우디
	독일공작연맹	• 1907년 기능주의 운동 • 제품 질적 향상과 규격화, 미술과 근대 공업 결합 시도 • 헤르만 무테지우스, 피터 베렌스
	큐비즘(입체주의)	• 입체주의, 자연해석과 아프리카 원시 조각의 형태감에서 동기 형성 • 실물을 입방체적으로 표현 • 조르주 브라크, 파블로 피카소
	구성주의	• 러시아의 추상주의 예술 운동 • 공간의 조형 중시, 금속·유리 등의 공업재료와 기계적 형태 이용 • 블라디미르 타틀린, 알렉산더 로드첸코, 엘 리시츠키, 바실리 칸딘스키
	데 스틸(De Stijl)	• 네덜란드어로 '양식'을 의미하는 것으로 신조형주의 운동 • 빨강, 파랑, 노랑 삼원색 위주의 기하학적 단순화된 평면 구성 • 피에트 몬드리안
	바우하우스	• 1919~1933년 예술 창작과 공학 기술 통합 • 현대 디자인의 이정표 정립 • 월터 그로피우스
	모더니즘	• 1920년 경부터 시작된 것으로 전통적 예술 형식 비판 • 획일성, 기계로 인한 파괴성, 비인간적 환경에 대한 비판 • 기성 질서에 대한 반항을 추구하는 전위 예술 운동인 다다이즘 및 초현실주의, 미래주의 등을 포함
	아르데코(Art Déco)	• 1925년 파리 장식 예술 박람회에서 시작 • 반복되는 패턴, 기하학적 문양
현대	초현실주의	• 무의식의 발현, 잠재의식의 상상 세계 표현 • 자동주의기법, 프로타주, 데칼코마니, 콜라주 기법 사용 • 막스 에른스트, 호안 미로
	추상표현주의	• 1940년 후반부터 미국 중심으로 일어난 국제적 예술 운동 • 지적인 질서와 내면의 철학적 성찰 • 자발적이고 즉흥적인 뜨거운 추상과 논리적이고 이성적인 구성에 중점을 둔 차가운 추상 • 잭슨 폴락, 윌렘 드 쿠닝, 마크 로스코, 바넷 뉴먼 등
	포스트모더니즘	• 1960년대 모더니즘에 대한 비판과 반발 운동 • 인간 감정과 개별성 회복, 다원성, 상대주의, 대중문화 수용 • 사용 용이성과 감성적 디자인 중시 • 역사적 모티브 응용과 전통 요소 재창조
	팝아트	• 1960년대 뉴욕 중심 전개 • 매스미디어와 대중문화 소재 사용 • 같은 대상 반복 기법 • 리처드 해밀턴, 앤디 워홀
	옵아트	• 팝아트 상업성에 대항 • 색채 장력, 기하학적 형태 배열로 시각적 효과 창출
	미니멀아트	• 1960년대 후반 미국 전개 • 최소한의 자기 표현 • 미니멀리즘, 최소한주의

SECTION

02

디자인 구성요소

출제빈도　상　중　하
반복학습　1　2　3

빈출 태그　디자인 요소 • 조형 요소 • 그래픽 요소

▶ 합격 강의

01 웹사이트 디자인 요소

웹사이트 디자인 요소는 심미적으로 웹사이트의 시각적 만족도를 높이고, 사용자 경험을 향상시키기 위해 고려해야 할 요소를 의미한다.

배치 및 레이아웃	• 웹사이트의 전반적인 구조와 각 요소(텍스트, 이미지, 버튼 등)의 배치 • 깔끔하고 직관적인 레이아웃은 사용자 경험을 향상시킴
색상 구성	• 색상은 웹사이트의 분위기를 결정하고 브랜드 아이덴티티를 나타냄 • 색상 조합을 통해 사용자에게 시각적인 즐거움을 제공
타이포그래피	텍스트의 글꼴, 크기, 간격 등은 웹사이트 가독성을 높이고 디자인의 완성도를 높여줌
이미지와 그래픽	• 시각적인 요소는 사용자들이 정보를 쉽게 이해할 수 있도록 도움 • 고품질의 이미지와 관련있는 그래픽을 사용함
내비게이션	• 웹사이트 내에서 사용자가 쉽게 원하는 페이지로 이동하고 탐색할 수 있도록 함 • 명확한 메뉴와 링크는 사용자 경험을 향상시킴
반응형 디자인	• 다양한 디바이스(데스크탑, 태블릿, 모바일)에 맞춰 웹사이트가 자동으로 최적으로 조정되도록 구성 • 모든 디바이스에서 최적의 사용 경험을 제공할 수 있어야 함
메타포(Metaphor)	• 사용자가 쉽게 연상할 수 있는 요소를 디자인에 적용하는 것 • 메타포를 활용하면 사용자들이 쉽게 이해하고 직관적으로 사용할 수 있도록 도움
접근성(Accessibility)	장애가 있는 사람들을 포함하여 모든 사용자가 웹사이트와 애플리케이션을 쉽고 편리하게 이용할 수 있도록 보장
개인화된 경험 제공	사용자의 선호도와 행동을 반영하여 맞춤형 콘텐츠를 제공
로드 속도	• 웹사이트의 로딩 시간이 빠를수록 사용자 유지에 효과적임 • 최적화된 이미지와 코드, 적절한 호스팅을 통해 로드 속도를 향상시킴

02 웹사이트 조형 요소

• 조형 요소는 시각적이며 구조적인 구성요소들을 의미한다.
• 조형 요소는 크게 개념 요소, 시각 요소, 상관 요소로 구분된다.

1) 개념 요소

• 개념 요소란 물리적으로 눈으로 볼 수 없지만, 인지와 이해를 통해 존재한다고 인식(지각)할 수 있는 요소를 의미한다.
• 개념 요소로는 점, 선, 면, 입체 등이 있다.

B 기적의 TIP

디자인에서 개념 요소란 눈으로 볼 수 없지만, 존재한다고 지각할 수 있는 요소이다.

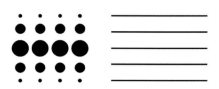 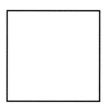 

▲ 디자인의 개념 요소

기적의 TIP

점은 길이, 너비, 높이가 없는 기본적인 위치를 나타내는 요소이다.

점(Point)	• 형태의 최소 단위 • 위치만 가지고 있고, 길이, 깊이, 무게는 없음 • 컴퓨터 그래픽스에서 디지털 이미지의 화소로 사용 • 점이 커지면 면으로 인식됨. 점이 모이면 어떠한 선과 면도 이룰 수 있음 • 교점 : 선의 교차에 의해 생기는 점		
선(Line)	• 1차원 요소로 수많은 점이 모이거나 무한히 뻗어나가 이루어짐 • 점의 이동에 따라 움직인 자취(궤적)대로 생성됨 • 움직임의 성격을 가짐(속도감, 강약, 방향) • 한 점을 지나는 직선은 많지만, 서로 다른 두 점을 지나는 직선은 한 개임 • 선의 폭이 넓어지면 면으로 인식됨 • 교선 : 면의 교차에 의해 생기는 선 • 포지티브 선(Positive Line) : 점이 이동한 궤적으로 생성된 선 • 네거티브 선(Negative Line) : 주로 면과 면이 교차하는 지점에서 생기는 선으로 실제로 지각되거나 물리적으로 존재하지 않는 추상적인 선		
면(Plane)	• 2차원 요소로 수많은 선이 모여 이루어짐 • 선의 이동에 따라 움직인 자취대로 생성 • 외곽 모양에 따라 평면과 곡면으로 분류됨 • 너비가 넓은 선의 교차나 입체의 한계에서도 면이 생성됨 • 면이 만나면 입체를 이루게 됨 • 2차원 : 면의 위치를 나타내는 공간(원근감, 질감, 공간감, 면적 등을 나타냄)		

입체(Solid)	• 3차원 요소로 면이 이동한 자취 또는 면의 집합으로 이루어짐
	• 입체는 3차원 공간으로 표현되며, 형태와 깊이가 있음
	• 옵아트(Op Art)와 같은 평면 조형에서도 착시에 의해 입체감이 생김
	  – 순수 입체 : 구, 원기둥, 육면체 등
	  – 소극적 입체 : 시각을 통해 지각되는 것으로, 물체가 점유하는 공간		

기적의 TIP

선의 한계나 교차에서 생기는 점을 '네거티브 선'이라고 하며, 명확히 지각되는 점은 '포지티브 선'이라고 한다.

① 선의 종류

직선	• 방향을 가진 선 • 단순, 경직, 딱딱함, 명료함, 정적인 표정 • 직선 중 가는 선은 예리하고 가벼움 • 직선 중 굵은 선은 힘 있고 무거운 표정	
	수평선	• 0°에 가까운 선 • 평온, 평화, 안정감, 너비감, 안정감
	수직선	• 90°에 가까운 선 • 높이감, 상승, 엄숙함, 긴장감
	사선	• 비스듬하게 그은 선 • 운동감, 활동감, 속도감, 불안정함
곡선	• 부드럽게 휘어진 선 • 부드러움, 우아함, 유연성, 섬세함, 모호함, 동적인 표정	
	기하곡선	단조롭고 질서가 있음
	자유곡선	자유롭고 아름다움. 무질서함

개념 체크

1 선의 교차에 의해 생기는 점을 (　　　)(이)라고 한다.
2 선은 한 개의 점을 기준으로 무한히 뻗어 나가는 2차원적인 요소이다. (O, X)

1 교점　2 X

가는 선	섬세함, 정교함, 세련됨
굵은 선	힘 있는 느낌, 강함, 중후함
유기적인 선	• 자연의 형태에서 나타나는 자연적인 선 • 부드러움, 자유로움, 생동감
무기적인 선	• 기계적으로 생성된 기하학적인 선 • 기계적, 규칙적, 명확함, 인공적인 느낌

② 면의 종류

평면	• 평평한 면 • 어떤 두 점을 이어도 그 면 위에 놓임	
	직선면	• 신뢰감과 안정감의 느낌 • 직접적인 느낌, 남성적이고 대담한 느낌
곡면	• 원기둥이나 구면과 같이 곡선으로 이루어진 면 • 부드러움, 동적인 느낌	
	단곡면	원기둥처럼 축을 따라 직선을 그을 수 있는 면
	복곡면	구면처럼 직선을 그을 수 없는 면
기하학면	신뢰감, 안정되고 간결, 명료한 느낌	
불규칙한면	자유로움, 흥미, 불확실함, 무질서한 느낌	
유기적인 면	• 물체의 전체나 외면에서 나타나는 자연적인 면 • 활발함, 자유로운 느낌	
무기적인 면	기계적으로 생성된 기하학적인 면	

2) 시각 요소

형태를 눈으로 지각할 수 있는 요소로 형과 형태, 질감, 색채 등이 있다.

형(Shape)	• 2차원적인 경계를 가진 물체의 윤곽이나 3차원적인 모습 • 단순히 우리 눈에 보이는 모양
형태(Form)	• 형이 연장 또는 발전되어 이루어지는 3차원적인 모습 • 형보다는 더 넓은 의미의 일반적인 형과 모양을 의미 • 눈으로 파악한 대상물의 기본적인 특성을 제시 • 일정한 크기, 색채, 원근감 등이 포함된 조형물 전체의 3차원적인 모습 • 이념적 형태와 현실적 형태가 있음 　－ 이념적 형태 : 실제적 감각으로 지각할 수는 없지만 개념적인 형태로, 추상적 형태, 상 　　징적 형태가 있음 　－ 현실적 형태(실제 형태) : 실제적으로 지각되는 구체적인 물체나 대상으로서, 구상적 　　형태, 자연적 형태(유기적 형태, 나무, 꽃, 동물), 인위적 형태(인간이 만든 것, 기하학 　　도형) 등이 있음
크기(Size)	• 기준 척도에 의해 측량되는 개념 • 크기, 길이, 폭, 깊이, 높이 등
색채(Color)	• 빛이 물체에 닿게 될 때 반사되는 빛의 파장, 반사, 투과, 굴절 등에 의해 나타남 • 색의 3속성 : 색상, 명도, 채도 　－ 색상 : 색을 구분 　－ 명도 : 밝기를 나타냄 　－ 채도 : 선명도를 나타냄

질감(Texture)	• 물체의 표면적인 느낌
	• 광택, 매끄러움, 거침, 울퉁불퉁함 등의 촉감, 재질을 의미
	• 촉각에 의한 질감과 시각에 의한 질감으로 구분
	   – 촉각적 질감 : 눈으로도 볼 수 있고 손으로 만져서도 느낄 수 있는 질감
	   – 시각적 질감 : 눈에 보이는 질감, 장식적 질감, 자연적 질감, 기계적 질감

➕ 더 알기 TIP

한국산업표준(KS)에 따른 색의 3속성

색상(Hue), 명도(Value), 채도(Chroma)

3) 상관 요소

상관 요소란 개념 요소와 시각 요소 등 디자인 요소들의 결합에 의해 나타나게 되는 속성이다.

위치	한정된 화면 내에서 차지하는 위치 ⑩ 한정된 공간 안에서 형태, 다른 요소, 보는 사람 등과 관련됨
방향	요소들의 배치나 각도에 의해 나타나는 시각적 흐름이나 동세 ⑩ 선이 주는 수평 방향, 수직 방향, 사선 방향 등
공간감	• 2차원 평면에서 3차원적인 깊이와 볼륨을 느끼는 감각 • 원근감과 관련됨 ⑩ 요소의 결합에 의해 평면에서 느껴지는 공감적인 부피
중량감	무게감과 관련된 요소 ⑩ 요소의 크기에 따라 느껴지는 무겁거나 가벼운 느낌

03 웹사이트 그래픽 요소

• 그래픽 요소는 시각적인 심미성을 높이고 정보 전달을 효과적으로 돕기 위해 사용한다.
• 그래픽 요소의 활용은 사용자 경험을 향상시키고 웹사이트의 목적을 달성하는 데 중요한 역할을 한다.

그래픽 이미지	• 가장 자주 사용되는 시각적 요소로 사진, 일러스트 등으로 표현 • 즉각적인 시각 정보를 제공함 • 그래픽 이미지의 배치를 통한 정보 우선순위 표현, 색상의 기울기를 통한 웹사이트 차원 변화, 그래픽 이미지를 통한 스토리 전달 등을 할 수 있음
아이콘 (Icons)	• 웹사이트나 컴퓨터 시스템에서 텍스트를 보완하고 사용자에게 빠르게 정보를 전달하는 인터페이스 요소 • 메뉴, 홈 등과 같이 특정 위치나 기능으로 이동하는 내비게이션 아이콘, 버튼이나 링크 동작을 나타내는 액션 아이콘 등이 있음
픽토그램 (Pictograms)	• 단순한 도형을 사용하여 개념을 전달하는 그래픽 요소로 의미가 축약된 그림 문자 • 직관적인 그림이나 기호로서, 사용자가 정보나 지시를 빠르게 이해할 수 있도록 함 • 일반적으로 공공장소, 지도, 안내판 등에서 사용됨

✓ 개념 체크

1 ( )은/는 텍스트를 보완하고 사용자에게 빠르게 정보를 전달하는 인터페이스 요소로 메뉴, 홈 등에 사용된다.
2 픽토그램이란 디지털 인터페이스에서 사용되는 시각적 요소로, 특정 기능이나 작업을 나타낸다. (O, X)

1 아이콘 2 X

04 디자인 원리

디자인 원리란 시각적 요소를 효과적으로 배치하고 구성하여 사용자에게 심미적이고 기능적인 경험을 제공하는 개념을 의미한다.

원리	특징	웹페이지에 적용
균형 (Balance)	• 디자인 요소들이 시각적 무게중심을 이루어 안정감을 이룬 것 • 보통 전체와 부분, 부분과 부분 사이에서 대칭에 의해 이루어짐 • 대칭과 비대칭이 있음	• 대칭을 적용하면 안정적이고 조화로운 느낌. 시각적인 안정감을 부여 • 비대칭은 현대적인 느낌
조화 (Harmony)	각 요소들이 서로 잘 어울리고 조화롭게 결합되어 전체적인 일관성을 이루는 것	일관성 있고 정돈된 느낌
대비 (Contrast)	• 형태나 색채 등의 요소에 차이를 주어 강조하는 원리 • 음영이나 색상에 대비를 주면 강렬한 디자인을 제작할 수 있음 • 강한 대비는 시각적 주목성을 높임	• 명확성과 강조 • 사용자의 주의를 끌어 정보 전달을 명확하게 함 • 시각적 흥미와 다양성 유발
강조 (Emphasis)	• 단조로움을 피하기 위해 시각적 요소 일부를 다르게 표현하는 것 • 크기, 색상, 위치 등의 시각적 계층구조를 만듦 ⑩ 녹색 잎들 속에 파묻힌 빨간 꽃 한 송이	• 주목성 향상 • 흥미 유발, 재미있고 매력적인 느낌 • 사용자의 시선을 유도하고, 특정 요소를 돋보이게 하여 해당 정보 강조

리듬(율동)
(Rhythm)
	• 일정한 패턴이나 주기를 통해 시각적인 흐름을 이룬 것
	• 규칙적인 특징을 반복하거나 교차시키는 데서 생기는 움직임으로, 통일성과도 관련됨
	• 점층이나 점이를 통해서도 리듬이 나타남
	  – 반복 : 형태를 한 번 이상 주기적, 규칙적으로 배열하는 것으로 패턴을 만들어냄
	  – 교차 : 두 개 이상의 요소를 교체시키며 배열하는 것
	  – 점이 : 반복의 크기나 색채 등에 점진적인 변화를 주어 동적인 효과를 주는 것으로, 색채의 점이는 점층(그라데이션, Gradation)이라고 함
		• 반복에 의한 리듬은 시각적인 조화와 질서 있는 느낌으로 일관성 제공
		• 리듬의 방향을 통해 시선의 흐름을 유도
		• 변화 요소를 추가하면 시각적인 흥미 유발, 활기찬 느낌
		• 다이나믹한 리듬은 몰입감 있는 경험 제공

비례 (Proportion)	• 요소의 전체와 부분을 연관시켜 크기나 양적 관계를 나타낸 것 • 시각적 요소들의 분포, 면적, 길이 등의 대비 관계를 나타냄 • 사각형에서 가로 세로의 비율이 1:1.6184일 때 '황금 비례'라고 함	• 시각적 조화를 이루며 균형을 유지 • 디자인이 자연스럽고 어색하지 않게 느껴짐
통일 (Unity)	• 하나의 규칙으로 단일화시키는 것 • 통일성이 있는 디자인은 질서가 느껴짐 • 통일이 지나치면 지루해짐 • 통일의 일부에 변화를 주는 것을 '변화'라고 함	• 편안하고 안정적인 느낌 • 사용자에게 일관된 경험을 제공하고 직관적인 탐색이 가능하게 함
동세 (Movement)	• 디자인 요소들이 마치 움직이는 것처럼 보이게 하여 디자인에 생동감과 활력을 더하는 원리 • 시각적 흥미와 집중도를 높여주며, 특정 요소로 시선을 유도함	• 선, 화살표, 곡선 등을 사용하여 시각적 흐름 유도 • 생동감 있고 생동감 있고 다이나믹한 경험 제공

> **기적의 TIP**
>
> '리듬'을 적용한 웹페이지는 시각적인 조화와 일관성을 제공한다.

> **기적의 TIP**
>
> • 등차수열 비례(1, 3, 5, 7, 9…) : 각 항의 차이가 일정한 수열(같은 간격의 비례)
> • 등비수열 비례(1, 2, 4, 8, 16…) : 두 항의 비가 일정한 수열(같은 비율의 비례)
> • 피보나치수열(1, 1, 2, 3, 5, 8…) : 앞의 두 항을 더해 다음 항을 만드는 수열

① 대칭과 비대칭

대칭(Symmetry)	• 수직 또는 수평적인 축에 의해 같은 중량감으로 배분된 것 • 질서, 안정적, 통일감
비대칭(Asymmetry)	• 대칭이 아닌 상태지만 비중이 안정된 것 • 자유로움, 개성적, 활동감

05 UI/UX 심리학, 형태의 심리

• 형태는 심리적인 원리에 의해 지각된다.
• 시지각의 항상성이란 형태에 대한 자극의 모습이 바뀌어도 같은 자극으로 지각되는 것으로 크기, 형태, 밝기, 색상 등이 바뀌어도 원래대로 보이는 것이다.
• 착시(Optical Illusion)란 사물을 원래와 다르게 지각하는 시각적인 착오로 과거의 경험이나 연상, 심리적인 배경 등에 의해 사물을 볼 때 착각을 일으키게 되는 것이다.
• 게슈탈트 법칙에 의하면 형태는 근접, 유사, 폐쇄, 연속된 속성 등을 가질 때 하나의 그룹으로 인식되고 심리적으로 안정된 느낌을 준다.

1) 게슈탈트 법칙(Gestalt Principles)

근접성의 법칙	• 서로 가까이 있는 요소들은 하나의 그룹으로 인식됨 • 이웃하지 않은 요소는 구분짓게 됨 • 같은 메뉴는 같은 간격으로 배열하고 다른 메뉴의 간격은 다르게 설정	
유사성의 법칙	• 크기, 모양, 색상, 질감 등 비슷한 요소들은 같은 그룹으로 인식됨 • 특정 스타일을 공유하는 모든 텍스트 요소를 그룹의 일부로 해석 • 웹디자인과 그리드 시스템에서 통일감 부여	
연속성의 법칙	• 선이나 곡선을 따라 배열되거나 진행 방향이 비슷하면 하나로 인식됨 • 연속의 원리는 웹 디자인에서 메뉴나 아이콘을 디자인할 때 적용됨	
폐쇄성의 법칙	닫혀있지 않은 도형을 심리적으로 닫아서 하나의 형태로 묶어서 인식하게 됨	
대칭성의 법칙	대칭적인 요소는 하나의 그룹으로 인식됨	
전경-배경의 법칙	물체처럼 보이면 전경(앞쪽)으로, 그 외는 배경(뒤쪽)으로 구분하여 인식됨	
공통 운명의 법칙	같은 방향으로 움직이거나 변화되는 요소는 하나의 그룹으로 인식됨	

2) 착시(Optical Illusion)

반전과 명도에 의한 착시	• 루빈의 컵에서 나타나는 착시 효과 • 바탕과 도형이 함께 나타나 '바탕과 도형의 착시'라고도 함 • 동일한 하나의 도형이 두 종류 이상으로 보이는 착시 효과	
각도와 방향의 착시	• 춸러의 도형과 포겐도르프의 도형에서 나타나는 착시 효과 • 춸러 도형에서는 짧은 사선을 평행선에 그렸을 경우, 평행선이 기울어져 보임	
크기의 착시	• 에빙하우스의 도형에서 나타나는 착시 효과 • 주변 환경의 대비로 인해 크기가 다르게 보이는 착시 효과	
속도의 착시	속도가 있는 차 안에서 글씨를 보면 글씨가 더 짧아 보여 도로에 글씨를 표시할 때는 세로로 길게 표시함	
길이의 착시	프란츠 뮐러리어 도형에서 나타나는 착시로 화살표의 방향에 따라 길이가 달라 보임	
색채와 명암 대비의 착시	• 허만 도형에서 나타나는 착시로 검정 사각형 사이의 흰색 경계에 나타나는 효과 • 검정과 흰색의 경계선에서 나타나는 명도 대비에 의한 착시	
상방 거리 과대 착시	• 같은 크기의 도형을 상하로 위치시킨 경우, 위쪽에 있는 도형이 더 크게 보이는 착시 • 위 방향 과대 착시라고도 함	
수평 – 수직의 착시	같은 크기의 직선을 수평과 수직으로 겹쳐 놓은 경우, 수직으로 놓은 선이 수평으로 놓은 선보다 더 길게 보이는 착시	
반전 실체의 착시	• 특정 이미지나 도형이 두 가지 이상의 형태로 보이게 만드는 현상 • 2차원 도형이 3차원 도형처럼 튀어나와 보이는 착시	

개념 체크

1 같은 크기의 직선을 수평과 수직으로 겹쳐 놓은 경우, 수직으로 놓은 선이 수평으로 놓은 선보다 더 길게 보이는 착시 현상이 발생한다. (O, X)

1 O

디자인 구성요소 SECTION 02 **1-97**

그리드 시스템 및 반응형 디자인

▶ 합격 강의

빈출 태그 그리드 시스템 • 컨테이터 • 컬럼 • 반응형 레이아웃 • 유동형 레이아웃 • 컬럼드롭 • 레이아웃 시프터 • 미세조정 • 오프캔버스

01 그리드 시스템(Grid System)

1) 그리드 시스템의 개념

- 그리드 시스템이란 수직 · 수평의 가상 격자로 구성된 가이드라인으로, 디자인 요소들을 정돈되고 균형 있게 배치하기 위해 사용된다.
- 그리드 시스템을 활용하여 레이아웃을 구성하면 웹페이지의 지면에 문자와 사진 등의 구성요소들을 비례에 맞게 배치할 수 있다.

2) 그리드 시스템의 구성요소

컨테이너(Container)	• 그리드를 감싸는 기본 구조 요소 • 콘텐츠가 들어가는 컬럼을 묶은 것으로 콘텐츠의 최대폭에 해당
컬럼(Column)	• 그리드를 구성하는 수직 블록 • 콘텐츠를 배치하는 영역
거터(Gutter)	컬럼과 컬럼 사이의 간격
마진(Margin)	콘텐츠가 들어가는 컨테이너의 좌우 여백
모듈(Module)	• 컬럼(Column)과 행(Row)이 겹쳐지는 사각형 영역 • 시각적 요소들은 각 모듈 또는 모듈과 모듈이 합쳐진 모듈 안에 배치

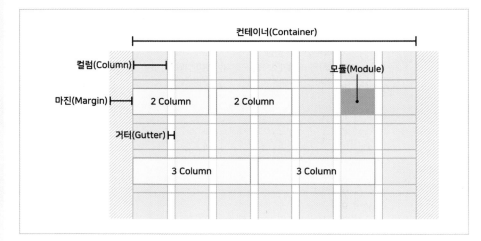

3) 그리드 시스템 유형

삼등분 그리드	황금비율 그리드	열 그리드	기준선 그리드

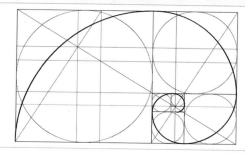

황금비율 수직 · 수평 그리드

02 반응형 디자인(Responsive Design)

1) 반응형 디자인의 개념

- 반응형 디자인이란 웹페이지나 애플리케이션이 다양한 장치와 화면 크기에서 최적의 사용자 경험을 제공할 수 있도록 설계하는 것을 의미한다.
- 반응형 웹페이지 디자인에 사용되는 주요 기술은 반응형 레이아웃, 뷰포트 설정, 미디어 쿼리 사용, 유연한 이미지 및 미디어 설정 등이다.
- 또한 이미지 파일 크기 줄이기, CSS 및 JavaScript 압축, 캐싱(Caching)을 통해 페이지 로딩 속도를 최적화한다.

🅱 기적의 TIP

반응형 웹페이지 디자인에서 중요한 사항은 반응형 레이아웃 뷰포트 설정, 미디어 쿼리 사용, 유연한 이미지 및 미디어 사용 등이다.

2) 반응형 웹페이지의 주요 기술

반응형 레이아웃, 반응형 그리드	다양한 장치에서 적절히 배치되도록 유연한 그리드 시스템을 사용
	⑩ CSS 레이아웃 설정
	.container { display: flex; flex—wrap: wrap; justify—content:
	⑩ CSS 그리드 레이아웃 설정
	.container {
	display: grid;
	grid—template—columns: repeat(auto—fit, minmax(200px, 1fr));
	gap: 20px;
	}

뷰포트(Viewport) 설정	다양한 화면 크기에 맞춰 페이지의 크기와 비율을 조정 ⑩ HTML에서 뷰포트 설정, 뷰포트의 너비를 디바이스의 너비와 동일하게 설정(웹페이지 너비가 사용자 디바이스 화면에 맞게 조정됨) 〈meta name="viewport" content="width=device—width, initial—scale=1.0"〉

미디어 쿼리 사용	CSS를 사용하여 특정 조건(화면 너비 등)에 따라 다른 스타일을 적용 예 뷰포트가 최대 1000px, 그 이하이면 본문(body) 요소의 폰트 크기를 14px로 설정 @media (max-width: 1000px) { body { font-size: 14px; } }

유연한 이미지 및 미디어	이미지와 비디오가 화면 크기에 맞춰 조정되도록 설정
	예 CSS 유연한 이미지 및 미디어 구현
	img, video {
	  max-width: 100%;
	  height: auto;
	}

반응형 타이포그래피	미디어 쿼리를 사용하여 화면 크기에 따라 폰트 크기가 조정되도록 설정
	예 body {
	  font-size: 16px;
	}
	/* 작은 화면 크기에서 폰트 크기 조정 */
	@media (max-width: 600px) {
	  body {
	    font-size: 14px;
	  }
	}
	/* 큰 화면 크기에서 폰트 크기 조정 */
	@media (min-width: 1200px) {
	  body {
	    font-size: 18px;
	  }
	}

로딩 속도 최적화	• 이미지 파일의 크기를 줄여 네트워크 전송 시간을 단축 • CSS와 JavaScript 불필요한 공백과 주석을 제거하여 파일 크기 감소 • 캐싱(Caching)을 활용하여 자주 사용되는 리소스를 브라우저나 서버에 임시저장하여, 동일한 리소스를 다시 요청할 때 빠르게 로드

03 반응형 레이아웃

1) 반응형 레이아웃의 개념

- 반응형 레이아웃이란 다양한 화면 크기와 디바이스(데스크탑, 태블릿, 모바일) 환경에 맞추어 웹페이지의 크기가 자동으로 최적화되는 것이다.
- 반응형 레이아웃을 구현하는 방법으로는 유동적인 그리드(Fluid grid), 미디어 쿼리(Media Queries), 유연한 이미지(Flexible Images) 등의 기술을 활용한다.
- 루크 로블르스키(Luke Wroblewski)는 반응형 레이아웃 패턴을 '대부분 유동형, 컬럼 드롭, 레이아웃 시프터, 미세 조정, 오프 캔버스' 등 5가지로 정리하여 제시하였다.

기적의 TIP

반응형 레이아웃이란 다양한 화면 크기와 디바이스에 맞춰 웹페이지의 크기가 자동으로 최적화되는 것이다.

2) 반응형 레이아웃 디자인 패턴

유동형(Mostly Fluid)

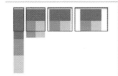

- 유동적인 그리드로 구성되는 것으로, 중대형 화면에서는 여백 정도만 조정하고 작은 화면이 되면 그리드가 이동해 콘텐츠를 수직으로 배치함
- 화면 크기에 관계없이 유연하게 반응하지만, 디바이스 제한이 큰 웹사이트에는 적합하지 않음

컬럼 드롭(Column Drop)

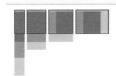

- 큰 화면에서는 여러 개의 컬럼을 가로로 배치하여 전체 폭을 꽉 채움
- 작은 화면에서 화면 폭이 좁아 콘텐츠를 정상적으로 표시하기 어려운 경우 컬럼이 수직으로 이동하여 세로로 배치됨(컬럼이 아래로 떨어짐)
- 유동형 패턴과 달리 요소의 전체 크기는 일관되게 유지되는 경향
- 서로 연관이 없는 콘텐츠 배치에 효과적임

레이아웃 시프터(Layout Shifter)

- 대형, 중형 및 소형 화면 등 화면의 크기에 따라 다른 레이아웃을 사용하는 패턴
- 화면 마다 완전히 새로운 레이아웃을 적용하기 때문에 작업량이 많고 유지 관리가 어려움

미세 조정(Tiny Tweaks)

- 하나의 컬럼을 사용하여 브라우저 폭이 변해도 레이아웃 변화가 적음
- 미니멀리즘 접근 방식으로 블로그 등에 적합

오프 캔버스(Off Canvas)

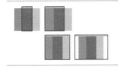

- 작은 화면에서 콘텐츠를 스크린 밖으로 밀어내고, 요청 시 슬라이딩 도어처럼 다시 콘텐츠를 화면에 노출하는 방식
- 핵심 콘텐츠를 효과적으로 보여주며, 추가 콘텐츠에 쉽게 접근할 수 있음

개념 체크

1 반응형 레이아웃 구현 방식 중에 (   ) 레이아웃은 유동적인 그리드를 사용하여 다양한 화면 크기에 맞게 콘텐츠를 배치하는 것이다.

2 반응형 레이아웃 중 컬럼 드롭은 큰 화면에서는 여러 개의 컬럼을 가로로 배치하고, 작은 화면에서는 컬럼을 세로로 이동하여 배치한다. (O, X)

1 유동형 2 O

UX 적용 및 UI 설계

▶ 합격 강의

01 UX(User eXperience) 디자인

1) UX 디자인의 개념

- UX(사용자 경험)은 사용자가 제품이나 서비스를 사용하면서 상호작용을 통해 얻게 되는 총체적인 경험을 의미한다.
- UX는 사용할 때의 편의성, 효율성, 만족도를 포함하는 것으로 제품의 성공에 중요한 역할을 한다. 따라서 사용자 만족도를 높이기 위해 반드시 고려해야 할 요소 중 하나이다.
- UX 디자인이란 사용자의 행동 패턴을 분석하여, 제품이나 서비스가 사용자와 상호작용할 때 제공하는 전체적인 경험을 설계하고 디자인하는 것이다.
- UX 디자인은 단순한 시각적 요소뿐만 아니라 사용자의 감정, 편의성, 접근성을 고려하여 더 나은 사용자 경험을 제공하는 것을 목표로 한다.

> **기적의 TIP**
>
> UX는 사용자가 제품이나 서비스를 사용하면서 얻게 되는 경험으로, UX 디자인은 제품이나 서비스가 사용자와 상호작용할 때 제공하는 전체적인 경험을 설계하고 디자인한다.

2) UX 디자인의 사례

- 웹사이트 제작 시 페이지마다 일관된 레이아웃을 사용하면 사용자에게 예측 가능성을 제공하고, 탐색을 더 쉽게 만들어 혼란 없이 일관된 경험을 하게 된다.
- OTT 사이트의 UX 디자인은 사용자가 콘텐츠를 쉽게 찾고 시청할 수 있도록 개인화된 콘텐츠를 추천한다. 사용자 친화적인 인터페이스, 다양한 플랫폼 지원 등의 요소를 제공한다.

3) UX 디자인의 과정

① 과업(Task) 분석	• 사용자가 웹사이트를 사용할 때 수행하는 작업들을 이해하고 분석 • 사용자가 작업을 완료하기 위해 거치는 단계에 대한 목록 작성
② 사용자 조사 및 분석	• 사용자 인터뷰, 설문조사 등을 통해 사용자 요구와 문제 파악 • 수집된 데이터를 분석하여 사용자의 행동, 필요, 기대 이해 • 분석 결과를 바탕으로 사용자가 겪는 문제를 명확히 정의
③ 정보구조 설계	• UX를 향상시키기 위해 정보의 흐름을 효율적으로 설계하는 과정 • 내비게이션, 카테고리화, 유저 플로우(User Flow) 등을 설계하여 사용자가 정보를 쉽고 빠르게 탐색할 수 있도록 함
④ 와이어프레임 생성	웹페이지의 기본 구조를 시각적으로 표현하고, 레이아웃을 정보구조와 연결
⑤ 프로토타입 제작	와이어프레임을 기반으로 실제 작동하는 모델을 만들고, 이를 통해 초기 문제점을 발견하고 수정

⑥ 사용성 테스트	• 사용성은 UX의 핵심 요소로, 사용성 테스트를 통해 사용자가 웹사이트를 사용하면서 겪는 문제점 파악 • 사용자 테스트, A/B 테스트 등을 통해 사용성 문제를 식별하고 평가
⑦ 피드백 반영 및 개선	• 사용자 피드백을 반영하여 디자인 수정 • 최적의 사용자 경험을 제공하기 위해 지속적으로 개선
⑧ 최종 구현 및 출시	• 제품의 최종 디자인을 구현하고 출시 • 디자인과 기능을 완전히 구현하고 안정성과 성능 확인 후 배포
⑨ 지속적인 개선(유지보수)	• 출시 후 안정성을 유지하고 버그 수정과 보안 업데이트를 통해 기본적인 기능 안정화 • 사용자 피드백을 반영하여 지속적으로 새로운 기능을 추가하고 사용자 경험을 최적화하여 제품 발전

4) UX 사용자 조사 및 분석 방법

기적의 TIP

UX 디자인을 위한 사용자 조사 및 분석 방법으로는 설문조사, 인터뷰, FGI 등이 있다.

설문조사 (Surveys)	• 많은 사용자로부터 의견을 쉽게 수집 가능 • 이메일, 웹사이트 팝업, 소셜미디어 등을 통해 설문조사 배포
인터뷰 (Interviews)	• 사용자와 직접 대화하여 심층적인 피드백을 수집 • 사용자의 감정과 의견을 깊이 이해할 수 있음 • 일대일 인터뷰, 그룹 인터뷰, 전화 인터뷰 등으로 진행
A/B 테스트 (A/B Testing)	사용자에게 두 가지 버전(A와 B)의 웹페이지나 요소에 대한 실제 사용자의 반응을 측정
포커스 그룹 인터뷰(FGI) (Focus Group Interview)	• 표적 집단 면접으로 6~12명 정도의 참가자를 인터뷰 함 • 여러 명의 사용자를 그룹으로 모아 특정 주제에 대해 토론 진행 • 다양한 관점과 의견을 동시에 수집할 수 있음
코호트 분석 (Cohort Analysis)	가입 시기별, 디바이스 유형 등 특정 시점에서 동일한 특성을 가진 사용자 그룹(코호트)의 행동 패턴을 분석하는 방법
히트맵 (Heatmaps)	• 사용자 인터랙션 패턴을 시각적으로 분석하고 문제점을 식별 • Hotjar, Crazy Egg 등의 도구를 사용하여 히트맵 생성 및 분석
친화도 다이어그램 (Affinity Diagram)	• 정성적 조사 결과를 분석하기 위해 사용하는 방법 • 다양한 정보 간의 관계를 시각적으로 쉽게 이해 가능 • 포스트잇이나 카드 등을 사용하여 관련 있는 정보나 아이디어를 그룹화하고, 패턴을 찾아냄
카드 정렬 (Card Sorting)	• 사용자가 정보를 분류하는 방법에 대한 통찰력을 제공해 주는 도구 • 참가자에게 다양한 레이블이나 주제가 적힌 카드를 제공하고, 논리적으로 느껴지는 방식으로 정리하도록 요청 • 사용자가 정보구조를 이해하고 분류하는 방식을 파악하기 위해 사용 • 사용자 중심의 정보구조 설계 가능
분석 도구 활용 (Analytics Tools)	• 웹사이트나 스마트 앱의 사용 데이터를 분석 • 사용자의 실제 사용 패턴을 객관적으로 분석 가능 • Google Analytics, Hotjar, Crazy Egg 등의 도구로 트래픽, 클릭, 전환율 등을 분석
사용성 테스트 (Usability Testing)	• 실제 사용자가 제품을 사용하는 과정을 관찰하여 문제점을 파악하고 개선하는 방법 • 사용자의 실제 행동과 문제를 직접 확인 가능 • 특정 작업을 수행하게 하고, 그 과정을 관찰하거나 녹화함

사용자 여정지도 (User Journey Map)	• 사용자가 제품을 사용하는 과정을 시각적으로 표현 • 고객 여정지도(Customer Journey Map)라고도 함 • 특정 페르소나가 웹사이트와 상호작용하는 상세한 여정을 분석하고, 그 경험을 최적화 함 • 사용자의 감정, 생각, 행동, 접점(터치포인트) 등을 시간 순서에 따라 작성하고, 각 단계에서의 경험과 문제점을 기록
경험지도 (Experience Map)	• 사용자가 웹사이트와 상호작용하는 동안 겪는 전체적인 경험을 시각적으로 표현 • 사용자 페르소나, 터치포인트, 사용자 행동, 감정 등으로 구성됨 • 경험지도는 사용자 여정지도보다 넓은 범위를 다루며, 여러 채널의 전체 고객 경험을 포함함

5) 경험지도 구성요소

페르소나(Persona)	경험 지도의 중심에 놓이는 가상의 사용자 프로필로 특정 사용자 그룹을 대표
타임라인(Timeline)	사용자가 경험하는 일련의 활동과 상호작용을 시간 순으로 나타낸 것
터치포인트(Touch Points)	• 사용자가 사용자 인터페이스(UI)와 상호작용하는 모든 접점 ⓔ 웹사이트 버튼 클릭, 고객문의 양식 작성, 검색어 입력, 제품 페이지 탐색 등 • UX 디자인에서 사용자의 경험을 최적화하기 위한 핵심 요소 • 잘 설계된 터치포인트는 사용자에게 더 원활하고 만족스러운 경험을 제공함
채널(Channels)	사용자가 터치포인트와 상호작용하는 수단 ⓔ 웹사이트, 모바일 앱, 소셜미디어 등
감정상태(Emotional States)	각 단계에서 사용자가 느끼는 감정을 시각적으로 표현 ⓔ 긍정적 감정, 부정적 감정, 부정적 감정
페인포인트(Pain Points)	사용자가 경험하는 불편함이나 문제점
인사이트(Insights)	• 인사이트란 사용자의 행동, 필요, 기대, 그리고 경험에 대한 깊은 이해를 의미함 • 사용자 경험에서 도출된 주요 인사이트 및 학습 사항 기록

터치포인트는 UI와 사용자가 상호작용하는 모든 접점으로서, UX 디자인에서 사용자 경험을 최적화하기 위한 핵심 요소이다.

6) UX 디자인의 접근법

인터랙션 디자인 (Interaction Design)	• 인터랙션(Interaction)이란 사용자가 제품이나 서비스와 상호작용하는 모든 과정으로, 사용자와 인터페이스(Interface) 간의 물리적, 디지털적 접점을 포함하며, 사용자 경험을 형성하는 중요한 요소 • 인터랙션 디자인은 UX를 최적화하기 위해 UI 접점에서 사용자와 시스템의 상호작용을 설계하는 것 − 사용자 흐름(User Flow), 피드백(Feedback), 제어(Control), 일관성(Consistency) 등을 설계 ⓔ 버튼 위치, 제스처, 탭 메뉴 반응 속도, 애니메이션 등 • 단어, 시각적 표현, 물리적 물체, 시간, 행동 등 5가지 차원 포함 • 마이크로인터랙션(Micro−Interaction)은 사용자가 시스템과 상호작용하는 동안 발생하는 작고 즉각적인 피드백이나 변화로, UI 접점에서 사용자 경험(UX)을 향상시키는 중요한 역할 ⓔ 버튼이나 입력 폼에 커서를 올릴 때 호버(Hover), 하이라이트 등
반응형 디자인 (Responsive Design)	웹페이지나 애플리케이션이 다양한 장치와 화면 크기에서 최적의 사용자 경험을 제공할 수 있도록 설계

기적의 TIP

• 인터랙션 디자인 : 사용자와 시스템의 상호작용을 설계하는 것
• 반응형 디자인 : 웹페이지가 다양한 장치에서 최적의 사용자 경험을 제공하도록 설계하는 것

사용자 중심 디자인 (User-Centred Design)	• 제품 설계 및 개발 프로세스 전반에 걸쳐 최종 사용자를 최우선으로 배치하는 방법 • 사용자 연구를 통해 실제 사용자 피드백을 반영하여 지속적으로 개선
비주얼 디자인 (Visual Design)	• 시각적 요소를 이용하여 사용자 경험을 향상시키는 디자인 과정 • 색상, 글꼴, 이미지 등을 통해 사용자 경험을 직관적으로 구현
윤리적 디자인 (Ethical Design)	• 사용자와의 상호작용에서 윤리적이고 책임감 있는 방식을 채택하여 사용자가 제품이나 서비스를 사용할 때 공정하고 존중받는 경험을 제공하는 방법 • 사용자와의 신뢰 구축, 법적 순수와 사회적 책임 등을 통해 브랜드 이미지 향상에 기여

7) UX 제스처(Gesture)의 종류

제스처란 터치스크린 UI를 사용하는 디바이스에서 사용자가 특정 동작을 통해 기기와 상호작용하는 방식을 의미한다.

프레스(Press)	손가락을 화면에 터치하는 가장 기본적인 동작
롱 프레스(Long Press)	손가락을 화면에서 떼지 않고 일정 시간 동안 누르고 있는 동작
스크롤(Scroll)	화면을 위아래로 끌어올리거나 내려서 내용을 볼 수 있게 하는 동작
드래그(Drag)	손가락을 화면에서 떼지 않고 이동하여 다른 위치로 이동시키는 동작
풀 투 리프레시(Pull to Refresh)	화면을 아래로 당겨 새로 고침하는 동작
탭(Single Tap)	손가락으로 화면을 한 번 가볍게 누르는 동작
더블 탭(Double Tap)	손가락으로 화면을 두 번 연속으로 누르는 동작
핀치(Pinch)	두 손가락을 사용하여 화면을 확대하거나 축소하는 동작

🅑 기적의 TIP

제스처(Gesture)
• 롱 프레스 : 화면을 일정 시간 누르기
• 핀치 : 두 손가락을 사용한 화면 확대/축소
• 풀 투 리프레시 : 아래로 당겨 새로 고침

02 디자인 씽킹(Design Thinking)

• 디자인 씽킹은 복잡한 문제를 창의적이고 사용자 중심적으로 해결하는 접근법이다.
• 디자인 씽킹을 UX 디자인에 적용하면 UX 디자인의 프로세스와 접근 방식을 강화하는 데 활용될 수 있으며, 모든 단계에서 사용자 중심의 창의적 접근 방식을 적용할 수 있다.

🅑 기적의 TIP

디자인 씽킹의 과정은 '공감 – 정의 – 아이디어 도출 – 프로토타입 – 테스트 과정'으로 이루어진다.

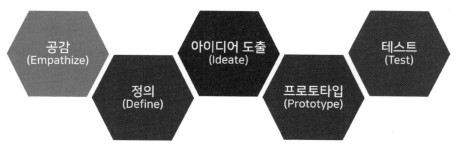

▲ 디자인 씽킹 5단계

공감(Empathize)	• 사용자와의 소통을 통해 그들의 필요와 문제를 이해하고 공감하는 단계 • 사용자 인터뷰, 관찰, 설문조사 등을 통해 사용자의 생각, 감정, 행동을 이해
정의(Define)	• 사용자의 요구와 문제를 명확하게 정의하는 단계 • 수집된 사용자 데이터를 분석하여 해결해야 할 핵심 문제를 명확히 정의
아이디어 도출(Ideate)	• 창의적이고 다양한 아이디어를 생성하는 단계 • 브레인스토밍, 스캠퍼(SCAMPER), HMW 등 아이디어 발상법 활용
프로토타입(Prototype)	• 아이디어를 시각화하고 실험할 수 있는 초기 모델 제작하는 단계 • 인터랙티브 프로토타입을 제작하여 테스트가 가능하도록 함
테스트(Test)	• 사용자 테스트를 진행하여 피드백을 수집하고, 사용자 피드백을 바탕으로 디자인을 개선하고 최종 제품에 반영하는 단계 • 사용자 테스트, A/B 테스트 등을 통해 프로토타입의 사용성 평가 • 사용자 경험을 최적화하기 위해 반복적인 수정과 테스트 실시

03 허니콤 모델(User Experience Honeycomb Model)

• 웹디자인에서 UX를 적용하는 것은 사용자에게 최적의 경험을 제공하는 것을 목표로 디자인하고 기능을 설계하는 것이다.
• 피터 모빌(Peter Morville)은 UX 디자인의 구성과 우선순위 설정을 돕는 UX 허니콤 모델(UX Honeycomb Model)을 통해 UX 디자인을 위한 7요소를 제시하였다.
• 디자인 프로세스 전반에 UX 허니콤 모델을 적용하면 사이트나 앱이 사용자 만족도와 참여를 잘 반영하는 사용자 중심의 경험을 제공할 수 있다.

1) 허니콤 모델의 UX 디자인 7요소

유용성	• 사용자들에게 유용한 정보를 제공하는 것 • 사용자들이 어떤 정보나 기능을 필요로 하는지 파악하고 제품이 사용자에게 가치가 있는지, 사용자의 요구를 해결해 주는지 확인하는 기준으로 활용
사용성	• 사용자가 쉽게 사용할 수 있는 인터페이스를 제공하는 것(편리성) • 인터페이스의 직관성, 사용의 용이성, 오류 발생 가능성 등을 고려하여 사용자가 최소한의 노력으로 원하는 작업을 수행하도록 함
신뢰성	• 제공된 정보나 서비스에 대해 사용자가 신뢰할 수 있도록 하는 것 • 사용자의 피드백을 수집하여 신뢰를 형성하기 위한 요소들을 강화 • 보안, 개인정보 보호, 신뢰할 수 있는 콘텐츠 제공 등 사용자가 사이트나 앱을 사용할 때 신뢰감을 느낄 수 있도록 함
검색 가능성	• 사용자가 필요한 정보와 기능을 쉽게 찾을 수 있도록 하는 것 • 방문 페이지의 콘텐츠를 탐색하기 쉽고, 필요로 하는 것을 찾을 수 있도록 내비게이션의 용이성, 검색 기능의 효율성 등을 포함하도록 함
접근성	• 모든 사용자가 제품이나 서비스를 사용할 수 있도록 보장하는 것 • 장애가 있는 사용자를 포함하여 다양한 능력을 가진 사용자가 사이트나 앱에 쉽게 접근하고 효과적으로 상호작용할 수 있도록 함
매력성	• 사용자에게 시각적, 감성적으로 매력적인 경험을 제공하는 것 • 이미지, 아이덴티티(Identity), 브랜드 일관성, 기타 감성적인 디자인 요소들이 갖는 힘과 가치에 공감함으로써 조절되도록 함
가치성	• 제품이나 서비스가 사용자에게 지속적으로 가치를 제공하는 정보 • 사이트나 앱이 비즈니스와 사용자 모두에게 가치를 제공해야 하며 제품을 사용하면서 느끼는 만족도와 혜택을 보장해야 함

▲ 허니콤 모델의 UX 디자인 7요소

04 페르소나(Persona)

- 페르소나란 사용자 경험(UX) 디자인에서 사용자의 특정 특성과 자질을 반영한 가상의 사용자 프로필이며, 가상의 캐릭터, 가상의 사용자 유형을 나타낸다.
- 실제 사용자에 대한 사실과 데이터를 바탕으로 만들어낸다. 인터뷰, 설문조사 등 사용자 조사 및 설계 중인 제품과 관련하여 수집된 모든 행동 데이터를 분석하여 얻어진다.

기적의 TIP

페르소나(Persona)란 사용자의 특정 특성과 자질을 나타내는 가상의 캐릭터를 의미한다.

1) 페르소나의 특징

- 페르소나를 사용하여 프로토타입을 테스트하고, 사용성 테스트를 통해 사용자 피드백을 반영할 수 있다.
- 실제 사용자들의 요구를 이해할 수 있게 해주며, 디자인 결정 시에 사용자의 우선순위를 반영하여 사용자 중심의 UX/UI 디자인을 가능하게 한다.
- 페르소나는 팀 내에서 공통의 이해를 형성하는 의사결정 도구로 사용된다. 팀 내외에 페르소나를 공유함으로써 디자인, 개발, 마케팅, 기타 이해관계자들과 사용자에 대한 공통적인 이해를 도모할 수 있다.
- 페르소나는 새롭게 분석된 사용자의 행동이나 욕구 변화를 반영하여 지속적으로 업데이트한다.
- 페르소나는 한 명일 수도 여러 명일 수도 있다. 단, 너무 많은 페르소나를 정의하면 집중도가 떨어질 수 있다.

2) 페르소나 설정을 위한 기본 요소

인구 통계 정보	나이, 성별, 직업, 교육 수준, 거주지 등 특정 인구 집단의 특징과 관련된 정보
행동 패턴	제품이나 서비스 선호도, 사용 빈도, 문제 해결 방식, 미디어 및 정보 소비 습관 등에 관한 정보
심리적 특성	사용자의 성격, 가치관, 신념, 취미 등 사용자의 의사결정 과정에 영향을 미치는 심리적 정보
사용자 목표와 요구사항	사용자가 제품이나 서비스를 사용하는 주된 이유 및 달성하고자 하는 결과, 사용자가 필요로 하는 기능, 성능, 사용성 등에 관한 정보
기타 정보	사용자의 기술적 역량, 구매 행태, 콘텐츠 소비 습관 등의 정보

기적의 TIP

인터페이스(Interface)는 두 시스템이 소통하는 접점으로, 사용자 인터페이스(UI)는 웹사이트나 모바일에서 구현되는 사용자 환경을 의미한다.

05 UI(User Interface)

1) UI의 개념

- 인터페이스(Interface)란 두 종류의 다른 시스템이 만나서 소통하는 접점 또는 장소를 의미한다.
- UI(사용자 인터페이스)는 웹사이트, 모바일 등의 화면에서 구현되는 사용자 환경을 의미한다.
- UI 설계는 시각적 요소를 설계하고 사용자가 시스템과 상호작용하는 방법을 디자인하는 것으로, 사용자가 시스템에 쉽게 접근하고 조작할 수 있도록 설계해야 한다.

개념 체크

1 프로토타입을 테스트하고, 사용성 테스트를 통해 사용자 피드백을 반영하는 데 사용되는 것으로 사용자의 특정 속성과 특성을 반영한 가상의 인물을 (   )(이)라고 한다.

2 페르소나는 새롭게 분석된 사용자의 행동이나 욕구 변화를 반영하여 지속적으로 업데이트해야 한다. (O, X)

1 페르소나 2 O

– 사용자 환경을 고려하여 일관성, 편리함, 독창성이 있도록 디자인한다.
– 메타포(Metaphor)를 이용하여 사용자에게 친숙한 환경으로 디자인한다.
• 제이콥 닐슨(Jakob Nielse)은 UI 디자인을 위한 10가지 사용성 휴리스틱(Heuristics)을 제시하였다.

2) UI 디자인을 위한 사용성 휴리스틱

시스템 상태의 가시성	사용자가 현재 시스템의 상태를 즉시, 명확하게 알 수 있도록 정보 제공
시스템과 현실 세계의 일치	사용자에게 익숙한 언어와 개념을 사용하여, 현실 세계와 일치하는 인터페이스 설계
사용자 제어 및 자유	사용자가 실수로 수행한 작업을 쉽게 되돌릴 수 있도록 취소 또는 되돌리기 옵션 제공
일관성 및 표준	• 익숙한 UI 제공 및 알려진 디자인 패턴 사용 • 한 사이트 내에서 같은 인터페이스 유지(버튼 모양, 위치 등)
오류 방지	오류를 예방하고, 사용자 실수 방지를 위해 알림 제공
기억보다는 인식	사용자가 많은 것을 기억하지 않아도 되도록, 직관적으로 이해할 수 있는 UI 제공
사용의 유연성과 효율성	초보자와 숙련자 모두에게 적합한 인터페이스를 제공하고, 효율적인 상호작용이 가능하도록 단축키 지원
미학적이고 미니멀한 디자인	인터페이스에서 관련이 없거나 불필요한 정보를 제거하고, 사용자에게 필요한 정보만을 명확하게 제공
오류의 인식, 진단 및 복구	• 사용자가 정확하게 오류를 인식할 수 있도록 표시 • 사용자에게 해결 방법 제공
도움말 및 문서화	추가 설명이 필요 없도록 설계하고, 필요 시 도움말과 문서 제공

기적의 TIP

휴리스틱이란 지식 대신 직관이나 경험적인 판단으로 문제를 해결하고 신속하게 결정을 내리는 것으로, 광범위한 경험 법칙의 의미로 활용된다.

06 UI 그룹화

1) UI 그룹화의 개념

UI 그룹화는 UI 디자인에서 관련된 요소들을 논리적으로 묶어 하나의 그룹으로 만드는 것으로, 사용자에게 보다 일관되고 직관적인 경험을 제공하기 위한 디자인 원칙이다.

2) UI 그룹화의 장점

신속성	관련된 요소들을 한 곳에 모아 작업 속도를 높이고, 사용자 작업 효율성을 증가시킴
재사용성	반복적인 디자인 요소들을 재사용이 가능하게 하여 개발 및 유지보수의 효율성을 높임
일관성	일관된 디자인 패턴을 유지하여 사용자에게 일관된 경험 제공
가독성	요소들이 그룹화되어 사용자에게 더 명확하게 정보 전달
유지보수 용이	그룹화된 요소들을 통해 디자인 변경 시 효율적인 유지보수가 가능

3) 기타 UX/UI 디자인 용어

피델리티 (Fidelity)	• 프로토타입과 실제 최종 제품의 유사성(충실도) • 프로토타입의 피델리티가 낮은 것을 로우파이((Lo-Fi), 높은 것을 하이파이(Hi-Fi)라고 함
어포던스 (Affordance)	• 사용자가 특정 요소를 보고 어떤 행동을 할 수 있을지 직관적으로 이해하게 해주는 단서 • 웹사이트나 앱에서 버튼을 보면, 그것을 클릭할 수 있다고 생각할 수 있는 것처럼, 어포던스를 고려하면 사용자 경험을 향상시킴
애자일 UX (Agile UX)	• 애자일을 디자인 프로세스에 통합하여, 짧은 주기 내에 제품 버전을 반복적으로 개발하고 개선하는 방법 • 애자일 소프트웨어 개발 원칙이란 변화에 신속히 대응하며 지속적인 고객 가치를 제공하는 소프트웨어 개발 방식 • 애자일은 피드백을 기반으로 빠른 반복(Iteration)을 통해 지속적으로 개선
브랜드 아이덴티티 (Brand Identity)	• 기업의 본질을 포착하고 전달하는 것으로 기업, 단체, 또는 제품이 대중에게 전달하고자 하는 시각적, 청각적, 감각적 요소들의 총합 • 회사의 가치와 사용자와의 상호작용에서 느껴야 할 감정을 기반으로 설계
브레드크럼 (Breadcrumb)	• 웹사이트 내에서 현재 위치를 보여주는 탐색 시스템 • 사용자가 현재 위치와 탐색 경로를 쉽게 파악할 수 있도록 함
의사결정 매트릭스 (Decision Matrix)	미리 결정된 기준으로 아이디어를 평가하고 우선순위를 정하는 프레임워크로, 정보에 기반한 결정을 내리는 데 도움을 줌
피그마 (Figma)	와이어프레임, 디자인 시스템 구축, 협업, 워크샵 운영 등에 사용되는 UX 디자인 도구
어도비 XD (Adobe XD)	• UX/UI 디자인 협업 및 인터랙티브 프로토타이핑 도구 • 와이어프레임, 프로토타입, 애니메이션, UI 디자인을 제작
유저플로우 (User Flow)	• 사용자가 제품이나 서비스를 사용할 때 거치는 모든 단계와 경로를 시각적으로 표현한 것 • UX 디자이너가 사용자의 경로를 시각적으로 명확하게 파악하고, 더 나은 사용자 경험을 제공하기 위해 중요한 도구
목업 (Mockup)	• 제품이 개발된 후 어떻게 보일지 시각적으로 표현한 것으로 와이어프레임보다 더 정교하게 디자인된, 상호작용이 없는 정적인 모형 • 와이어프레임 → 목업 → 프로토타입의 순서로 진행됨
다크 패턴 (Dark Pattern)	• 사용자를 기만하거나 혼란시키는 인터페이스 디자인 패턴 • 사용자의 결정을 방해하고 신뢰를 떨어뜨리는 결과 초래
컬러 팔레트 (Color Palette)	디자인에서 사용되는 일관된 색상 집합
햄버거 버튼 (Hamburger Button)	일반적으로 세 줄로 구성된 아이콘으로, 클릭하면 내비게이션 메뉴나 추가 옵션이 펼쳐지는 인터페이스 요소
공백 (Whitespace)	디자인에서 의도적으로 비워둔 공간으로, 요소 간의 여백을 통해 가독성을 높임
GUI (Graphical User Interface)	• 사용자가 장치와 시각적으로 상호작용하도록 해주는 인터페이스 • 사용자가 명령어를 직접 텍스트로 입력할 필요 없이, 아이콘, 버튼, 메뉴 등 그래픽 요소를 이용하여 조작할 수 있게 해줌

≡ 홈 > IT자격 > 기능사 > 웹디자인개발기능사

▲ 햄버거 버튼과 브레드크럼

🅑 기적의 TIP

• 어포던스 : 특정 요소를 보고 어떤 행동을 할 수 있을지 직관적으로 이해하게 해주는 단서
• 브레드크럼 : 웹사이트 내에서 현재 위치를 보여주는 탐색 시스템
• 다크 패턴 : 사용자를 기만하거나 혼란시키는 인터페이스 디자인 패턴

✓ 개념 체크

1 UI 그룹화를 하면 신속성, 재사용성, 창의성을 높일 수 있다. (O, X)

1 X

2D, 3D 디자인 소프트웨어 활용

▶ 합격 강의

빈출 태그 2D 소프트웨어 • 3D 소프트웨어 • 모델링 • 쉐이딩

기적의 TIP

2D 디자인 소프트웨어로는 포토샵, 일러스트레이터, 코렐드로우 등이 있다.

01 2D 소프트웨어

• 2차원 그래픽을 만들고 편집하는 도구로 웹사이트의 이미지, 아이콘, 로고, 일러스트레이션, 배너, 타이포그래피, UI 요소 등을 설계할 때 활용한다.
• 벡터 및 래스터 그래픽을 처리하는 소프트웨어가 있으며, 다양한 기능을 통해 고품질의 시각적 요소를 제작한다.

1) 2D 디자인의 과정

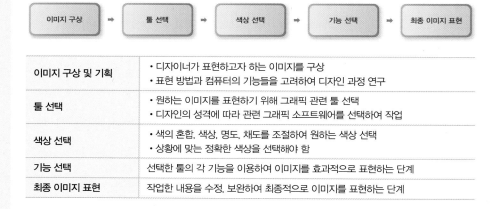

이미지 구상 및 기획	• 디자이너가 표현하고자 하는 이미지를 구상 • 표현 방법과 컴퓨터의 기능들을 고려하여 디자인 과정 연구
툴 선택	• 원하는 이미지를 표현하기 위해 그래픽 관련 툴 선택 • 디자인의 성격에 따라 관련 그래픽 소프트웨어를 선택하여 작업
색상 선택	• 색의 혼합, 색상, 명도, 채도를 조절하여 원하는 색상 선택 • 상황에 맞는 정확한 색상을 선택해야 함
기능 선택	선택한 툴의 각 기능을 이용하여 이미지를 효과적으로 표현하는 단계
최종 이미지 표현	작업한 내용을 수정, 보완하여 최종적으로 이미지를 표현하는 단계

2) 2D 디자인 소프트웨어

일러스트레이터 (Illustrator)	• 벡터 그래픽 편집 • 로고, 아이콘, 일러스트 등을 제작하기 위해 사용 • 벡터 방식이기 때문에 확대, 변형 시에도 이미지의 손상이 없음
포토샵 (Photoshop)	• 2D 이미지 편집 소프트웨어로 래스터 이미지 편집 • 이미지 합성과 편집에서부터 디지털 아트워크에 활용 • 포토샵은 기본적으로 비트맵 방식으로 데이터를 처리하기 때문에 이미지의 해상도를 낮추거나 이미지 크기를 변형할 경우 이미지의 질이 떨어지게 됨
코렐드로우 (CorelDRAW)	• 그래픽 디자인 및 일러스트레이션 도구 • 벡터 그래픽 편집에 최적화
스케치 (Sketch)	• UI/UX 디자인을 위한 도구 • 프로토타입 제작, 벡터 기반의 인터페이스 디자인이 가능함
피그마 (Figma)	• UX/UI 디자인에 사용되는 소프트웨어 • 협업 도구가 포함되어 있어 여러 디자이너가 동시에 작업할 수 있음
플래시 (Flash)	• Adobe(구 매크로미디어)에서 개발한 벡터 방식의 애니메이션 제작 프로그램 • 2021년 지원이 종료됨

✓ 개념 체크

1 일러스트레이터는 2D 이미지편집 소프트웨어로 래스터 이미지를 편집하는 데 사용한다. (O, X)

1 X

02 3D 소프트웨어

- 3D 소프트웨어는 3차원 공간 안에서 모델링, 시뮬레이션, 렌더링 등을 수행하는 도구를 의미한다.
- 3D 디자인은 웹사이트 및 웹 애플리케이션에서 더 몰입감 있고 생동감 있는 시각적 경험을 제공하는 데 사용된다.

▲ 3D 형상 제작 과정

🅱 기적의 TIP

3D 소프트웨어는 3차원 공간 안에서 모델링, 시뮬레이션, 렌더링 등을 수행하여 웹 애플리케이션에서 몰입감 있는 시각적 경험을 제공한다.

1) 3D 모델링

3D 모델링이란 3차원 공간에서 오브젝트의 형태와 구조를 생성하는 과정이다.

와이어프레임 모델 (Wire-frame Model)	• 가장 기본적인 모델로 작업 초기에 진행됨 • 점(Vertex)과 선(Edge)으로 오브젝트의 골격만 표현 • 처리속도가 빠르지만 무게감, 부피, 실체감을 느낄 수 없음
버텍스 모델 (Vertex Model)	• 버텍스(Vertex)란 3D 공간 내의 한 점을 의미 • 버텍스(점)가 모여 오브젝트의 Edge(모서리)와 Face(면) 형성 • 매우 정밀하고 세부적인 형태 생성 • 블렌더(Blender), 마야(Maya), 3ds Max 등 3D 소프트웨어에서 사용
서페이스 모델 (Surface Model)	• 곡면(Surface)으로 오브젝트를 정의하여 매끄럽고 복잡한 표면을 표현하는 방식 • 와이어프레임 위에 표면만을 입힌 것으로 오브젝트의 표면 부분에서만 입체감을 느낄 수 있음 • 오브젝트를 절단하면 내부가 보이고, 오브젝트 안으로 들어갈 수 있음
솔리드 모델 (Solid Model)	• 오브젝트의 내부까지 채워진 고형 모델로서 덩어리로 이루어진 입체 생성 • 오브젝트를 절단하면 안이 차 있어서 절단면이 보이고 내부는 안보임 • 객체의 부피와 질량이 가능하나, 복합적 형태 생성은 비교적 어려움
파라메트릭 모델 (Parametric Model)	• 오브젝트의 특성을 수학적 매개변수(파라미터, Parameter)로 정의하여 모델링하는 방식 • 오브젝트의 형태와 크기를 매개변수 값을 조정하여 쉽게 변경 • 주로 CAD(Computer-Aided Design) 소프트웨어에서 사용 • 자동차, 항공기 등의 면 처리에 사용
프랙탈 모델 (Fractal Model)	• 자연에서 발견되는 복잡하고 불규칙한 형태를 수학적 알고리즘을 통해 표현 • 단순한 형태의 모양에서 출발하여 복잡한 기하학적 형상을 구축 • 프랙탈은 자연물, 지형, 해양 등의 표현하기 힘든 불규칙적인 성질을 나타낼 때 사용
파티클 모델 (Partical Model)	• 수많은 입자(파티클)로 구성된 시스템을 사용하여 오브젝트를 표현 • 불, 수증기, 먼지, 불꽃, 기포 등의 미세한 부분을 표현할 때 사용

▲ 모델링과 렌더링(매핑)

✓ 개념 체크

1 3D 모델링에서 (　　) 모델은 오브젝트의 골격만을 표현하는 것이다.

1 와이어프레임

2) 3D 렌더링

3D 렌더링이란 모델링된 오브젝트의 표면을 처리하는 것으로, 질감, 색채, 조명, 그림자 등을 추가하여 현실감을 더하는 과정이다.

투영(Projection)	• 3차원 오브젝트를 2차원 스크린에 비추는 과정 • 카메라의 위치와 각도에 따라 오브젝트 모양이 결정됨
클리핑(Clipping)	• 화면 밖에 있는 보이지 않는 부분을 잘라내는 작업 • 렌더링 성능을 높이고 불필요한 계산을 줄임
은면처리(Hidden Surface)	• 오브젝트의 보이는 부분과 보이지 않는 부분을 처리하여 불필요한 면을 제거 • 렌더링 과정에서 화면에 보이는 부분만 표시되도록 최적화
쉐이딩(Shading)	오브젝트의 표면에 음영, 빛의 비춤, 반사, 투명 등을 적용하여 현실감을 더하는 과정
매핑(Mapping)	• 오브젝트의 표면 질감과 풍경을 처리하는 과정 • 텍스처 매핑, 범프 매핑, 노멀 매핑 등이 포함됨

🅱 기적의 TIP

매핑(Mapping)의 종류
- 텍스처 매핑(Texture Mapping) : 이미지 매핑이라고도 하며, 오브젝트에 2차원의 비트맵 이미지를 입히는 것, 주로 이미지나, 색, 패턴 등을 입힘
- 노멀 매핑(Normal Mapping) : 법선(Normal) 정보를 사용하여 더 세밀한 표면 디테일을 표현하는 기법
- 범프 매핑(Bump Mapping) : 오브젝트에 엠보싱 효과(높낮이 효과)를 주기 위해 사용
- 반사 매핑(Reflection Mapping) : 금속이나 거울 등 반사되는 오브젝트를 표현할 때 사용
- 불투명 매핑(Opacity Mapping) : 특정 부분을 투명하게 만들 수 있어 유리나 천 같은 효과를 내는 데 사용

3) 3D 쉐이딩(Shading)

- 3D 쉐이딩(Shading)이란 렌더링 과정에서 객체의 표면이 빛을 받는 방식과 색상을 결정하는 방법이다.
- 쉐이딩을 통해 물체의 질감, 깊이, 현실감을 표현할 수 있다.

플랫 쉐이딩 **(Flat Shading)**	• 각 폴리곤의 한 면에 동일한 색상을 적용하는 기법 • 계산이 빠르고 간단함 • 각 폴리곤 간 경계가 명확하게 보임
고러드(고라우드) 쉐이딩 **(Gouraud Shading)**	• 각 꼭지점(Vertex)에서 계산된 조명과 색상을 폴리곤의 내부로 보간하여 부드러운 음영 효과를 제공하는 기법 • 부드러운 음영 효과 • 세밀한 음영 표현이 어려움
퐁 쉐이딩 **(Phong Shading)**	• 각 픽셀에서 법선 벡터를 보간하여 보다 정확한 음영을 계산하는 기법 • 정밀한 음영 효과 • 계산량이 많아 성능이 저하될 수 있음
메탈 쉐이딩 **(Metal Shading)**	• 금속 표면의 반사와 같은 특수 효과를 구현하는 기법 • 현실적인 금속 반사 효과 • 구현이 복잡하고 계산량이 많음

▲ 플랫—고러드(고라우드)—퐁—메탈 쉐이딩

CHAPTER **03**

매체성 구성요소 설계 및 제작

학습 방향

웹과 모바일 매체별 디자인 특성에 대해 살펴보고, 디바이스 별 웹 브라우저 종류와 해상도에 대해 알아둔다. 웹 표준 및 웹 표준 검사, 웹 접근성에 대해 학습합니다.

출제빈도

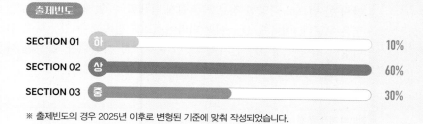

SECTION 01 하   10%
SECTION 02 상   60%
SECTION 03 중   30%

※ 출제빈도의 경우 2025년 이후로 변형된 기준에 맞춰 작성되었습니다.

디바이스별 특성 및 디자인

출제빈도 상 중 (하)
반복학습 1 2 3

▶합격 강의

빈출 태그 웹 · 모바일 · 태블릿 · 패드 · 키오스트

01 디바이스별 특성

1) 웹(Web)

- 웹은 '월드 와이드 웹(World Wide Web)'의 줄임말로, 웹(Web) 또는 WWW라고 한다.
- 웹은 인터넷 상에서 하이퍼텍스트(Hypertext)로 이루어진 정보들이 거미집(Web)처럼 연결되어 있다는 의미에서 파생되었다.
- 웹은 문자, 소리, 그림, 동영상을 통해 정보를 전달하고 효과적인 정보 검색을 지원하는 디지털 매체이다.
- 웹 서버의 하이퍼텍스트 문서를 볼 수 있게 해주는 클라이언트 프로그램을 웹 브라우저(Web Browser)라고 한다.
- 데이터를 송수신하는 기본 통신 프로토콜은 HTTP(Hypertext Transfer Protocol)이다.
- 웹문서를 구성하는 기본 언어는 HTML(HyperText Markup Language)로서 텍스트, 이미지, 동영상 등의 콘텐츠를 구조화하여 웹페이지를 구성한다.
- 웹에서 정보를 서로 연결하는 방법은 하이퍼링크(Hyperlink)라고 한다.
- 하이퍼링크는 다른 문서나 웹페이지로 사용자를 안내하는 인터랙티브한 요소로, 클릭 한 번으로 다양한 정보를 손쉽게 탐색할 수 있게 한다.
- 웹은 누구나, 어디에서든, 어떤 디바이스로도 접속할 수 있는 높은 접근성을 가진다.
- 다양한 미디어 형식과 인터랙티브한 콘텐츠를 지원하며, 향상된 사용자 경험을 제공하는 최신 웹 기술의 활용이 가능하다.

① 웹 서비스의 구성

정보의 저장 및 웹 서비스 지원	웹 서버(Web Server)
웹 문서의 형식	하이퍼텍스트(Hypertext)라는 방식으로 문서를 작성
웹의 단위	홈페이지(Homepage) 단위로 하이퍼텍스트 문서들이 관리됨
정보 연결	링크(Link)라는 정보를 이용하여 분산되어 있는 하이퍼텍스트에 연결
웹 검색도구	웹 브라우저(Web Browser)

② HTTP와 HTTPS

- HTTP(HyperText Transfer Protocol)란 웹 상에서 파일을 주고받기 위해 필요한 하이퍼텍스트 전송 규약이다.
- http://www.youngjin.com에서 http는 www.youngjin.com의 홈페이지 문서를 서비스 받을 때 HTTP 프로토콜로 처리하라는 것을 의미한다.
- 최근에는 HTTP의 보안 버전인 HTTPS를 활용한다.
- HTTPS는 Hypertext Transfer Protocol Secure의 약자로, 웹 브라우저와 웹 서버 간에 전송되는 데이터가 암호화되어 안전하게 전달되도록 보장해 준다.

2) 모바일(Mobile)

- 모바일이란 이동성이 있는 IT 기기를 의미하며 휴대폰, 스마트폰, 태블릿 등이 있다.
- 모바일은 휴대성과 개인화된 정보 제공이라는 강점을 가진다.
- 사용자는 언제 어디서나 모바일 앱을 통해 실시간으로 정보에 접근하고, 위치 기반 서비스를 이용할 수 있다.
- iOS 기반의 아이폰(iPhone)과 안드로이드(Android) 기반의 기기가 대부분을 차지한다.
- 모바일은 웹 매체에 비해서 작은 화면으로 인해 제한된 시각적 경험을 하게 된다.
- 태블릿은 휴대폰과 노트북의 장점을 결합한 휴대용 기기로, 주로 터치스크린을 사용하여 입력과 조작이 가능하다.
- 태블릿 기기로는 애플 아이패드(iPad)와 터치스크린을 탑재한 휴대용 컴퓨터인 태블릿 PC(Tablet PC) 등이 있다.

🅑 기적의 TIP

모바일은 이동성이 있는 IT 기기로 상시성, 즉시 접속성, 실시간성, 올인원의 특징을 가지는 디바이스이다.

① 모바일의 특징

상시성	항상 가지고 다니며 즉시 사용 가능
올인원(All in One)	전화, 메시징, 인터넷 브라우징, 다양한 애플리케이션을 한 기기에서 수행 가능
즉시 접속성	버튼 몇 번만으로 다양한 기능과 서비스에 즉시 접근 가능
실시간성	언제 어디서든, 실시간 커뮤니케이션이 가능

② 태블릿의 특징

휴대성	노트북에 비해 작고 가벼워 휴대하기 편함
조작 편의성	마우스나 키보드 등의 입력 장치 없이도 터치스크린으로 쉽게 조작
넓은 화면	스마트폰에 비해 큰 화면을 가지며 대용량 데이터 처리에 유리함
상시 전원 상태	부팅할 필요 없이 즉시 사용 및 접근 가능
직관적 인터페이스	직관적이고 쉽게 사용할 수 있는 사용자 친화적 인터페이스 제공

✔ 개념 체크

1 모바일은 웹 매체에 비해서 작은 화면으로 인해 제한된 시각적 경험을 하게 된다. (O, X)

1 O

3) 키오스크(Kiosk)

- 키오스크란 공공 장소에서 정보나 서비스를 제공하는 무인 단말기이다.
- 터치스크린이나 키보드 등을 통해 사용자가 상호작용할 수 있는 기능을 제공한다.
- 키오스크를 활용하여 간편하게 정보를 검색하거나 다양한 서비스를 이용할 수 있다.
  예 티켓 발권, 제품 주문
- 최근 다양한 미디어 콘텐츠와 상호작용 기능을 제공하는 멀티미디어 스테이션(Multimedia Station)이나 셀프서비스 스테이션(Self Service Station)으로 진화되었다. **예** 전시 작품 설명, 가상 투어, 체크인 서비스 등

4) 매체별 디자인 중점 사항

매체	디자인 중점 사항	사례
웹	반응형 디자인, 접근성 고려, 직관적 UI	Amazon, BBC News
모바일	모바일 우선 접근, 터치 인터페이스 최적화	Instagram, ZARA
태블릿	큰 화면 활용, 멀티미디어 중심의 인터페이스	iBooks, Netflix
키오스크	단순한 인터페이스, 가독성 높은 텍스트와 시각적 요소	공항 체크인 시스템, 지하철 티켓 발매기

02 디바이스별 디자인

1) 웹 브라우저

- 웹 서버에 있는 웹페이지의 정보들을 검색하기 위해서 웹 브라우저(Web Browser)라는 프로그램을 이용한다.
- 웹 브라우저는 사용자가 웹사이트와 상호작용할 수 있는 주요 인터페이스를 제공한다.
- 고해상도 모니터의 사용이 일반화되면서, 다양한 해상도와 파일 포맷을 지원해야 한다.
- 2000년대 초반에는 5:4 비율인 1280×1024 해상도의 모니터가 주로 사용되었고, 이에 맞춰 웹 브라우저들도 설계되었다.
- 최근에는 16:9 와이드스크린 비율인 1920×1080(Full HD) 해상도의 모니터가 기본으로 사용되면서, 웹 브라우저에서 웹페이지도 이 해상도에 최적화되고 있다.
- 또한 웹 브라우저는 다양한 화면 크기에 맞춰 웹페이지를 자동으로 조정하는 반응형 디자인을 지원하여 사용자에게 일관된 경험을 제공하고 있다.

기적의 TIP

웹 브라우저는 HTML과 CSS 코드를 해석하여 웹페이지의 구조와 스타일을 적용한다.

개념 체크

1 (   )은/는 공공 장소에서 정보나 서비스를 제공하는 무인 단말기로, 최근 다양한 미디어 콘텐츠와 상호작용 기능을 제공하는 멀티미디어 스테이션으로 진화되었다.

1 키오스크

① 웹 브라우저 주요 역할

HTML 렌더링	• 웹페이지의 기본 구조를 이루는 HTML 코드 해석 • HTML 코드를 기반으로 DOM(Document Object Model)을 생성하여 웹페이지의 구조 표현
CSS 렌더링	• CSS 코드를 해석하여 웹페이지의 레이아웃과 스타일 적용 • 다양한 디바이스와 화면 크기에 맞춰 레이아웃을 조정하는 반응형 디자인 지원
자바스크립트 실행	• 자바스크립트 코드를 실행하여 웹페이지의 동적 콘텐츠를 업데이트하고 상호작용성 제공 • 사용자의 클릭, 입력 등 다양한 이벤트를 처리하여 즉각적인 반응 제공
멀티미디어 처리	• 웹페이지 내의 이미지, 비디오, 오디오 등의 멀티미디어 콘텐츠를 재생하고 표시 • 다양한 멀티미디어 파일 포맷 지원
보안	HTTPS 프로토콜을 지원하여 사용자와 서버 간의 데이터 전송을 암호화하고 보호
확장성	다양한 확장 기능을 설치하여 사용자 경험 확장
표준 준수	웹 표준(HTML5, CSS3 등)을 준수하여 일관된 웹 경험 제공

② DOM(Document Object Model)

- DOM은 웹 브라우저가 HTML, XML 문서를 구조화하고 조작할 수 있도록 하는 인터페이스이다.
- 웹 브라우저가 웹페이지의 구조를 이해하고, 화면에 정확하게 표시하기 위한 과정이다.
- 웹 브라우저는 HTML 코드를 DOM 트리구조로 변환한다.
- DOM은 웹페이지의 동적 조작과 상호작용을 가능하게 한다.
  - Javascript로 DOM 조작 : 특정 요소의 스타일 변경, 새로운 요소 추가, 기존 요소 삭제 등
  - DOM을 통해 이벤트 리스너를 설정하고, 사용자 인터랙션에 응답(이벤트에 반응)

➕ 더 알기 TIP

쿠키(Cookies)
- 웹사이트가 사용자 측 웹 브라우저에 저장하는 작은 텍스트 파일이다.
- 사용자의 세션 정보를 저장하고, 사용자가 웹사이트를 재방문할 때 이전 상태를 유지할 수 있도록 도와준다.
- 로그인 정보, 사용자 설정, 세션 ID 등이 기록된다.

③ 웹 브라우저 종류

크롬 (Google Chrome)	• 구글에서 개발 • 구글이 오픈소스로 개발한 웹 브라우저 프로젝트에서 제공하는 크로미움(Chro-mium) 엔진을 기반으로 함 • 직관적인 사용자 인터페이스, 향상된 안정성, 속도, 보안성 제공 • 광범위한 확장 기능 지원
파이어폭스 (Mozilla Firefox)	• 모질라 재단과 모질라 코퍼레이션에서 개발 • 개인정보 보호 중시, 커스터마이징 가능 • 윈도우, 맥OS, 리눅스, 안드로이드에서 실행 가능
엣지 (Microsoft Edge)	• 마이크로소프트에서 개발 • 크로미움(Chromium) 엔진을 기반으로 함 • 윈도우 운영체제와 연동되어 있어 윈도우의 다양한 기능과 잘 호환 • 확장 기능이 제한적임
사파리 (Apple Safari)	• 애플에서 개발 • 애플 기기와 연동, 애플 하드웨어에 최적화되어 있어 빠른 속도와 효율적인 성능 제공 • 확장 기능이 제한적, 윈도우나 안드로이드 등 다른 운영체제와 호환이 어려움

④ 웹 브라우저 관련 해상도

1366x768(HD)	보급형 노트북에서 주로 사용되는 해상도
1920x1080(Full HD)	• 일반적으로 사용되는 해상도 • 데스크톱 모니터에서 표준으로 채택
2560x1440(QHD)	• 선명하고 깨끗한 화질을 제공하며, 높은 색 재현율을 가짐 • 생동감 있는 게임 경험을 제공
3840x2160(4K UHD)	• 초고해상도로 Full HD의 4배에 달하는 픽셀 수 제공 • 세밀한 디테일과 넓은 작업 공간을 제공하고 시각적 만족감 극대화

⑤ 웹 안전 색상
• 웹으로 보는 컬러는 웹 브라우저, 운영체제, 모니터 종류, 해상도에 따라 다르게 보이게 됨. 웹 안전 색상을 활용하면 어떤 환경에서도 동일하게 나타난다.
• 웹 안전 색상이란 운영체제, 웹 브라우저, 플랫폼에서 공통적으로 일관되게 표시되는 색상으로 216가지의 색상이 있다.
• 웹 안전 색상은 고해상도의 이미지를 나타내기에는 적합하지 않으며, 단순한 그래픽이나 단색 배경을 만들 때 사용한다.
• 색상 팔레트의 종류를 웹 팔레트(Web Palette)로 선택하여 사용이 가능하다.

2) 모바일 웹 브라우저
• 모바일 웹사이트는 브라우저를 통해 접근이 가능하며, 다양한 디바이스와 호환되어야 한다.
• 디바이스의 화면 크기와 해상도에 따라 웹사이트에 대한 기획, 디자인, 퍼블리싱 등이 달라지게 된다.
• 디자이너는 반응형 디자인을 도입하여 다양한 해상도에서 최적화된 경험을 제공할 수 있도록 UI를 설계한다.
• HTML, CSS, JavaScript 등의 웹 기술을 활용하여 사이트를 구현한다.

① 모바일 디자인 관련 용어

해상도	디바이스의 화면 해상도
디바이스 픽셀	• 실제 디스플레이에 표시되는 물리적 픽셀 • 디바이스의 해상도에 따라 디바이스 픽셀의 크기와 밀도가 달라짐
CSS 픽셀	• 웹디자인에서 사용하는 논리적 단위 • 디자이너와 개발자가 레이아웃, 스타일, 크기 등을 정의할 때 사용하는 기준 단위
CSS 픽셀 비율	• 디바이스 픽셀과 CSS 픽셀 간의 변환 비율. CSS 픽셀이 디바이스 픽셀에 매핑되는 방식 • 고해상도 디바이스는 CSS 픽셀과 디바이스 픽셀 비율이 1:2가 됨 즉, 1 CSS 픽셀이 2×2 디바이스 픽셀로 구성됨
DPI(Dots Per Inch)	디스플레이의 인치당 점(dot) 수로 높은 DPI를 가진 디바이스는 더 높은 해상도를 제공
HTML 메타 태그	• 웹 브라우저에 웹페이지를 어떻게 표시할 것인지에 대한 정보를 제공하는 메타태그를 활용하여 최적화 • 〈meta〉 태그의 속성 값 중 '뷰포트(viewport)'는 웹페이지가 디바이스의 화면 너비에 맞게 잘 표시되도록 설정 예 〈meta name="viewport" content="width= device-width, initial-scale=1.0"〉

② 모바일 디바이스별 해상도 및 화면 비율

	iPhone 12/13/14	1170 x 2532	19.5:9
	iPhone 15/16	1179 x 2556	19.5:9
	iPhone 16 Pro	1206 x 2622	19.6:9
	iPhone 16 Plus	1290 x 2796	19.5:9
	Samsung Galaxy S23	1080 x 2400	19.5:9
	Samsung Galaxy S23 Ultra	1440 x 3088	19.3:9
스마트폰	Samsung Galaxy S24	1080 x 2340	19.5:9
	Samsung Galaxy S24 Ultra	1440 x 3120	19.5:9
	Samsung Galaxy Z Flip5	내부 2640 x 1080 외부 720 x 748	22:9
	Google Pixel 9	1080 x 2400	20:9
	Google Pixel 9 Pro Fold	내부 2076 x 2152 외부 1080 x 2424	20:9
	iPad Pro 12.9inch	2732 x 2048	4:3
	iPad Mini	2266 x 1488	4:3
태블릿	Samsung Galaxy Tab S9	2560 x 1600	16:10
	Samsung Galaxy Tab S10 Ultra	2800 x 1752	16:10
	Microsoft Surface Pro 8	2880 X 1920	3:2
	Microsoft Surface Pro 9	2880 X 1920	3:2

웹 표준 및 웹 표준 검사

▶ 합격 강의

출제빈도 (상) 중 하
반복학습 1 2 3

빈출태그 웹 표준 • 웹 표준 검사

01 웹 표준(Web Standards)

1) 웹 표준의 개념

- 웹 표준이란 웹 기술과 관련된 기본 원칙과 지침을 정의하는 기술적 규칙을 의미한다.
- 웹 개발자들이 서로 다른 웹 브라우저와 장치에서 일관되고 호환성 있는 웹페이지와 애플리케이션을 만들 수 있도록 돕는 기준이다.
- 웹 표준을 준수하면 개발자들은 웹 표준을 준수하여 다양한 브라우저와 디바이스에서 일관되게 표시되고 작동하는 웹사이트를 개발할 수 있다. 사용자들은 다양한 기기와 서로 다른 브라우저에서도 안정적인 사용자 경험을 제공받을 수 있다.
- W3C(World Wide Web Consortium)는 웹 표준을 개발하고 관리하는 대표적인 국제적인 표준화 기구로, HTML, CSS, XML, SVG, WAI-ARIA 등 다양한 표준을 개발하고 관리한다.
- 그 밖에도 ECMA International(유럽컴퓨터제조업협회), IETF(국제인터넷표준화기구), OASIS(구조화정보표준개발기구) 등이 웹 기술과 프로토콜에 대한 표준을 정의하고 있다.

2) 웹 표준의 장점

호환성	다양한 브라우저와 디바이스에서 동일한 웹사이트 경험을 제공하여 사용자들이 일관된 경험을 할 수 있음
접근성	모든 사용자에게 웹 콘텐츠에 대한 접근 기회를 제공하며, 장애를 가진 사용자들도 웹 콘텐츠에 쉽게 접근할 수 있음
유지보수성	표준화된 코드 작성은 코드의 가독성과 유지보수성을 높이며, 개발 비용을 절감할 수 있음
SEO (검색 엔진 최적화)	• SEO(Search Engine Optimization, 검색 엔진 최적화)란 웹사이트가 검색 엔진에 노출되도록 최적화하는 과정 • 웹 표준을 준수한 코드는 검색 엔진에 잘 인식되어 더 높은 검색 순위를 확보할 수 있음

02 웹 표준 핵심 요소

- 웹 표준과 관련된 핵심 요소는 HTML, CSS, JavaScript 등이 있다.
- 이 요소들을 활용하면 웹디자인 개발 시 일관성과 통일성을 유지할 수 있으며, 다양한 브라우저와 디바이스에서 일관되게 표시되고 작동하는 웹사이트를 개발할 수 있다.

1) 웹 표준 스펙(Web Standard specs)

HTML (HyperText Markup Language)	• 웹페이지의 구조를 정의하는 마크업 언어 • 문서의 제목, 단락, 링크, 이미지, 표 등	W3C
XML (eXtensible Markup Language)	• 데이터를 구조화하고 저장하는 마크업 언어 • DTD(Document Type Definition) 기능을 이용하여 새로운 태그를 정의하여 사용 • 사용자 정의 태그, 계층적 데이터 표현, 데이터 교환	W3C
XHTML	• HTML과 XML의 장점을 결합한 HTML의 확장 버전 • XML의 확장성을 활용하여, 새로운 태그와 속성을 쉽게 추가할 수 있음 • 문법 규칙이 매우 엄격하며, 모든 태그는 소문자로 작성하고 종료 태그를 필수로 사용	W3C
CSS (Cascading Style Sheets)	• 웹페이지의 스타일과 레이아웃을 정의하는 언어 • 글꼴, 색상, 여백, 테두리, 배치 등	W3C
JavaScript	• 웹페이지의 동적 동작을 구현하는 스크립트 언어 • 사용자 인터랙션, 이벤트 처리, 애니메이션, 비동기 통신 등	ECMA International
WAI-ARIA (Web Accessibility Initiative - Accessible Rich Internet Applications)	• 웹 접근성을 위한 스펙 • 스크린 리더 지원, 접근성 속성 정의	W3C

기적의 TIP

XHTML은 HTML의 확장 버전으로 새로운 태그와 속성을 추가할 수 있다.

2) 웹 표준 문서 형식 선언

HTML5 DTD 선언	HTML5 버전부터는 DTD를 간단하게 선언 ⑩ 〈!DOCTYPE html〉
외부 CSS 사용	웹 표준 HTML 문서에서는 CSS를 외부 파일로 관리하며, HTML 문서 내에 정의하지 않음
type 속성 포함	자바스크립트 사용 시에는 HTML 문서에 자바스크립트 선언문을 포함해야 함 ⑩ 〈script type="text/javascript"〉
문자 세트 명시	• 〈meta charset="utf-8"〉을 사용하여 문자 세트를 지정 • 한국어의 경우 'euc-kr' 사용 가능
소문자 사용 권장	• HTML 요소와 속성은 되도록 소문자로 작성하는 것이 권장됨 • 태그의 속성값은 겹따옴표(")로 묶음
요소의 중첩 및 종료	• 모든 요소는 중첩 순서를 지키고, 종료 태그로 닫아줌 • 빈 요소는 후행 슬래시(/)를 사용할 수 있음
섹션 구분	• 레이아웃은 〈div〉로 구분 • 특별한 섹션은 〈header〉, 〈footer〉, 〈section〉로 구분
항목 표현	• 항목은 〈ul〉, 〈ol〉, 〈li〉로 표현 • 항목 스타일은 CSS로 스타일 지정
class 및 id 속성 사용	class와 id 속성은 스타일 규칙 적용과 요소 구분에 사용

개념 체크

1 (　　　)은/는 DTD 기능을 이용하여 새로운 태그를 정의하여 사용할 수 있다.

2 JavaScript는 웹페이지의 스타일과 레이아웃을 정의한다. (O, X)

1 XML 2 X

03 웹 표준 검사

- 웹 표준 검사는 웹 문서가 W3C(World Wide Web Consortium)에서 정한 웹 표준을 준수하는지 확인하는 과정이다.
- 웹 문서가 W3C에서 정의한 웹 표준 규칙을 유효하게 준수하는지 확인하기 때문에 '유효성 검사'라고도 한다.
- 웹 표준 검사는 다양한 브라우저에서 웹페이지의 일관성을 확인하고, 코드의 문법적 오류를 발견 및 수정함으로써 개발 과정의 오류를 최소화할 수 있다.
- HTML, XHTML 등 마크업 문서의 유효성 검사는 W3C에서 제공하는 무료 온라인 도구인 'Markup Validation Service'를 활용한다.
- CSS 유효성 검사는 W3C에서 제공하는 'CSS Validation Service'를 활용한다.

Markup Validation Service

주소 : https://validator.w3.org

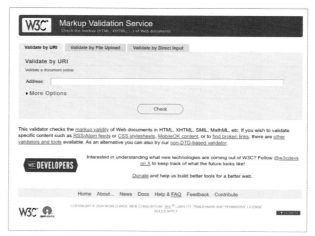

▲ HTML, XHTML 마크업 문서 유효성 검사

CSS Validation Service

주소 : https://css-validator.org

▲ CSS 유효성 검사

출제빈도 상 ⑧ 하
반복학습 ① ② ③

빈출 태그 웹 접근성

▶ 합격 강의

01 웹 접근성(Web Accessibility)

1) 웹 접근성의 개념

- 웹 접근성이란 모든 사용자가 웹사이트와 애플리케이션을 쉽게 이용할 수 있도록 보장하는 것을 의미한다.
- 장애가 있는 사람들을 포함해 누구나 정보에 접근하고 사용할 수 있도록 설계된다.
- 웹 접근성 기준으로는 W3C에서 제정한 웹 콘텐츠 접근성에 대한 국제 표준 가이드라인 WCAG(Web Content Accessibility Guidelines)과 한국형 웹 콘텐츠 접근성 지침 등이 있다.
- 웹 접근성 검사 도구는 웹사이트의 접근성 문제를 식별하고, 이를 개선하는 구체적인 방법을 제공한다.

2) 웹 접근성 검사 도구

Lighthouse	구글의 오픈소스 자동화 도구로, 웹페이지의 성능, 웹 접근성, SEO 등을 평가하는 종합적인 도구
Wave	크롬, 에지, 파이어폭스 등 웹 브라우저 확장 프로그램
TPGi CCA	명도대비 자가진단 프로그램
K–WAH	한국형 웹 콘텐츠 접근성 지침을 기준으로 한 웹 접근성 자동평가 도구(현재는 지원이 끝남)
접근성 검사기	구글의 앱 접근성 개선 방법을 추천해주는 안드로이드용 도구

3) WCAG 주요 원칙

인식 가능성 (Perceivable)	사용자가 웹 콘텐츠를 인식할 수 있어야 함 ⑩ 텍스트 대체 텍스트 제공, 색상 대비 유지
운용 가능성 (Operable)	사용자가 웹사이트를 탐색하고 상호작용할 수 있어야 함 ⑩ 키보드만으로 탐색 가능, 충분한 시간 제공
이해 가능성 (Understandable)	콘텐츠와 사용자 인터페이스가 이해 가능해야 함 ⑩ 명확한 언어 사용, 예측 가능한 내비게이션 제공
견고성 (Robust)	콘텐츠가 다양한 웹 브라우저나 보조 도구와 호환될 수 있어야 함 ⑩ 최신 웹 표준 준수

4) 한국형 웹 콘텐츠 접근성 지침 2.2(방송통신표준심의회)

원칙	지침	웹 접근성 평가 항목
인식의 용이성 (Perceivable)	대체 텍스트	텍스트가 아닌 이미지와 같은 콘텐츠에 적절한 대체 텍스트(Alternative Text) 제공
	멀티미디어 대체 수단	자막, 대본 또는 수어 제공
	적응성	이해하기 쉬운 표 구성
		콘텐츠의 선형구조(논리적인 순서로 제공)
		명확한 지시사항 제공
	명료성	색과 무관하게 콘텐츠 인식 가능
		자동으로 소리 재생 금지
		텍스트 콘텐츠와 배경 간의 명도 대비
		이웃한 콘텐츠 간의 구별 가능
운용의 용이성 (Operable)	입력장치 접근성	키보드 사용 보장(키보드 만으로 사용 가능)
		초점 이동 및 표시(사용자 입력 간의 초점 이동, 초점을 받은 콘텐츠의 시각적 구별)
		사용자 입력 및 콘트롤 조작 가능
		문자 단축키 제공 시 오동작으로 인한 오류 방지 제공
	충분한 시간 제공	시간제한이 있는 콘텐츠 사용 배체, 만일 사용된 경우 응답시간 조절 제공
		자동으로 변경되는 콘텐츠에 대한 정지 기능
	광과민성 발작 예방	초당 3~50회 주기의 깜빡임과 번쩍임 사용 제한
	쉬운 내비게이션	반복되는 영역에 대한 건너뛰기 수단 제공
		페이지, 프레임, 콘텐츠 블록에 적절한 제목 제공
		링크에는 링크 텍스트(Anchor Text)를 제공
		고정된 참조 위치 정보, 참조 위치 정보를 일관되게 제공·유지
	입력 방식	입력 포인터(단일 포인터) 입력 지원
		포인터 입력 취소 가능
		레이블 및 네임 제공
		동작기반 작동
이해의 용이성 (Understandable)	가독성	기본 사용 언어 표시
	예측 가능성	사용자 요구에 따른 실행, 의도하지 않은 기능 실행 금지
		찾기 쉬운 도움 정보 제공
	입력 도움	입력 오류를 정정하는 방법 제공
		사용자 입력에 대응하는 레이블 제공
		접근 가능한 인증
		반복되는 입력 정보의 자동 입력 또는 선택 입력
견고성 (Robust)	문법 준수	마크업 오류 방지
	웹 애플리케이션 접근성	콘텐츠에 포함된 웹 애플리케이션의 접근성 준수

5) 웹 접근성의 용어

대체 텍스트 (Alternative Text)	• 웹 콘텐츠에서 이미지를 설명하는 짧은 텍스트 • 주로 시각 장애가 있는 사용자들이 화면 읽기 도구를 통해 이미지를 이해할 수 있도록 도와줌 • 이미지가 로딩되지 않거나 접근할 수 없을 때 대체 텍스트가 표시되기도 함 • 접근성 향상뿐만 아니라 SEO(검색 엔진 최적화) 개선, 사용자 경험 향상 등을 도움 예 〈img src="black-laptop.jpg" alt="검정색 노트북"〉
레이블 (Label)	• 레이블은 UI 요소에 대해 사용자가 이해하기 쉽도록 설명하는 텍스트 • 레이블은 화면 상에서 UI 요소의 바로 옆이나 위, 아래 등 근처에 위치하여 시각적 연관성을 제공 예 버튼 옆에 '저장', 입력 필드에 '이메일 주소' 등을 적어준 경우
네임 (Name)	• 네임은 화면에 표시되지 않는 텍스트로, 코드 상에서 UI 요소를 식별하는 문자열 • 스크린 리더와 같은 보조 기술에서 사용자가 UI 요소를 이해하고 상호작용할 수 있도록 도와줌 • HTML의 aria-label 속성 등을 사용하여 UI 요소에 네임을 정의 예 〈button aria-label="저장"〉저장〈/button〉 　　– 시각적으로는 '저장' 버튼이 보이고, 스크린 리더도 '저장'이라고 읽어줌

02 웹 접근성 품질인증

1) 웹 접근성 품질인증의 용어

• 웹 접근성 품질인증은 장애인 및 고령자 등 정보 취약계층이 웹사이트를 편리하게 이용할 수 있도록 하는 우수 사이트를 인증하는 제도이다.
• 과학기술정보통신부에서 발급하며, 웹 접근성 표준지침을 준수한 사이트에 부여된다.
• 인증을 받은 웹사이트는 다양한 장애를 염두에 두고 설계되었으며, 고령자, 일시적 장애, 기술적 제약이 있는 사용자를 포함하여 모든 사용자들이 동등하게 웹사이트를 이용할 수 있도록 설계되었음을 의미한다.

▲ 웹 접근성 품질인증 마크

이론을 확인하는 / 기출문제

01 네덜란드에서 시작된 미술 사조이며, 빨강 파랑 노랑 삼원색 위주, 기하학적 형태가 특징인 것은?

① 데 스틸(De Stijl)
② 다다이즘
③ 구성주의
④ 아르데코(Art Deco)

02 웹사이트에 삽입할 콘텐츠를 구성한 후 이것을 웹이라고 하는 하이퍼링크 구조 안에서 어떻게 조직화할 것인가를 결정하는 것을 무엇이라 하는가?

① 컨셉트 개발
② 콘텐츠 기획
③ 구조 설계
④ 인터페이스 디자인

03 내비게이션에 대한 설명으로 가장 거리가 먼 것은?

① 일관성 있는 내비게이션을 만들어야 한다.
② 사용자의 환경을 고려해야 한다.
③ 최대한 많은 메뉴를 만들어야 한다.
④ 링크가 끊어진 페이지가 없어야 한다.

04 다음이 설명하고 있는 것은?

- 웹사이트의 정보를 한눈에 검색하기 위한 시각적인 콘텐츠 모형을 말한다.
- 일반적으로 테이블 형태로 되어 있으며, 계층형을 가지고 있는 것이 보통이다.
- 그 종류에는 조직표 모형, 입체모형 등이 있다.

① 스토리보드(Story Board)
② 사이트 맵(Site Map)
③ 레이아웃(Layout)
④ 내비게이션(Navigation)

05 웹페이지 제작 시 사용되는 내비게이션(Navigation Structure) 구조의 유형에 해당하지 <u>않는</u> 것은?

① Sequential structure
② Hierarchical structure
③ Grid structure
④ Protocol structure

06 웹사이트의 가상경로를 예상하여 기획하는 것으로 웹사이트의 설계도이며 구체적인 작업 지침서 역할을 하는 것은?

① 사이안
② 레이아웃
③ 내비게이션
④ 스토리보드

07 다음과 같은 내비게이션 구조는?

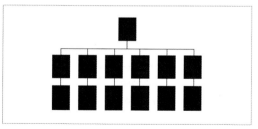

① 순차 구조
② 프로토콜 구조
③ 계층 구조
④ 네트워크 구조

08 사용자가 웹페이지를 쉽게 이동하고 탐색할 수 있도록 해주는 내비게이션 구조의 요소들에 대한 설명이 **틀린** 것은?

① 이미지맵 : 웹사이트의 전체구조를 한눈에 알아볼 수 있도록 트리구조 형태로 만든 것으로 지도와 같은 역할을 한다.
② 사이트 메뉴바 : 웹사이트의 좌측이나 우측에 메뉴, 링크 등을 모아둔 것을 말한다.
③ 디렉터리 : 주제나 항목을 카테고리 별로 계층적으로 표현하는 방식이다.
④ 내비게이션 바 : 메뉴를 한 곳에 모아놓은 그래픽이나 문자열 모음을 말한다.

이미지맵은 그림이나 사진을 여러 부분으로 나누어 링크를 지정하고, 그 부분을 마우스로 클릭하면 다른 웹페이지나 URL로 이동할 수 있도록 만든 것

09 웹 안전 색상에 대한 설명으로 **틀린** 것은?

① 웹 브라우저의 차이, 운영체제, 모니터의 종류 등에 구애받지 않고 동일한 색상을 표현하도록 이루어진 색상이다.
② 웹 브라우저, 운영체제, 플랫폼에서 공통된 색상으로 256가지의 색상을 사용한다.
③ 보통 사이트를 내비게이션하기 위한 단순한 그래픽이나 단색 배경을 만들 때 사용한다.
④ 고해상도 사진 이미지의 경우 JPEG 파일 포맷을 이용하여 웹 안전 색상보다 풀컬러에서 작업하는 것이 좋다.

웹 안전 색상은 216가지 색상으로 이루어져 있음

10 다음 중 2D 평면 디자인이 과정에 대한 설명으로 **잘못된** 것은?

① 이미지 구상 및 기획 – 디자이너가 표현하고자 하는 이미지를 구상한다.
② 툴 선택 – 디자인의 성격에 따라 관련 그래픽 소프트웨어를 선택하여 작업한다.
③ 색상 선택 – 색의 혼합, 색상, 명도, 채도를 조절하여 원하는 색상을 선택하는 단계이다.
④ 기능 선택 – 원하는 이미지를 표현하기 위해 그래픽 관련 툴을 선택한다.

기능 선택은 선택한 툴의 각 기능을 이용하여 이미지를 효과적으로 표현하는 단계

11 HTML에 대한 설명으로 **옳지 않은** 것은?

① HTML은 링크나 앵커 등 하이퍼텍스트의 개념을 태그로 명확히 정의한 언어이다.
② HTML은 디렉터무비, 플래시무비, MIDI 사운드를 삽입하는 태그를 갖고 있다.
③ HTML은 DTD(Document Type Definition) 기능을 이용하여 새로운 태그를 정의하여 사용할 수 있다.
④ HTML은 문서 내에 직접 기술하여 프로그래밍할 수 있는 JavaScript를 지원한다.

12 UI 그룹화 시 이점이 **아닌** 것은?

① 신속성
② 재사용성
③ 일관성
④ 창의성

구현 및 응용

웹디자인의 개념과 웹디자인 프로세스에 대해 알아봅니다. 웹 인터페이스와 관련하여 서버사이드, 클라이언트사이드에 대해 살펴보고, 화면 및 기능 요소 구현, 웹 프로그래밍 개발 및 웹 트렌드에 대해 살펴봅니다.

CHAPTER 01

웹디자인 구성 및 프로세스

학습 방향

웹디자인 시스템 및 인력 구성에 대해 살펴봅니다. 웹디자인 프로세스의 의미와 단계별 상세 작업에 대해 학습합니다.

출제빈도

SECTION 01	중	30%
SECTION 02	상	70%

※ 출제빈도의 경우 2025년 이후로 변형된 기준에 맞춰 작성되었습니다.

웹디자인 시스템 및 인력 구성

▶ 합격 강의

빈출 태그 웹디자인 • 웹디자인 시스템 • 웹디자인 인력 • 프로젝트 매니저

01 웹디자인

1) 웹디자인의 개념

웹디자인(Web Design) = 웹(Web) + 디자인(Design)

🅱 기적의 TIP

웹디자인은 웹과 디자인이라는 두 가지 개념이 결합된 것이다.

- 웹디자인(Web Design)이란 웹사이트를 설계하고 디자인하는 것이다.
- 웹디자인은 정확한 정보 전달을 목표로 하며, 그래픽 요소를 추가하여 보다 효율적인 웹페이지를 제작한다.
- 웹사이트에서 제공하는 콘텐츠를 심미적으로 균형을 이루어 배치한다.
- 웹사이트는 정보 전달뿐만 아니라 다양한 멀티미디어 콘텐츠와 서비스를 제공한다.
- 따라서 편리한 사용 환경을 제공하기 위해 효율적인 사용자 인터페이스(UI)와 사용자 경험(UX)을 구축한다.
- 웹디자인 과정에서 시각적 요소를 창조하고 사용자와의 상호작용을 위한 인터랙티브 요소들을 구현할 때 컴퓨터 그래픽스가 사용된다.
- 로고, 아이콘, 배너, 이미지, 애니메이션 등 다양한 그래픽 요소의 제작과 애니메이션 효과, 그래픽 전환, 마우스 효과 구현 등에 컴퓨터 그래픽스가 활용된다.

2) 컴퓨터 그래픽스

컴퓨터 그래픽스는 다음과 같은 작업의 총칭이다.

- 컴퓨터의 하드웨어나 소프트웨어를 이용하여
- 입력 장치를 통해 입력된 정보를 도형이나 그림, 화상 등으로 재가공하여 변환한 후
- 모니터나 기타 출력 기기로 출력해내는 일련의 작업과 기술

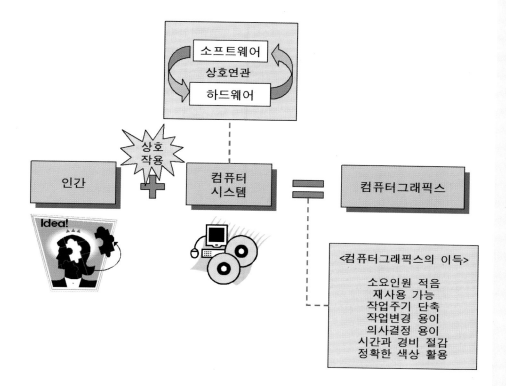

3) 컴퓨터 그래픽스 장단점

장점	• 수작업보다 소요 인원수가 적고 한번 작업한 다음 재사용 가능 • 컴퓨터 알고리즘으로 정확하게 작업해 작업 주기를 단축 • 작업이 전체적으로 자동화, 작업변경도 용이 • 컴퓨터를 사용해 의사결정을 쉽게 할 수 있음 • 시간과 경비를 절감하고 정확한 색상을 활용할 수 있음
단점	• 창조성이나 아이디어를 제공할 수 없음 • 자연적인 표현이나 기교의 순수함이 없고 획일적임 • 모니터 크기의 제한으로 큰 크기의 작업은 한눈에 보기 어려움 • 모니터, 출력 장치, 인쇄물의 컬러 방식이 동일하지 않아 보정 작업 필요

02 웹디자인 시스템의 구성

• 웹디자인 시스템 구성은 입력장치, 출력장치, 처리장치, 소프트웨어, 네트워크 및 저장장치로 이루어져 있다.

• 각 구성요소들은 웹디자인 작업에서 필수적인 역할을 하며, 서로 상호작용하여 최적의 작업 환경을 제공한다.

• 여러 시스템을 활용하여 웹디자이너 및 개발자는 효율적이고 일관된 웹 콘텐츠를 제작할 수 있다.

입력장치	키보드	텍스트 입력 및 명령어 입력을 위한 장치
	마우스	클릭, 드래그, 드롭 등의 그래픽 인터페이스 조작
	터치스크린	손가락이나 스타일러스로 화면을 직접 터치하여 조작
	그래픽 태블릿	디지털 드로잉 및 그래픽 작업 수행
	음성 인식 장치	음성 명령을 통해 시스템과 상호작용하는 장치
출력장치	모니터	그래픽 및 텍스트 콘텐츠를 시각적으로 출력하는 장치
	프린터	웹디자인 작업물을 물리적 문서로 출력하는 장치
	스피커	웹디자인에 포함된 오디오 콘텐츠를 출력하는 장치
처리장치	CPU	중앙 처리 장치로, 웹디자인 작업을 처리하는 장치
	GPU	복잡한 그래픽 작업과 렌더링을 수행
	RAM	작업 중 데이터를 일시적으로 저장하여 빠르게 접근하고 처리할 수 있게 하는 메모리 장치
소프트웨어	그래픽 소프트웨어	포토샵, 일러스트레이터 등 그래픽 디자인 작업
	웹 개발 소프트웨어	HTML, CSS, JavaScript 등 웹디자인 및 개발 작업
	콘텐츠 관리 시스템	워드프레스, 줌라(Joomla) 등 웹사이트 콘텐츠 관리
네트워크	인터넷	웹사이트를 호스팅, 웹디자인 결과물을 웹을 통해 여러 사용자에게 제공
저장장치	하드디스크 드라이브(HDD)	로컬에서 웹디자인 파일과 데이터 저장
	클라우드 스토리지	구글 드라이브, 드롭박스 등 인터넷을 통해 파일을 저장하고 액세스할 수 있는 서비스

03 웹디자인 인력 구성

1) 웹디자인 인력 구성의 개념

- 웹디자인 관련 인력 구성은 웹사이트의 시각적 디자인, 기술적 구현, 사용자 경험 최적화 등을 담당하는 인력으로 구성된다.
- 각 팀원이 자신의 역할과 책임을 명확히 이해하고 협력할 때 웹디자인 프로젝트를 성공적으로 완료할 수 있게 된다.
- 인공지능의 등장으로 단순 · 반복적인 코딩 역량보다 더욱 창의적이고 복잡한 문제 해결에 집중할 수 있도록 웹디자인 인력의 직무가 변화되고 있다.

F 기적의 TIP

인공지능의 등장에 따라 반복적이고 단순한 코딩 역량에 대한 요구는 개발자에게 점차 적게 요구되고 있다.

2) 웹디자인 인력 구성요소

웹디자이너 (Web Designer)	• 웹사이트의 시각적 디자인, 그래픽 요소(아이콘, 이미지, 배너 등) 제작 • 사용자 인터페이스(UI) 설계, 사용자 경험(UX) 설계를 담당 • 웹디자인 소프트웨어(포토샵, 일러스트레이터 등)와 웹 개발 도구(HTML, CSS)를 사용하여 작업
프론트엔드 개발자 (Frontend Developer)	• 사용자와 직접 상호작용하는 웹 애플리케이션의 부분을 개발하고 유지 보수하는 역할 • HTML, CSS, JavaScript 등을 사용하여 웹페이지 구현 • 반응형 디자인을 적용하여 다양한 디바이스와 해상도에서 최적의 사용자 경험을 제공 • 사용자와의 상호작용을 위한 인터랙티브 요소를 개발 • 브라우저 호환성 문제를 해결하고 웹 성능을 최적화
백엔드 개발자 (Backend Developer)	• 서버, 데이터베이스, 애플리케이션 로직 등을 관리하며, 웹사이트의 기능적 부분을 개발 • 사용자 인증 시스템, 데이터 저장 및 검색 기능 등을 구현 • 서버 측 언어(ASP, JSP, PHP, Python, Node.js 등)와 데이터베이스 관리 시스템(MySQL, MongoDB 등)을 사용
프로젝트 매니저 (Project Manager)	• 프로젝트 계획, 실행, 모니터링, 완료를 관리, 팀 간의 협업 조율 • 프로젝트의 목표와 일정을 설정하고, 작업 진척 상황을 추적하며, 문제 발생 시 해결책을 모색 • 클라이언트와의 커뮤니케이션을 담당, 프로젝트 결과물이 요구사항에 맞게 완성되도록 함

3) 인공지능 등장과 웹디자인 인력 변화

① 반복적이고 단순한 코딩 작업	• 코드 자동 생성 도구를 통해 기본적인 웹페이지 구성 및 단순한 기능 구현 작업을 대체 • 반복적이고 단순한 코딩 작업 역량은 웹 개발자에게 점차 적게 요구되고 있음
② 기초적인 데이터 입력 및 처리	데이터를 자동으로 입력하고 처리하는 작업을 대체
③ 사용자 인터페이스 디자인 자동화	미리 만들어진 템플릿을 기반으로 기본적인 사용자 인터페이스 디자인 작업을 자동으로 처리
④ 테스트 작성 및 실행	테스트 케이스 작성 및 실행 작업을 대체
⑤ 코드 검토 및 디버깅	AI 기반 코드 리뷰 도구를 통해 코드 품질 검토 및 버그 발견 작업을 자동화
⑥ 콘텐츠 최적화	웹페이지의 콘텐츠를 자동으로 최적화

웹디자인 프로세스

▶ 합격 강의

빈출 태그 웹디자인 • 웹디자인 프로세스 • 웹디자인 인력 • 프로젝트 매니저

---

01 웹디자인 프로세스

1) 웹디자인 프로세스의 개념

- 웹디자인 프로젝트는 웹사이트를 '기획 – 설계 – 개발 – 출시 – 유지보수'하는 일련의 과정을 포함하며, 웹사이트의 시각적 디자인뿐만 아니라 사용자 경험(UX), 기술적 구현, 콘텐츠 개발 등 다양한 측면을 포괄한다.
- 웹디자인 프로젝트의 목표는 사용자 친화적이고 기능적인 웹사이트를 만드는 것이다.
- 웹디자인 프로젝트에 웹디자인 프로세스를 도입하면 작업 흐름이 체계적으로 정리되어 각 단계에서 필요한 작업이 명확해진다.

2) 웹디자인 프로세스의 과정

- 프로젝트 기획 : 프로젝트 목표를 설정하고 요구사항을 정의하며, 일정과 예산을 계획하는 단계이다.
- 웹사이트 기획(계획) : 사이트맵 작성, 콘텐츠 전략 수립, 기술 스택 결정 등 웹사이트의 전체 구조와 내용을 계획한다.
- UI/UX 디자인 : 사용자 경험을 고려한 디자인을 제작하고, 와이어프레임과 프로토타입을 통해 시각적 요소를 구체화한다.
- 개발 : 실제 코딩 작업으로 프론트엔드와 백엔드를 개발한다.
- 테스트 및 배포 : 다양한 테스트를 통해 버그를 수정하고, 최종적으로 웹사이트를 라이브 환경에 배포한다.
- 유지보수 및 업데이트 : 웹사이트가 원활히 운영될 수 있도록 지속적으로 모니터링하고, 필요 시 업데이트를 진행한다.

🅑 기적의 TIP

웹디자인 프로세스는 '기획 – 웹사이트 계획 – 디자인 – 개발 – 테스트/배포 – 유지보수'로 이루어진다.

[1단계] 프로젝트 기획	목표와 목적 파악	웹사이트의 목적과 목표를 명확히 정의하여 개발 방향을 설정
	시장 조사	• 시장 규모, 성장률, 트렌드 조사 • 경쟁사 분석 • 사용자 조사를 통해 시장의 기회 파악
	타겟 고객 정의	• 주요 타겟 고객층 정의, 요구와 선호도를 분석 • 대표적인 페르소나 생성
	아이디어 도출	브레인스토밍을 통해 웹사이트의 컨셉과 혁신적인 아이디어 탐색
	타당성 조사	• 프로젝트 실현 가능성 판단 • 기술적 타당성, 재정적 타당성, 프로젝트 운영 타당성 평가
	팀 구성	프로젝트 팀 구성, 역할과 책임 할당
	일정 수립	• 프로젝트 일정과 작업 계획 수립 • 작업분류체계(WBS) 작성, 마일스톤(Milestone) 설정
	예산 계획	프로젝트 비용 산정 및 예산 할당
[2단계] 웹사이트 기획 (웹사이트 계획)	정보구조 설계	• 페르소나를 기반으로 정보 아키텍처 설계 • 사이트맵 작성, 내비게이션 설계
	콘텐츠 전략 수립	• 콘텐츠를 계획하고 구조화하여 사용자가 쉽게 접근할 수 있도록 함 • 메뉴 구성, 콘텐츠 계획, 사용자 흐름 설계 등
	기술 스택 선택	웹사이트의 사용자 인터페이스와 서버 측 작업을 위한 프론트엔드와 백엔드 기술 선택
[3단계] UI/UX 디자인	와이어프레임 작성	웹페이지 구조와 레이아웃을 시각화(초기 디자인)
	스토리보드 작성	화면 전환과 사용자 흐름을 상세히 표현하여 전체적인 사용자 경험을 설계
	프로토타입 제작	인터랙션 디자인, 인터랙티브 프로토타입 제작
	디자인 가이드라인 문서 작성	• 디자인 가이드라인은 브랜드의 시각적 아이덴티티를 구축하고 유지하는 핵심 도구 • 컬러 팔레트, 타이포그래피, 아이콘, 버튼 스타일 등 시각적 요소를 포함한 디자인 가이드라인 문서를 작성하고, 디자인의 일관성을 유지
	UX/UI 디자인	• 사용자 경험(UX)과 사용자 인터페이스(UI) 디자인 원칙을 적용하여 화면 디자인을 완성 • 협업과 디자인 시스템 구축을 위한 도구와 소프트웨어 활용
[4단계] 개발	프론트엔드 개발	• 사용자가 웹사이트와 상호작용할 수 있도록 웹페이지의 구조(HTML), 스타일(CSS), 동작(JavaScript)을 구현 • 반응형 디자인 적용, 브라우저 호환성 검토 • 초기 단계에서 프로토타입을 기반으로 사용성 테스트를 진행하고, 사용자 피드백을 반영하여 개선
	백엔드 개발	• ASP, JSP, PHP, Node.js, Python 등을 사용하여 서버 측 기능을 구현하고, 데이터베이스 설계 및 관리 • 소셜미디어, 결제 서비스 등 외부 서비스 통합
	CMS 통합	콘텐츠 관리 시스템(CMS)을 사용하여 웹사이트의 콘텐츠를 통합하고 관리
	테스트 및 디버깅	• 개발된 기능을 테스트하고 버그 수정 • 지속적인 사용성 테스트 수행을 통해 사용자 경험 향상

[6단계] 테스트 및 배포(런칭)	테스트 및 디버깅	• 기능 테스트, 사용성 테스트, 성능 테스트, 보안 테스트, 브라우저와 기기 호환성 확인 • 오류나 버그 수정, 성능 최적화
	출시 및 모니터링	• 웹사이트를 실제 서버에 배포 • 웹사이트를 공식적으로 출시(런칭, Launching) 후 모니터링
	마케팅 및 홍보	웹사이트 출시를 알리고 마케팅 활동 수행
[7단계] 유지보수 및 업데이트	지속적인 유지 보수	정기적인 업데이트와 유지보수 수행
	성능 최적화	웹사이트의 속도와 성능을 최적화
	피드백 및 개선	사용자 피드백과 의견을 반영하여 업데이트 진행
	백업 및 복구	정기적으로 데이터를 백업, 필요 시 복구 수행

🅑 기적의 TIP

웹디자인 프로세스를 도입하면 인력 배분이 효율적으로 이루어지고, 피드백과 실행착오를 최소화하며, 팀의 의사소통을 원활하게 한다.

3) 웹디자인 프로세스 도입 시 장점

• 인력 분배의 효율성을 높인다.
• 시간과 자원을 효율적으로 관리할 수 있다.
• 웹디자이너와 개발자 등 팀의 의사소통을 원활하게 한다.
• 웹디자인 프로세스를 따름으로써 디자인과 기능에서 일관성을 유지할 수 있다.
• 프로세스를 통해 프로젝트의 변경 사항을 쉽게 관리할 수 있다.
• 각 단계에서 피드백을 반영하여 변화에 유연하게 대응할 수 있다.
• 체계적인 계획과 진행을 통해 예산을 효과적으로 관리할 수 있다.

4) 웹디자인 프로세스 3단계

① 사전 제작 단계(Pre-Production)	사전에 디자인 계획 수립하는 단계. 콘셉트 구상, 디자인 구체화 등
② 제작 단계(Production)	실제 제작 단계. 콘텐츠 디자인, 사이트 구축, 서버 구성
③ 후반 제작 단계(Post-Production)	기본 사항이 완료된 후 작업. 사이트 홍보, 홍보 콘텐츠 제작

CHAPTER 02

웹디자인 구현 및 응용

학습 방향

웹 인터페이스와 관련하여 서버사이드, 클라이언트사이드에 대해 알아봅니다. 또한 화면 요소 구현과 기능 요소 구현의 중점 사항을 살펴봅니다. 웹 프로그래밍 개발과 관련하여 HTML, CSS, JavaScript에 대해 숙지하도록 하고, 웹 트랜드의 의미에 대해 학습합니다.

출제빈도

SECTION 01	하	10%
SECTION 02	하	20%
SECTION 03	상	50%
SECTION 04	하	20%

※ 출제빈도의 경우 2025년 이후로 변형된 기준에 맞춰 작성되었습니다.

웹 인터페이스

▶ 합격 강의

빈출 태그 웹 인터페이스 • 서버사이드 • 클라이언트사이드

01 웹 인터페이스

- 웹 인터페이스는 사용자와 웹 애플리케이션 간의 상호작용을 가능하게 하여, 사용자가 웹페이지를 통해 입력한 내용을 서버가 처리한 후, 그 응답을 받아 정보를 표시하는 시스템을 의미한다.
- 웹 인터페이스는 사용자 친화적인 경험을 제공하기 위해 HTML, CSS, Java-Script 등의 기술을 사용하여 구축된다.

1) 클라이언트사이드(Client-Side)와 서버사이드(Sever-Side)

- 웹 인터페이스의 주요 구성요소는 클라이언트사이드와 서버사이드로 구분된다.
- 클라이언트사이드는 사용자가 직접 상호작용하는 부분을 담당하며, 웹 브라우저에서 실행되는 코드와 관련되는 것으로 주로 HTML, CSS, JavaScript로 구현된다.
- 서버사이드는 서버에서 실행되는 프로그램과 데이터베이스를 담당한다. 클라이언트의 요청을 받아 데이터를 처리하고, 그 결과를 클라이언트에게 반환하는 역할을 한다. 주요 기능으로 데이터베이스 연동, 사용자 인증 등이 있다.

> **기적의 TIP**
>
> 클라이언트사이드 기능으로는 사용자의 인터페이스(UI) 조작 및 렌더링이 있으며 서버사이드 기능으로는 데이터 처리, 사용자 인증, 캐싱 등이 있다.
> - ASP, JSP, PHP : 서버사이드
> - HTML, CSS, JavaScript : 클라이언트사이드

구분	클라이언트사이드	서버사이드
역할	사용자 인터페이스를 표시하고 사용자 입력을 처리함	클라이언트의 요청을 처리하고 데이터베이스와 상호작용함
실행 위치	사용자의 브라우저	웹 서버
프로그래밍	HTML, CSS, JavaScript 등	ASP, JSP, PHP, Python, Java, Node.js 등
프로토콜	HTTP/HTTPS 예 사용자가 웹 주소를 입력하거나 링크를 클릭하면 웹 브라우저가 HTTP/HTTPS 요청을 서버로 보내고, 서버로부터 응답 받음	HTTP/HTTPS, FTP, SMTP, SOAP 등 예 구글 서버사이드 프로토콜 OAuth : 웹 애플리케이션과 구글 서비스 간의 상호작용, 서버 간의 안전한 인증 및 권한 부여를 지원
기능	사용자의 인터페이스(UI)를 조작 및 렌더링, 사용자와 상호작용, 사용자 입력 및 이벤트 처리 등 예 사용자가 버튼 클릭 시 팝업 창을 열거나, 입력 필드에서 키를 입력할 때 자동 완성 기능을 제공	데이터 저장 및 처리, 사용자 인증, 비즈니스 로직 처리, 캐싱 등 예 캐싱(Caching) : 사용자의 요청에 대한 응답 시간을 최적화하기 위해 사용하는 기술
보안	민감한 데이터는 클라이언트사이드에서 최소화함	민감한 데이터는 서버사이드에서 처리하여 보안 강화
성능	클라이언트의 브라우저 성능에 따라 달라짐	서버 성능에 따라 달라지며, 서버 부하가 발생할 수 있음
예시	DOM 조작, 폼 검증, AJAX 요청	데이터베이스 쿼리 실행, 서버 측 파일 업로드, API 호출

2) 서버사이드의 데이터 관리를 위한 인덱스(Index)

- 인덱스는 데이터베이스에서 데이터를 효율적으로 검색하고 접근할 수 있도록 돕는 데이터 구조로, 적절한 인덱스 관리는 웹사이트의 성능을 향상시킨다.
- 특정 열(Column)에 대해 별도의 데이터 구조를 생성하여 데이터 검색 속도를 향상시킨다.
- 인덱스 관리는 웹디자인 개발 과정에서 데이터베이스 성능을 최적화하고 사용자 경험을 향상시키는 중요한 요소이다.
- 인덱스가 자주 업데이트되면 오버헤드가 발생하여 성능이 저하될 수 있으므로 무분별한 인덱스 생성은 피한다.
- 모든 태스크(Task)에 인덱스를 생성하면, 성능 저하와 디스크 공간 낭비 등 부정적인 효과가 발생하게 되므로, 자주 검색되는 열에 인덱스를 설정한다.

① 인덱스의 장점

검색 성능 향상	데이터 검색 속도를 크게 단축. 대규모 데이터베이스에서 특정 제품이나 사용자 정보를 빠르게 찾을 수 있도록 함
사용자 경험 개선	빠른 데이터 접근이 가능하게 하여 사용자의 만족도를 높이고, 웹사이트 탐색을 더 원활하게 만듦
데이터 무결성 유지	고유 인덱스를 통해 중복된 데이터 입력을 방지하여 데이터의 무결성을 유지할 수 있음

② 인덱스의 관리 방법

인덱스 생성	• 자주 검색되는 열, 필요한 작업에만 적절하게 인덱스를 생성 • 특정 작업에서 성능을 극대화할 수 있는 곳에만 인덱스를 생성
인덱스 유지보수	데이터가 변경될 때 인덱스를 최신 상태로 유지
인덱스 최적화	인덱스가 쿼리 성능을 향상시키도록 정기적으로 최적화
인덱스 모니터링	인덱스 사용 현황을 모니터링하여 성능에 미치는 영향을 분석
인덱스 재구성	• 시간이 지나면서 인덱스가 비효율적이 될 수 있으므로 오래된 인덱스는 새롭게 정리 • 주기적으로 재구성하여 성능을 유지
인덱스 제거	• 꼭 필요한 인덱스만 유지하여 성능을 유지 • 필요 없어진 인덱스는 제거하면 데이터베이스 크기가 감소되기 때문에 저장 공간을 절약할 수 있음

③ 인덱스의 단점

성능 저하	• 너무 많은 인덱스를 사용하거나, 데이터를 자주 변경하면 성능이 저하될 수 있음 • 데이터 삽입, 수정, 삭제 시 인덱스도 함께 업데이트되어야 하기 때문에 대형 데이터베이스에서는 성능이 저하될 수 있음
저장 공간 및 비용 증가	• 불필요한 인덱스를 생성하거나 유지하면 데이터베이스의 전체 크기도 증가됨 • 많은 수의 인덱스를 생성하면, 인덱스가 차지하는 저장 공간이 많아져 저장 공간이 빠르게 소진되고, 이에 따라 데이터베이스 호스팅이나 클라우드 저장 공간 비용이 증가될 수 있음

화면 및 기능 요소 구현

▶ 합격 강의

01 화면 요소 구현

- 화면 요소 구현은 웹사이트의 시각적이고 기능적인 요소를 실제로 만드는 과정이다.
- HTML을 사용하여 웹페이지의 구조를 작성하고, CSS를 활용하여 레이아웃과 각 요소의 스타일을 정의한다. JavaScript를 사용하여 동작을 구현한다.

🅑 기적의 TIP

화면 구현 시 HTML로 웹페이지의 구조를 작성하고, CSS로 웹페이지의 레이아웃, 색상 등에 대한 스타일 정의한다. JavaScript는 웹페이지 동작과 상호작용 기능을 구현한다.

1) 화면 요소 구현 방법

- HTML으로 웹페이지 구조를 작성하고, CSS로 레이아웃, 폰트, 이미지 크기 등 웹페이지 스타일을 지정한다.
- JavaScript를 사용해 웹페이지 동작, 상호작용 기능을 구현한다.
- CSS 미디어 쿼리(Media Query)를 사용하여 다양한 해상도와 기기에 최적화한다.
- CSS 애니메이션과 전환 효과 등을 구현하여 사용자 인터페이스를 향상시킨다.
- W3C에서 제시한 웹 콘텐츠 접근성 지침(Web Content Accessibility Guidelines, WCAG)을 준수하여 접근성을 보장한다.

2) 화면 구성요소 구현

헤더 (Header)	• HTML로 구조 작성, CSS로 스타일 지정 • ⟨header⟩ 태그를 사용하여 웹페이지의 상단에 위치시킴 • 로고는 이미지 태그 ⟨img⟩ 사용 • 메뉴는 ⟨nav⟩와 목록 태그인 ⟨ul⟩, ⟨li⟩ 태그를 사용하여 구현
내비게이션 바 (Navigation Bar)	• HTML로 메뉴 항목 작성, CSS로 스타일 지정 • 드롭다운 메뉴는 CSS와 JavaScript를 사용하여 구현 • 반응형 디자인을 위해 미디어 쿼리를 사용해 모바일 디바이스에서 적절하게 표시되도록 조정
컨텐트 영역 (Content Area)	• 웹페이지의 주된 내용이 위치, 텍스트, 이미지, 비디오 등 포함 • HTML ⟨main⟩ 태그를 사용해 웹페이지의 주된 내용을 구조화 • 문단 ⟨p⟩, 이미지 ⟨img⟩, 비디오 ⟨video⟩ 태그를 사용하여 콘텐츠를 포함 • CSS로 레이아웃, 폰트, 이미지 크기 등 스타일 지정
사이드바 (Sidebar)	• HTML로 구조 작성, CSS로 스타일 설정 • 추가 기능은 JavaScript로 구현
푸터 (Footer)	• HTML ⟨footer⟩ 태그를 사용해 웹페이지의 하단에 위치시킴 • 저작권 정보, 연락처, 소셜미디어 링크는 ⟨p⟩와 ⟨a⟩ 태그를 사용 • CSS로 텍스트 정렬, 배경색 등 스타일 지정
버튼 (Button)	• 버튼 태그 ⟨button⟩ 사용 • CSS로 버튼의 크기, 색상, 테두리 등 스타일 설정 • JavaScript로 클릭 이벤트 처리 및 기능 추가

이미지 및 아이콘 (Images and Icons)	• 이미지 태그 〈img〉 사용 • CSS로 크기 및 위치 조정 • SVG 아이콘 사용 시 〈svg〉 태그 사용
폼 (Form)	• HTML 〈form〉 태그를 사용해 폼을 작성 • CSS로 입력 필드, 버튼 등에 대한 스타일 지정 • JavaScript로 폼 데이터 유효성 검사 및 제출 처리

02 기능 요소 구현

- 웹디자인 기능 요소를 구현하는 것은 사용자 경험을 향상시키고, 다양한 사용자의 접근성을 높여준다.
- 주요 기능 요소는 탐색 메뉴, 검색 기능, 인터랙티브 요소 등이 있다.

▶ 기능 요소 구현의 중점 사항

성능	빠른 로딩, 효율적인 데이터 처리, 반응형 디자인 등
보안	사용자 데이터와 시스템 보호, 데이터 암호화, 인증 및 권한 부여, 취약점 관리 등
운영	코드 모듈화를 통한 유지보수 용이성 및 재사용성, 시스템의 운영 효율성 등

1) 내비게이션 메뉴(Navigation Menu)

- 내비게이션 메뉴(탐색 메뉴)는 사용자가 웹사이트 내의 콘텐츠를 쉽게 탐색할 수 있도록 도와주는 요소로 가장 많이 클릭되는 인터페이스 중 하나이다.
- 내비게이션 메뉴는 사용자가 쉽게 검색하고 효율적으로 이동할 수 있도록 구현한다.
- 웹이나 모바일 기기 화면의 크기를 고려하여 단순하고 명확하게 설계하고 구현한다.

① 내비게이션 메뉴 설계 시 고려해야 할 사항

UX를 고려한 직관적인 구조	• 사용자가 메뉴 항목을 쉽게 이해하고 원하는 정보를 빠르게 찾을 수 있도록 단순하고 명확하게 설계 • 사이트 전반에서 일관성 있는 디자인 요소(색상, 폰트, 버튼 스타일 등) 사용
정보구조	사이트의 주요 섹션과 페이지를 논리적으로 배열
심미성	시각적으로 일관성 있고, 브랜드 이미지를 반영하는 디자인
접근성	다양한 사용자를 고려한 디자인

② 내비게이션 메뉴 구현 시 고려해야 할 사항

반응형 디자인	다양한 화면 크기와 기기에서 잘 작동하도록 CSS 미디어 쿼리 등을 사용하여 구현
웹 표준 준수	HTML, CSS, JavaScript 등 웹 표준을 준수
성능 최적화	• 페이지 로딩 시간을 단축시키기 위해 최적화된 코드 작성 • 메뉴 사용 시 빠르게 로드되도록 구현
보안	사용자 데이터와 개인정보를 보호하기 위한 보안 조치를 구현

🅕 기적의 TIP

내비게이션 메뉴(탐색 메뉴)는 사용자가 웹사이트 내의 콘텐츠를 쉽게 탐색할 수 있도록 도와주는 요소로 일반적으로 사이트의 상단이나 측면에 위치시킨다.

2) 인터랙티브(Interactive) 요소

인터랙티브 요소는 사용자와 웹사이트 간의 상호작용을 촉진하는 다양한 기능을 포함한다.

① 폼(Form)

- 사용자 입력을 받을 수 있는 폼을 제공하여 회원 가입, 문의, 예약 등의 기능을 구현한다.
- 이용약관 동의 화면, 본인 인증 화면, 정보 입력 화면을 거쳐 회원 가입이 가능하다.
- 회원 가입 메인 화면은 사용자가 필수로 입력하도록 해야 하는 정보를 중심으로 이름, 아이디, 비밀번호, 생년월일, 이메일 주소 등의 입력 폼을 구성한다.

🅱 기적의 TIP

회원 가입(이용자 등록) 화면은 이름, 아이디, 비밀번호, 생년월일, 이메일 주소 등의 입력 폼을 중심으로 구성한다.

필수 정보	• 아이디(ID), 비밀번호, 비밀번호 확인 • 이름(성명) • 생년월일 • 성별 • 이메일 주소 • 주소 • 휴대전화번호
선택 정보	• 직업, 취미 등 부가정보 • Email 수신동의 • SMS 수신동의

▲ 회원 가입 화면 입력 폼의 예시

② 애니메이션

• 사용자 경험을 향상시키기 위해 적절한 애니메이션 효과를 추가한다.
• 버튼 클릭 시의 애니메이션, 스크롤 시의 애니메이션 등을 구현한다.

③ 드래그 앤 드롭(Drag and Drop)

사용자가 요소를 마우스로 드래그하여 위치를 변경하거나 파일을 업로드할 수 있는 기능을 제공한다.

④ 모달 창(Modal Window)

• 필요한 추가 정보를 제공하는 모달 창을 구현한다.
• 모달 창은 사용자가 특정 작업을 수행하거나 추가 정보를 제공받기 위해 현재 페이지의 상단에 표시되는 팝업 창을 의미한다.
• 일반적으로 배경을 어둡게 하여 사용자에게 집중할 수 있도록 도와주도록 구현한다.

기적의 TIP

모달 창
사용자가 어떤 작업을 수행하거나 추가적인 정보를 받을 수 있도록 페이지의 상단에 표시되는 팝업을 말한다.

▶ 모달 창과 레이어 팝업창의 차이

모달 창 **(모달 레이어)**	• 웹페이지 내에 종속되어 나타나는 창 • 세부 이미지 표현, 긴급한 내용 알림 • 모달 창이 활성화되면 기본 창 비활성화(차단)됨 • 모달 창을 보는 동안 배경은 어둡게 처리, 기본 창 내용 클릭 불가 • 〈DIV〉 태그를 사용함	
레이어 팝업창	• 새롭게 솟아오르는 레이어를 의미 • 웹페이지에 종속되지 않음 • 클릭 시 관련 정보를 새로운 레이어 계층으로 표시 • 기본 창과 독립적으로 새 창 열림 • 기본 창 내용에 영향 없음 • 〈DIV〉 태그를 사용함	

⑤ 피드백

• 사용자가 어떤 작업을 완료했을 때 피드백을 제공하여 상호작용을 원활하게 한다.
• 폼 제출 후 성공 메시지를 표시하거나 오류 메시지를 표시하는 등 피드백을 제공한다.

웹 프로그래밍 개발

▶ 합격 강의

빈출 태그 HTML • CSS • JavaScript • 미디어 쿼리 • 웹 프로그래밍 파일 포맷

01 HTML

- HTML(HyperText Markup Language)는 웹의 표준을 관장하는 W3C에서 발표한 프로그래밍 언어로 웹페이지를 제작하기 위한 기본 언어이다.
- HTML은 웹 문서의 구조를 정의하고, 텍스트, 이미지, 링크 등을 포함하여 웹페이지를 구성하는 데 사용된다.
- HTML로 작성된 웹페이지는 웹 브라우저가 해석하여 사용자들에게 시각적으로 표시된다.
- HTML을 XML(eXtensible Markup Language) 기반으로 재구성한 XHTML (eXtensible HTML)이 개발되어 엄격한 문법과 확장성을 요구하는 프로젝트에 사용되고 있다.
- HTML, CSS, JavaScript를 결합하여 사용자와 상호작용이 가능한 동적인 웹페이지를 만드는 기술을 일컬어 DHTML(Dynamic HTML)라 부른다.

➕ 더 알기 TIP

XML(eXtensible Markup Language) 특징

- W3C에 의해 표준화된 웹 표준 언어로, 데이터의 구조를 정의하고 저장 및 전송하는 데 사용되는 마크업 언어이다.
- HTML처럼 태그 형태로 되어 있고, 태그를 새롭게 정의하고 사용할 수 있다.
- 문법 측면에서 엄격하며, 유효성(Validity)과 정형성(Well-Formedness)을 준수한다.

1) 렌더링(Rendering)

- 웹 브라우저가 HTML, CSS, JavaScript 등의 코드를 해석하여 화면에 웹페이지를 시각적으로 표시하는 과정을 렌더링이라고 하며, 이 과정에서 DOM(Document Object Model)이 사용된다.
- DOM은 렌더링 과정에서 웹페이지를 구성하는 각 요소를 트리구조로 나타내며, CSS와 JavaScript를 통해 동적이거나 스타일링된 콘텐츠를 화면에 표시한다.

▶ 웹 브라우저 렌더링 과정

① HTML 파싱(HTML Parsing) : HTML 파일을 해석하여 DOM 트리 생성
② CSS 파싱(CSS Parsing) : CSS 파일을 해석하여 CSSOM 트리 생성
③ 렌더 트리(Render Tree) 생성 : DOM 트리와 CSSOM 트리를 결합하여 렌더 트리 생성
④ 레이아웃(Layout) 단계 : 렌더 트리의 각 요소의 위치와 크기를 계산하여 배치
⑤ 페인트(Paint) 단계 : 각 요소를 픽셀 단위로 화면에 그려냄

⑥ 컴포지팅(Compositing) 단계 : 각 레이어를 조합하여 최종적으로 화면에 표시
⑦ JavaScript 실행 : JavaScript를 해석하고 실행하여 동적인 기능을 추가
 – JavaScript는 〈script〉 태그를 만나는 시점에서 브라우저가 스크립트를 해석하고 실행. 이 경우 HTML 파싱이 일시 중지되었다가 스크립트 실행이 완료되면 다시 파싱을 이어감

2) HTML 작성 도구

- HTML 문서는 메모장과 같은 단순 텍스트 편집기나 전문 코드 편집기, 홈페이지 제작도구 등을 통해 작성한다. Microsoft Word와 같은 워드프로세서로도 작성이 가능하다.
- HTML을 이용하여 웹페이지를 제작하는 것은 물론, 웹페이지에 들어가는 그래픽 요소, 사운드, 영상 등을 콘텐츠로 제작하여 웹페이지에 표현하는 것을 웹페이지 저작(Authoring)이라고도 하며, 웹페이지 저작 프로그램을 웹에디터(Web Editor)라고 한다.

기적의 TIP

HTML 코드 편집기
VS Code, Atom, Brackets

일반 텍스트 편집기	단순하게 텍스트를 작성하고 편집하는 데 사용되며, 코드 강조, 코드 자동 완성, 디버깅 등의 기능은 제공하지 않음 • 메모장(Notepad) : Windows 기본 텍스트 편집기 • TextEdit : macOS 기본 텍스트 편집기 • Nano : 명령줄 기반의 간단한 텍스트 편집기
전문 코드 편집기 **(Code Editor)**	프로그래머와 개발자를 위해 설계된 도구로 코드 강조, 코드 자동 완성, 디버깅, 플러그인 등 다양한 기능 제공 • Visual Studio Code(VS Code) : Microsoft의 무료 코드 편집기 • Atom : GitHub에서 개발한 오픈소스 텍스트 편집기 • Brackets : Adobe의 오픈소스 편집기, 실시간 미리보기 기능 제공
홈페이지 제작 도구 **(Website Builder)**	• 웹사이트를 쉽게 제작할 수 있도록 설계된 도구로, 코딩 지식이 없어도 사용자가 시각적으로 웹페이지를 디자인하고 구축하도록 도움 • 대부분 WYSIWYG(위지윅) 방식으로 화면에 보이는 그대로 결과물이 만들어짐 – WYSIWYG : 'What You See Is What You Get'의 약어로 소스 코드 결과물을 직관적으로 미리 보여주는 기능 – Adobe Dreamweaver : 웹 개발에 특화된 도구 – Namo Editor : 위지윅(WYSIWYG) 기반의 웹에디터 – Webflow : 코딩 없이도 HTML, CSS를 시각적으로 디자인 – Wix : 코딩 지식 없이 웹사이트를 제작

3) HTML 문서의 구조와 규칙

- HTML 문서는 태그(Tag)라는 요소로 구성된다.
- 태그는 문서의 구조와 내용을 정의하는 데 사용되는 마크업 요소이다.
- HTML을 이용하여 제작한 웹페이지 문서의 확장명은 *.htm 또는 *.html이 된다.

▶ 종료 태그가 없는 태그

- 〈br〉, 〈img〉, 〈hr〉 태그는 종료 태그가 없다.
- 〈dt〉, 〈dd〉 태그는 종료 태그는 있으나 생략이 가능하다.

▶ 비표준 태그(웹 표준에서 제외 태그)

〈font〉, 〈center〉, 〈frameset〉, 〈frame〉, 〈tt〉, 〈blink〉, 〈strike〉, 〈applet〉 등

개념 체크

1 HTML 문서는 구조와 내용을 구성하기 위해 (   )을/를 사용한다.

2 〈img〉 태그는 종료 태그가 없다. (O, X)

3 〈br〉, 〈img〉, 〈hr〉 태그는 종료 태그가 없다. (O, X)

1 태그(Tag) 2 O 3 O

▶ HTML 기본 규칙

- 시작태그와 종료 태그 : 〈 〉와 〈/ 〉 (단, 반드시 모든 태그에 시작과 종료 태그가 있는 것은 아님)
- 태그의 속성 표기 : 〈태그명 속성1=... 속성2=...〉
- 태그 이름 : 대소문자 구별하지 않음

▶ HTML 문서 구조

〈HTML〉	
〈HEAD〉 〈TITLE〉문서의 제목〈/TITLE〉 〈/HEAD〉	머리 부분
〈BODY〉 문서의 내용 〈/BODY〉	몸체 부분
〈/HTML〉	

① 머리 부분 관련 태그

〈!DOCTYPE html〉	문서가 HTML5를 사용하고 있음을 선언
〈head〉...〈/head〉	문서의 메타데이터를 포함하며, 문서 설정 정보, 외부 파일 링크 등을 추가
〈title〉...〈/title〉	문서의 제목 정의, 브라우저의 제목표시줄 상단에 표시됨
〈meta 속성... 〉	• 문서의 메타데이터 정의 • 문서 작성자, 검색 키워드, 문서 파기 일자 등 브라우저 상에는 실제적으로 나타나지 않는 문서 정보를 나타낼 때 사용 • 태그 안에 함께 사용될 수 있는 속성에는 메타 정보의 이름을 나타내는 name, http 서버로의 요청 사항을 나타내는 http-equiv, 지정된 작업별로 필요한 내용을 기술하는 content 등
〈style 속성〉 ... 〈/style〉	• 내부 CSS 스타일시트를 정의 • 웹 표준에서는 CSS 스타일을 외부 파일로 분리하고 〈link〉 태그를 사용하여 HTML 문서와 연결 • '@import'를 사용하면 〈style〉〈/style〉 안에 다른 외부 스타일시트를 불러올 수 있음
〈link〉	다른 문서와의 관계를 나타내며, 외부 CSS 스타일시트를 삽입할 때도 사용
〈base〉	HTML 문서 내에서 사용하는 상대 경로가 실제로는 어떤 절대 경로를 토대로 지정되는지를 나타냄

▶ 〈meta〉 태그를 이용한 HTML 문서 정보 제공

〈meta http-equiv="keyword" content="웹디자인개발, 웹페이지, 웹디자인"〉 – 검색어(keyword)에 대한 값 부여
〈meta http-equiv="content-type" content="text/html; charset=euc-kr"〉 – 해당 문서가 한글 코드로 인코딩 되도록 함

▶ 〈style〉〈/style〉 안에 외부 CSS를 불러오는 방법

```
〈style〉
@import url('styles.css');
〈/style〉
```

▶ HTML 문서 인코딩(Encoding)

> HTML은 ASCII 형식의 텍스트로 저장된다. HTML 문서에 한글이 포함되어 있는 경우에는 KSC 완성형(EUC-KR 사용)으로 저장해야 하며 한글 폰트 없이도 한글을 볼 수 있게 하려면 UTF-8 인코딩을 사용한다.

② 몸체 부분 관련 태그

⟨body⟩...⟨/body⟩	• HTML 문서의 몸체 부분의 시작과 끝을 의미하는 태그 • 배경 이미지를 설정하는 background, 바탕화면 색을 정의하는 bgcolor, 본문 문자의 색상을 지정하는 text 속성이 있음 • 하이퍼링크 관련 속성으로는 하이퍼링크 된 문자의 색을 지정하는 link와 link된 부분을 마우스로 클릭할 때 나타나는 색을 지정하는 alink, 이미 방문한 곳에 대한 vlink 등이 사용됨
⟨div⟩...⟨/div⟩	• 'DIVision'을 의미하며, 문서 내의 다른 요소를 그룹화하거나 레이아웃을 구성하고 스타일을 적용하기 위해 사용 • HTML에서 컨테이너 역할을 하며, 레이어와 가시성을 설정 • ⟨div⟩ 태그처럼 스타일을 담는 태그로 ⟨span⟩ 태그가 있음 • ⟨span⟩은 줄을 바꾸지 않고 글자색이나 배경색 등을 변경
⟨nav⟩...⟨/nav⟩	• 내비게이션 영역을 정의. ⟨ul⟩, ⟨li⟩와 함께 사용하여 메뉴를 구성 • 내비게이션 바, 측면 메뉴, 페이지 내의 링크 집합을 감싸는 요소
⟨main⟩...⟨/main⟩	한 페이지에서 가장 중요한 콘텐츠를 감싸는 요소
⟨section⟩...⟨/section⟩	문서의 섹션을 정의
⟨article⟩...⟨/article⟩	뉴스 기사, 포럼 게시물, 사용자 댓글 등 독립적인 콘텐츠를 정의
⟨aside⟩...⟨/aside⟩	주요 콘텐츠와는 별도로 관련된 정보나 부가적인 내용을 정의
⟨footer⟩...⟨/footer⟩	• 문서나 섹션의 하단에 위치하는 내용을 정의 • 저작권 정보, 저자 정보, 관련 링크, 연락처 정보, 소셜미디어 링크 등 문서의 바닥에 포함되는 정보를 담음
⟨!-- ... --⟩	주석문에 사용

③ 목록 관련 태그

⟨ul⟩...⟨/ul⟩	• 'Unordered List'로 순서가 없는 목록을 정의 • 숫자가 아닌 특수기호를 사용하여 목록을 작성
⟨ol⟩...⟨/ol⟩	• 'Ordered List'로 순서가 있는 목록을 정의 • start 속성에 의해 시작 번호를 변경할 수 있음
⟨li 속성⟩	• ⟨ol⟩, ⟨ul⟩ 태그 내에 사용되며 목록의 각 항목을 정의 • disc(원반), square(정사각형), circle(원) 등의 속성 사용
⟨dl⟩...⟨/dl⟩	'Definition List'를 의미하며, 용어에 대한 설명 목록을 정의
⟨dt⟩ ...⟨/dt⟩	• 'Data Title'을 의미하며, 설명 목록의 항목 이름을 정의 • 종료 태그는 생략 가능
⟨dd⟩...⟨/dd⟩	• 'Data Description'을 의미하며, 설명 목록의 항목 설명을 정의 • 종료 태그는 생략 가능

🅑 기적의 TIP

⟨nav⟩ 태그는 내비게이션 영역을 정의한다. ⟨nav⟩ 태그 내에 ⟨ul⟩ 태그를 사용하고, 그 안에 각각의 내비게이션 링크를 ⟨li⟩ 태그로 감싸서 내비게이션 메뉴를 구성한다.

✔ 개념 체크

1 ( ) 태그는 HTML에서 컨테이너 역할을 하는 요소로, 레이아웃을 구성하고 스타일을 적용하기 위해 사용된다.

2 ⟨footer⟩ 태그는 작권 정보, 연락처 정보 등 문서의 바닥에 포함되는 정보를 담는다. (O, X)

1 ⟨div⟩ 2 O

④ 문단 및 줄바꿈 태그

〈p〉...〈/p〉	'Paragraph'를 의미하며, 문단을 바꾸기 위해 사용
〈hr 속성〉	• 내용을 구분하기 위하여 내용 사이에 선을 그어 표시할 때 사용 • 선의 굵기를 나타내는 size(범위 : 1~7까지), 선의 폭을 지정하는 width, 선을 정렬하는 align 등의 속성 사용 • 속성 noshade를 선택하면 그림자 없는 평면 직선이 생성
〈pre〉...〈/pre〉	• 사용자가 작성한 내용을 그대로(PRE-described) 나타낼 때 사용 • 특수문자까지 그대로 나타내려면 〈XMP〉...〈/XMP〉 태그를 사용
〈blockquote〉...〈/blockquote〉	긴 인용문을 나타낼 때 사용
〈br〉	'Break'의 약자로 줄을 바꿀 때에 사용

⑤ 링크 관련 태그

기적의 TIP

〈a〉 앵커 태그를 사용할 때 href 속성 값에 #을 붙이면 해당 링크는 같은 페이지 내에서 특정 위치로 이동한다.

〈a 속성〉...〈/a〉	• 'Anchor(앵커)'라는 의미로, 하이퍼링크를 생성하는 데 사용 • 대표적인 속성으로 href(HyperText Reference)와 name이 있음 　– href는 링크하고자 하는 문서명이나 URL을 명시하는데 사용 　– 같은 페이지 내에서 특정 위치로 이동하게 하려면 href 값에 #을 붙여서 사용 　　(길어진 문서에서 문서 상단으로 이동) • target 속성은 링크 부분을 방문하여 나타나는 내용이 기존의 웹 브라우저 창(윈도우)과 어떤 관계가 있는지를 지정 • name은 위치를 나타내는 속성이었으나 웹 표준에서는 제외됨

▶ 〈a〉 태그 target 속성 값

- _self : 현재의 문서가 있는 창을 링크
- _parent : 현재의 문서의 상위 창을 링크
- _blank : 이름 없이 새로운 창을 링크
- _top : 현재의 창 전체를 링크
- 특정한 창 이름 : 프레임에서 이미 정의되어 있는 창을 링크

▶ 다른 곳에서 해당 구역으로 이동

```
〈!-- Section 1 을 클릭하면 id="section1"로 이동 --〉
〈h2 id="section1"〉Section 1〈/h2〉
〈p〉This is Section1.〈/p〉

...
〈a href="#section1"〉 Section1 〈/a〉
```

⑥ 문자 형식 및 강조 태그

▶ 문자 형식 태그

〈em〉...〈/em〉	'Emphasis', 이탤릭체로 표현하여 강조
〈strong〉...〈/strong〉	태그 사이의 문자를 굵게 표현
〈s〉...〈/s〉	취소선(Strikethrough) 표시
〈del〉...〈/del〉	〈s〉 태그와 비슷한 역할. HTML5에서 〈s〉 태그보다 권장됨
〈code〉...〈/code〉	프로그램 소스 코드를 나타낼 때 사용
〈kbd〉...〈/kbd〉	'Keyboard Input'. 키보드의 입력 표현을 표현
〈cite〉...〈/cite〉	'Citation'. 태그 사이의 문자를 인용문으로 표현
〈var〉...〈/var〉	'Variable'. 변수 이름을 나타낼 때 사용

⟨abbr⟩...⟨/abbr⟩	'Abbreviation'. 약어 표현에 사용
⟨address⟩...⟨/address⟩	연락처 정보를 정의
	한 칸의 공백(non-breaking space)을 추가

▶ 문자 강조 태그

⟨i⟩...⟨/i⟩	'Italic'. 태그 사이의 문자를 이탤릭체 처리
⟨b⟩...⟨/b⟩	'Bold'. 태그 사이의 문자를 굵은 글씨체로 처리
⟨u⟩...⟨/u⟩	태그 사이의 문자에 밑줄(Underline)
⟨small⟩...⟨/small⟩	태그 사이의 문자를 작게 보여줌
⟨sub⟩...⟨/sub⟩	'Subscript'. 태그 사이의 문자를 아래첨자로 보여줌
⟨sup⟩...⟨/sup⟩	'Superscript'. 태그 사이의 문자를 위첨자로 보여줌

⑦ 이미지, 이미지맵 태그

⟨img 속성⟩	• 'image'의 의미 • ⟨img⟩ 태그는 src라는 속성을 사용해서 파일경로를 지정하여 이미지를 삽입 • 그 밖의 속성으로는 이미지에 대한 설명을 삽입하는 alt와 alt보다 더 긴 설명을 넣을 때 사용하는 longdesc, 이미지의 크기를 지정하는 width, height, 이미지에 테두리선을 넣는 border, 이미지의 여백을 두기 위한 hspace(좌우 여백)와 vspace(상하 여백), 이미지맵일 경우 사용하는 ismap, usemap 등
⟨map⟩ ⟨area⟩ ... ⟨/map⟩	• 이미지맵을 쓸 경우 사용하는 태그 • ⟨area⟩는 이미지맵 안에서 영역을 나눌 경우 영역마다 들어가는 태그 • ⟨area⟩는 시작태그만 사용, 종료태그가 없음 • ⟨area⟩ 태그에 들어가는 속성으로는 이미지 영역을 분할하는 모양과 관련된 shape, 분할 영역의 위치를 좌표 값으로 지정하는 coords, 해당 영역에 링크를 걸기 위한 href 등 • 이미지맵 모양과 관련된 shape 속성에 들어가는 값으로는 circle(원), poly(다각형), rect(사각형)이 사용됨

기적의 TIP

이미지맵
그림이나 사진의 특정한 부분을 마우스로 클릭하면 반응을 보이도록 만든 것이다.

⑧ 비디오, 음악, 동영상 관련 태그

⟨audio⟩...⟨/audio⟩	오디오 파일을 삽입하기 위해 사용되는 태그
⟨video⟩...⟨/video⟩	비디오 파일을 삽입하기 위해 사용되는 태그
⟨object⟩...⟨/object⟩	외부 객체(이미지, 비디오, 플러그인)를 HTML 문서에 포함하기 위해 사용되는 태그
⟨source⟩	• 미디어 요소(Audio, Video)의 소스 파일을 정의하는 태그 • ⟨video⟩, ⟨audio⟩, ⟨picture⟩ 태그 내에서 사용 • 종료태그가 없음
⟨track⟩	• 비디오 및 오디오에 자막 파일을 추가하는 태그 • 종료태그가 없음
⟨embed⟩	• 외부 콘텐츠를 포함시키는 태그 • 종료태그가 없음

기적의 TIP

플러그인(Plug-In)
웹 브라우저가 직접 처리하지 못하는 데이터를 처리함으로써 웹 브라우저의 기능을 확장시키는 프로그램이다.

▶ ⟨embed⟩ 태그를 이용하여 음악을 링크할 경우

```
⟨embed src="example.mp3" width="300" height="50" type="audio/mpeg"⟩
```
– example.mp3 파일을 윈도우 미디어 플레이어에서 재생
– 플레이어의 크기는 너비 300, 높이 50 픽셀의 크기

✓ 개념 체크

1 HTML 문서에 이미지를 삽입하려면 ( ) 태그를 사용한다.

2 ⟨map⟩ 태그는 이미지, 비디오 등 외부 객체를 포함시키는 태그이다. (O, X)

1 ⟨img⟩   2 X

⑨ 표 제작 관련 태그

〈table 속성〉 …〈/table〉	• 표의 시작과 끝을 의미하는 태그 • 속성으로는 표의 폭을 지정하는 width, 표의 테두리를 지정하는 border, 표의 배경색을 지정하는 bgcolor 등 • 셀 관련 속성으로는 셀 사이의 경계선 두께는 지정하는 cellspacing, 셀과 셀 안의 문자들과의 여백을 지정하는 cellpadding 등
〈tr 속성〉…〈/tr〉	• 'table row' • 〈table〉 태그 안에 사용되며, 표에서 행을 만듦(가로 분할) • 태그 안에 사용될 수 있는 속성으로는 수평 정렬을 위한 align과 수직 정렬을 위한 valign 등
〈td 속성〉…〈/td〉	• 'table data' • 〈table〉태그 안에 사용되며, 표에서 열을 만듦(세로 분할) • 속성은 정렬을 위한 align과 valign, 셀 병합을 위한 colspan, rowspan 등
〈th 속성〉…〈/th〉	• 'table header' • 〈td〉와 동일하나, 제목과 관련된 내용일 경우 사용 • 〈td〉보다 약간 굵은 글씨체로 나오게 됨

⑩ 문서 양식 제작 태그

〈form 속성〉 … 〈/form〉	• 입력 양식을 지정하기 위한 태그로, 양식의 시작과 끝을 알림 • 속성으로는 폼을 받아서 처리할 프로그램의 URL을 위한 action, 폼을 전송하는 방식을 나타내는 method 등 • 속성 action은 CGI 프로그램이 위치한 URL을 지정 • 속성 method에는 GET과 POST가 있음 • 〈form〉 태그를 이용하면 클라이언트 측에서 입력 양식에 입력한 값을 서버 측으로 전송. CGI는 이 데이터를 받아 처리하고, 결과를 웹 서버로 반환. 웹 서버가 클라이언트에게 응답을 전달 • CGI(Common Gateway Interface)란 웹 브라우저와 웹 서버, 응용프로그램 간의 일종의 인터페이스
〈input〉	• 〈form〉 태그 안에서 사용되는 태그이며 type 속성이 사용됨 • type 속성의 값 - text : 한 줄 입력 - password : 암호 입력 - checkbox : 체크박스 입력 - radio : 라디오 버튼 입력 - button : 버튼 추가 - submit : 전송 버튼 생성 - reset : 리셋 버튼 생성 - file : 파일 입력 - hidden : 브라우저 상에는 안보이는 항목값 전달 • 속성 checked는 기본 선택이 되도록 함
〈select〉…〈/select〉	• 선택박스를 만듦. 각각의 메뉴는 option 태그로 추가 • size 속성으로 한번에 보여지는 메뉴의 개수를 지정
〈option〉	• select를 사용할 때 선택할 메뉴를 넣기 위해 사용 • 속성 value는 해당 항목이 선택될 때 전달될 값을 지정 • 속성 selected는 해당 항목이 기본 선택된 것으로 간주
〈textarea〉…〈/textarea〉	2줄 이상의 text를 넣을 수 있는 입력 상자를 만듦

▶ 폼(Form) 태그 입력 시 발생하는 이벤트

- focus : 입력 필드가 포커스를 받을 때 발생. 사용자가 텍스트 필드를 클릭하여 입력을 시작할 때 트리거됨
- input : 사용자가 입력 필드에 값을 입력할 때마다 실시간으로 이벤트가 발생
- keydown : 사용자가 키보드를 눌렀을 때 발생. 특정 키를 눌렀을 때의 동작을 감지
- keyup : 키보드를 누른 후 키를 뗄 때 발생. 눌린 키가 해제되었을 때의 동작을 감지
- change : 입력 필드의 값이 변경되고 나서 포커스가 벗어날 때 발생. 일반적으로 드롭다운 메뉴나 체크박스 와 같은 요소에서 사용됨

▶ 플레이스홀더(Placeholder)

① 웹 폼에서 입력 필드 안에 제공되는 예시 텍스트. 예를 들어 이메일 입력 필드에 예시 이메일을 제공하면 사 용자는 그 형식에 맞게 이메일 주소를 입력할 수 있음
  예 〈input type="email" placeholder="example@example.com"〉
② 그래픽이나 인쇄, 출판 등에서 디자인과 레이아웃을 미리 확인하고 조정하기 위해 임시로 채워놓는 자리표시 자 텍스트
  예 텍스트가 들어갈 자리에 채우는 라틴어 'Lorem Ipsum'

⑪ 프레임 관련 태그

| 〈iframe〉...〈/iframe〉 | Inline Frame의 약자로서 HTML 문서 내에서 다른 HTML 문서나 외부 콘텐츠를 포함시킬 때 사용 |
| 〈frameset〉, 〈frame〉 〈noframes〉 | • 프레임 기반 레이아웃을 정의
• 웹 표준에서 제외됨 |

02 CSS

1) CSS의 개념

- CSS(Cascading Style Sheets)는 HTML 문서의 레이아웃, 색상, 폰트 등 스타일을 정의하는 데 사용되는 스타일시트 언어로, W3C에서 제시하고 관리하는 웹 표준이다.
- HTML 문서의 콘텐츠와 시각적인 표현을 분리하여 웹페이지의 스타일을 일관되게 적용할 수 있도록 한다.

🅱 기적의 TIP

CSS는 W3C에서 제시한 웹 표준으로, 웹페이지의 레이아웃과 스타일을 정의하는 스타일시트 언어이다.

▶ 스타일시트 정의 방법

| HTML 내부 | • HTM 문서 내부에 스타일시트 정의
• 〈style〉〈/style〉 태그를 사용 |
| 외부 문서 | • 웹 표준에서는 CSS 스타일을 외부 파일로 분리
• '*.css' 파일로 별도로 저장하고 〈link〉 태그를 사용하여 HTML 문서와 연결
• '@import'을 사용하면 〈style〉〈/style〉 안에 다른 외부 스타일시트를 불러올 수 있음 |

2) CSS의 장점

일관성	여러 페이지에서 일관된 스타일을 적용
유지보수성	스타일을 HTML 문서와 분리하여, 스타일시트만 수정하면 웹사이트 전체의 스타일을 쉽게 변경할 수 있음
효율성	CSS는 코드의 재사용성을 높여 개발 시간과 노력이 감소됨
반응형 디자인	미디어 쿼리를 사용하여 다양한 디바이스에 최적화된 웹사이트 개발

✅ 개념 체크

1 (   )은/는 HTML 문서의 색상, 폰트, 레이아웃 스타일을 정의하는 언어이다.

1 CSS

3) CSS 특징

셀렉터(Selectors) 방식	특정 HTML 요소를 선택하여 스타일을 적용하는 방법
박스 모델(Box Model)	요소의 크기와 여백, 테두리 등을 정의하는 모델
디스플레이(Display)	요소가 페이지에 배치되는 방식 정의
미디어 쿼리(Media Queries)	디바이스와 화면 크기에 따라 다른 스타일을 적용하는 규칙
상속(Inheritance)	특정 속성이 부모 요소에서 자식 요소로 상속
우선순위	CSS는 특정 우선순위 규칙을 따름

4) CSS 구조와 기본 규칙

- 기본 구조는 선택자(selector), 속성(property) 및 값(value)으로 구성된다.
- 선언은 선언마다 세미콜론(;)으로 끝나며 여러 개의 선언을 연이어 작성할 수 있다. 단, 마지막에 끝나는 선언인 경우 세미콜론(;)은 생략이 가능하다.
- 주석은 '/*'로 시작하고 '*/'로 끝난다.

선택자 {
　　속성: 값;
}
	p {
	　　color: red;
	}

▶ CSS 기본 규칙

선택자(Selector)	HTML 요소를 선택하여 스타일을 적용하는 규칙 예 p { color: red; }
클래스 선택자(Class Selector)	클래스 선택자는 점(.)으로 시작하며, HTML 요소의 class 속성에 지정된 값을 기준으로 스타일을 적용 예 〈p class="unique"〉 → .unique { color: red; }
ID 선택자(ID Selector)	ID 선택자는 해시 기호(#)로 시작, HTML 요소의 id 속성에 지정된 값을 기준으로 스타일을 적용 예 〈p id="unique"〉 → #unique { color: red; }
그룹화된 선택자	여러 선택자를 쉼표로 구분하여 그룹화하면 동일한 스타일을 여러 요소에 적용 가능
속성 및 값	• 각 선언은 속성(Property)과 값(Value)으로 구성 • 요소에 특정 스타일을 정의하고 속성 값을 적용 예 color: red;, font-size: 16px;
단위	길이, 크기 등을 지정하는 단위 예 px, em, %
우선순위	• 스타일이 적용되는 우선순위 규칙 • id 〉 class 〉 element : ID 선택자가 클래스 선택자보다 우선, 클래스 선택자가 요소 선택자보다 우선
상속(Inheritance)	부모 요소의 스타일이 자식 요소에 상속 예 body { font-family: Arial; } → body 요소의 자식 요소들은 별도의 font-family가 지정되지 않는 한 이 설정을 상속
박스 모델(Box Model)	• 웹페이지에서 HTML 요소는 박스로 간주됨 • HTML 요소의 크기, 여백, 테두리, 배치 등을 정의하는 규칙
플로팅(Float)	요소를 왼쪽 또는 오른쪽으로 이동시키는 규칙 예 float: left;, float: right;
디스플레이(Display)	• 요소가 페이지에 배치되는 방식을 정의하는 규칙 • block, inline, flex, grid

개념 체크

1 ID 선택자는 해시 기호(#)로 시작한다. (O, X)

1 O

가상 클래스(Pseudo-classes)	• 가상 클래스란 요소가 특정 상호작용이나 조건을 충족할 때 스타일을 적용하여 시각적 피드백을 주게 하는 CSS 선택자 • :hover : 요소에 마우스 커서를 올렸을 때 스타일을 적용 • :focus : 요소가 포커스를 받을 때 스타일 적용 • :nth-child(n) : 부모 요소의 자식 요소 중 특정 순서에 있는 요소에 스타일 적용
가상 요소(Pseudo-elements)	• 요소의 특정 부분에 스타일을 적용하는 규칙 • ::before : 선택한 요소의 콘텐츠 앞에 내용 삽입 • ::after : 선택한 요소의 콘텐츠 뒤에 내용 삽입 • ::first-line : 선택한 요소의 첫 번째 줄에만 스타일을 적용

▶ CSS 주요 속성 및 값

color	글자 색상을 설정 예 color: red; → 텍스트의 색상을 빨간색으로 설정
background-color	요소의 배경 색상을 설정 예 background-color: #0000FF; → 배경색을 파랑(#0000FF)으로 설정
font-size	글자 크기를 설정 예 font-size: 16px; → 텍스트의 크기를 16픽셀로 설정
font-family	글꼴을 설정 예 font-family: Arial, sans-serif; → Arial, sans-serif 글꼴을 사용
margin	요소의 바깥 여백을 설정 예 margin: 20px; → 요소의 외부 여백을 20픽셀로 설정
padding	요소의 안쪽 여백을 설정 예 padding: 10px; → 요소의 내부 여백을 10픽셀로 설정
border	요소의 테두리를 설정 예 border: 1px solid #ddd; → 1픽셀, 실선, 밝은 회색 테두리로 설정
display	요소의 박스 모델 및 레이아웃 방식을 설정 • block : 요소를 페이지 너비 전체를 차지하고, 새로운 줄에서 시작하는 블록 레벨 요소로 설정 • inline : 요소를 콘텐츠의 너비만큼 차지하고, 새로운 줄에서 시작하지 않는 인라인 레벨 요소로 설정 • grid : 그리드 레이아웃 컨테이너로 설정 • flex : 1차원 레이아웃 컨테이너로 설정 • none : 요소를 표시하지 않음 예 display: block; → 요소를 블록 레벨 요소로 설정
position	요소의 위치를 설정 • absolute : 절대 위치 • relative : 원래 위치를 기준으로 상대적으로 이동 • fixed : 뷰포트(viewport)를 기준으로 절대 위치 예 position: absolute; → 요소를 절대 위치로 설정
top/left/right/bottom	요소의 위쪽/왼쪽/오른쪽/아래쪽 위치를 설정 예 top: 10px; → 요소를 상단에서 10픽셀 떨어진 위치에 설정
float	요소를 왼쪽 또는 오른쪽으로 띄우는 플로팅 설정 예 float: left; → 요소를 왼쪽으로 띄움
clear	float 속성을 가진, 떠다니는(floating) 요소 주변의 요소들을 제어 예 clear: both; → 떠다니는 요소 주위의 모든 요소를 제거
overflow	넘치는 콘텐츠를 어떻게 처리할지 설정 예 overflow: auto; → 넘치는 콘텐츠를 자동으로 처리

✓ 개념 체크

1 CSS의 가상 클래스 중 (   )은/는 요소에 마우스 커서를 올렸을 때 스타일을 적용한다.

1 :hover

z-index	• 요소의 쌓임 순서를 설정. 높은 값일수록 다른 요소 위로 쌓임 • 주로 position 속성과 함께 사용 ⑩ z-index: 10; → 요소의 쌓임 순서를 10으로 설정
opacity	요소의 투명도를 설정 • 0(투명), 0.1(반투명), 1(불투명) ⑩ opacity: 0.5; → 요소의 투명도를 50%로 설정
visibility	요소의 가시성을 설정 ⑩ visibility: hidden; → 요소를 숨김
text-align	텍스트의 정렬 방식을 설정 ⑩ text-align: center; → 텍스트를 가운데로 정렬
vertical-align	수직 정렬 방식을 설정 ⑩ vertical-align: middle; → 요소를 수직으로 가운데 정렬
line-height	텍스트의 줄 간격을 설정 ⑩ line-height: 1.5; → 텍스트의 줄 간격을 1.5로 설정
letter-spacing	문자 간격을 설정 ⑩ letter-spacing: 2px; → 문자 간격을 2픽셀로 설정

▶ 웹페이지 기본 body 스타일 설정 예시

```
body {
    margin: 0; /* 기본 여백 설정 */
    font-family: Arial, sans-serif; /* 기본 글꼴 설정 */
    font-size: 16px; /* 기본 글자 크기 설정 */
    color: #333; /* 기본 글자 색상 설정 */
    background-color: #f4f4f4; /* 기본 배경 색상 설정 */
    line-height: 1.5; /* 기본 줄 간격 설정 */
}
```

▶ CSS 박스 모델

• 요소들이 HTML 문서의 페이지 내에서 공간을 차지하는 방식을 정의하는 레이아웃 규칙
• HTML 문서 내의 모든 요소는 직사각형 상자로 표시되며, 이 상자는 내용(content), 패딩(padding), 테두리(border), 여백(margin)으로 구성되고 공간을 차지함
• 패딩(padding)과 내용(content) 영역은 배경(background)에 해당
• 테두리(border) 바깥쪽의 여백은 다른 요소와의 간격을 조정하는 역할

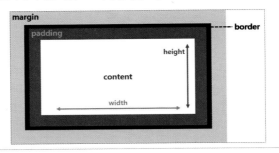

5) at-규칙(@-규칙)

• CSS에서 @로 시작하는 예약어들을 at-규칙(At-Rule, 앳 규칙)이라고 한다.
• 미디어 쿼리(Media Queries)를 포함하여 다양한 At-규칙들이 존재하며, 이들은 특정 조건 또는 환경에 따라 스타일을 적용하거나, CSS의 동작 방식을 제어할 수 있다.

@media	• 미디어 쿼리라고 하며, 특정 미디어 조건에 따라 스타일을 적용 • 웹페이지가 디바이스와 화면 크기 등에 맞춰지는 반응형 디자인 구현 예 @media (max-width: 600px) {...} → 화면 너비가 600픽셀 이하일 때 스타일 적용
@import	외부 스타일시트를 현재 스타일시트에 가져옴 예 @import url('style.css'); → 외부 스타일시트 'style.css'를 가져옴
@charset	스타일시트의 문자 인코딩을 지정 예 @charset "UTF-8"; → 문자 인코딩을 UTF-8로 지정
@font-face	사용자 정의 글꼴을 정의하고 사용할 수 있게 함 예 @font-face { font-family: 'MyHelvetica'; src: url('MyHelvetica.ttf'); } → 사용자 정의 글꼴과 글꼴 경로 지정

@viewport	뷰포트의 특성 설정(비표준)
	예 @viewport { zoom: 1.0; width: device-width; }
	    → 뷰포트의 확대/축소 비율을 1.0으로 설정(기본 비율 유지)하고, 뷰포트의 너비를 장치
	      의 실제 너비에 맞춤

▶ @viewport와 HTML 〈meta〉 태그의 viewport

- @viewport는 비표준이어서 웹브라우저에서 일관되게 지원되지 않을 수 있음
- 따라서, at 규칙 대신 HTML의 meta 태그를 사용하여 뷰포트를 설정할 수 있음
  예 〈meta name="viewport" content="width=device-width, initial-scale=1.0"〉

6) CSS 활용 기능 요소 구현

- CSS는 웹페이지의 스타일을 정의할 뿐만 아니라, 다양한 장치와 사용자 상호작용에 맞춰 유연하게 조정할 수 있는 도구로 활용된다.
- 디바이스, 화면 크기 등 특정 조건에 따라 다른 스타일을 적용할 수 있게 해주는 미디어 쿼리를 사용하면 반응형 디자인을 구현할 수 있다.
- 웹페이지에서 자주 사용되는 인터페이스 요소인 내비게이션 메뉴와 드롭다운 메뉴 등을 구현할 수 있다.

▶ 미디어 쿼리를 사용한 반응형 디자인 예시

```
/* 화면 너비가 600px 이하인 장치에서의 스타일 정의 */
@media (max-width: 600px) {
    /* 드롭다운 메뉴의 최소 너비를 100%로 설정 */
    .dropdown-content {
        min-width: 100%;
    }
}
```

```
/* 화면 너비가 600px 이하인 장치에서의 스타일 정의 */
@media screen and (max-width: 600px) {
    /* 작은 화면에서 내비게이션 목록 항목이 세로로 나열*/
    nav ul li {
        display: block; /* 목록 항목을 블록 요소로 표시 */
        margin-right: 0; /* 오른쪽 여백을 0으로 설정 */
    }
}
```

▶ 웹페이지 여백 및 뷰포트 설정

HTML + CSS(내부 스타일시트)

```html
<!DOCTYPE html>
<html>
<head>
    <meta charset="UTF-8">
    <meta name="viewport" content="width=device-width, initial-scale=1.0">
    <!-- 뷰포트 : 장치 너비를 기준으로 웹페이지 너비 조정, 확대 비율은 원본 크기로 설정 -->
    <title>Viewport and Margin</title>
    <style>
        body {
        /* 웹사이트 여백을 200px를 띄움 */
            margin: 200px;
        }
        .content {
            background-color: #f0f0f0;
        }
    </style>
</head>
<body>
    <div class="content">
        <p>This is the content area.</p>
    </div>
</body>
</html>
```

▶ 내비게이션 메뉴 구현

HTML	CSS

<pre><!-- 내비게이션 메뉴 -->
<nav>
  <!-- 내비게이션 목록 및 항목 -->
  <ul>
    <li><a href="#home">Home</a></li>
    <li><a href="#about">About</a></li>
    <li><a href="#services">Services</a></li>
    <li><a href="#contact">Contact</a></li>
  </ul>
</nav></pre>
	<pre>/* 내비게이션 바 배경색 설정 */
	nav {
	  background-color: #333;
	}
	/* 내비게이션 목록 스타일 */
	nav ul {
	  list-style-type: none;
	  padding: 0;
	}
	/* 내비게이션 항목 스타일 */
	nav ul li {
	  display: inline;
	  margin-right: 20px;
	}
	/* 내비게이션 링크 스타일 */
	nav ul li a {
	  color: white;
	  text-decoration: none;
	}
	/* 링크에 마우스를 올릴 때 스타일 */
	nav ul li a:hover {
	  background-color: #111;
	}</pre>

▶ 드롭다운 메뉴 구현

HTML	CSS
| ```html
<nav>
 <ul>
  <li><a href="#home">Home</a></li>
  <!-- 드롭다운 메뉴 -->
  <li class="dropdown">
   <!-- 드롭다운 버튼 -->
   <a href="#services" class="dropbtn">Services</a>
   <div class="dropdown-content">
    <a href="#webdesign">Web Design</a>
    <a href="#seo">SEO</a>
    <a href="#marketing">Marketing</a>
   </div>
  </li>
  <li><a href="#contact">Contact</a></li>
 </ul>
</nav>
``` | ```css
/* 드롭다운 컨테이너 스타일 */
.dropdown {
  position: relative;
  display: inline-block;
}
/* 드롭다운 버튼 스타일 */
.dropdown-content {
  display: none;
  position: absolute;
  background-color: #f9f9f9;
  min-width: 160px;
}
/* 드롭다운 버튼 링크 스타일 */
.dropdown-content a {
  color: black;
  padding: 12px 16px;
  text-decoration: none;
  display: block;
}
/* 링크에 마우스를 올릴 때 스타일 */
.dropdown-content a:hover {
   background-color: #f1f1f1;
}
/* 메뉴에 마우스 올리면 버튼 표시 */
.dropdown:hover .dropdown-content {
  display: block;
}
``` |

▶ 그리드 레이아웃 구현

HTML	CSS
| ```html
<div class="container">
 <!-- 그리드 컨테이너 -->
 <div class="item">Item 1</div>
 <div class="item">Item 2</div>
 <div class="item">Item 3</div>
 <div class="item">Item 4</div>
 <div class="item">Item 5</div>
 <div class="item">Item 6</div>
</div>
``` | ```css
.container {
  display: grid;
  grid-template-columns: repeat(3, 1fr);
  /* 3개의 열로 구성된 그리드 정의 */
  gap: 10px;
  /* 그리드 셀 사이의 간격 설정 */
}

.item {
  background-color: #f4f4f4;
  /* 배경색 설정 */
  padding: 20px;
  /* 안쪽 여백 설정 */
  text-align: center;
  /* 텍스트 가운데 정렬 */
  border: 1px solid #ddd;
  /* 테두리 설정 */
}
``` |

03 자바스크립트(JavaScript)

- 1996년 미국 넷스케이프 커뮤니케이션스 사와 썬 마이크로시스템즈가 공동으로 개발한 것으로 인터렉티브 웹페이지 제작을 위해 사용되는 객체 지향적인 스크립트 언어(Script Language)이다.
- 컴파일 과정을 거치지 않고 인터프리터가 소스 코드를 직접 해석하고 실행한다.
- 소스 코드가 HTML 문서 중에 포함되어 클라이언트 측(브라우저)에서 해석되고 실행된다(컴파일 과정이 없다).
- HTML과 자바스크립트를 함께 사용하면 웹페이지의 동작을 제어하고, 사용자와 상호작용할 수 있는 기능을 추가할 수 있다.

기적의 TIP

자바스크립트는 소스 코드가 컴파일 과정 없이 HTML 문서에 포함되어 클라이언트 측(브라우저)에서 즉시 해석되고 실행된다. 자바스크립트를 사용하기 위한 〈script〉 태그는 HTML 문서의 〈head〉나 〈body〉 태그 내에 포함될 수 있다.

1) 자바스크립트의 특징

실행방식	웹 브라우저에 의해 코드 자체가 번역
객체지향 개념	객체지향 기반, 그러나 클래스나 상속성은 없음
존재 형태	HTML 문서에 삽입된 형태
변수 선언	변수 타입 선언 없이 사용 가능
객체 참조	동적 바인딩(실행 시 검사)
보안	사용자 파일시스템에 영역에 접근 못함

2) 자바스크립트 기본 규칙

변수 선언	• 자바스크립트에서는 변수를 사용할 때 미리 선언하지 않아도 됨 • 변수를 미리 선언하여 사용하고 싶으면 var, let, const 키워드를 사용하여 변수를 선언 📌 var total = 20;
변수명 규칙	• 클라이언트 쪽에서만 직접 수행되기 때문에 사용자가 자바스크립트에 입력한 문자는 영어 알파벳 문자이거나 밑줄(_)로 시작해야 함 • 자바스크립트에서 특별한 의미로 사용하는 단어들은 변수 이름으로 사용될 수 없음 📌 function, return, var, if, new, for, while, case, this 등
데이터 타입	숫자, 문자열, 불린, 객체, 배열 등 다양한 데이터 타입 제공
함수 정의	function 키워드를 사용하여 함수를 정의
조건문	if, else if, else를 사용하여 조건문 작성
반복문	for, while, do...while을 사용하여 반복문 작성
객체	{ }를 사용하여 객체 정의
배열	[ ]를 사용하여 배열 정의
연산자	산술, 비교, 논리, 대입 등의 다양한 연산자 제공
주석(설명문)	//(한 줄 주석), /* */(여러 줄 주석)
이벤트(Event)	• 이벤트는 웹페이지에서 사용자 동작(클릭, 입력, 마우스 이동 등)이나 시스템에서 발생하는 특정 상황을 의미 • 이벤트 리스너(Event Listener)는 특정 이벤트가 발생할 때까지 기다리며(리슨) 이벤트가 발생하면 해당 이벤트를 처리하는 핸들러를 호출 • 이벤트 핸들러는 이벤트가 발생했을 때 실행되는 코드로, 이벤트 리스너가 이벤트를 감지하면, 미리 정의된 이벤트 핸들러가 호출되어 이벤트에 대응하는 특정 작업을 수행

개념 체크

1 자바스크립트 코드를 별도의 파일로 분리하여 작성할 경우, HTML 문서에서 ( ) 태그를 사용하여 외부 자바스크립트 파일을 참조한다.

2 자바스크립트 변수명은 숫자 및 특수 문자로 시작할 수 있다. (O, X)

1 〈script〉 2 X

3) HTML 문서에 자바스크립트 소스 코드 포함하기

① 자바스크립트를 지원하지 않는 경우

HTML 주석문(〈!--, --〉)을 사용하여, 자바스크립트를 지원하지 않는 웹 브라우저가 웹페이지를 읽었을 때 자바스크립트 코드가 그대로 화면에 표현되어 오류가 나타나게 되는 것을 예방한다.

```
〈script language="javascript"〉
     〈!--
     ...자바스크립트 프로그램 소스 코드...
     --〉
〈/script〉
```

② HTML 내에 자바스크립트 코드 포함

〈script〉 태그 안에 자바스크립트 소스 코드를 그대로 기술한다.

```
〈script language="javascript"〉
     ...자바스크립트 프로그램 소스 코드...
〈/script〉
```

③ 자바스크립트 소스 코드를 별도 파일로 분리

- 자바스크립트 코드 파일을 별도 파일로 분리하여 작성할 경우, HTML 내에서 〈script〉 태그를 활용하여 참조한다.
- 자바스크립트 코드를 별도의 파일로 작성하여 관리할 경우 코드의 재사용성과 유지보수성이 높아진다.

```
〈script src="script.js"〉 〈/script〉
```

4) 변수명과 변수 선언

- 영문 대소문자, 숫자, 밑줄(_)을 사용할 수 있으며, 첫 글자는 반드시 영문자나 밑줄로 시작해야 한다.
- 예약어는 변수명으로 사용할 수 없다. 예 var, function, return 등
- 대소문자를 구분한다. 예 myVariable과 myvariable은 서로 다른 변수

자바스크립트 변수명은 영문자 또는 밑줄로 시작해야 한다.

▶ 변수의 사용 범위

전역 변수	프로그램 내의 전체에서 사용되는 변수이며 함수 밖에서 선언
지역 변수	변수가 정의된 함수 내에서만 사용되며, 'var'를 이용하여 선언

5) 자료형

- 정수형, 부동소수형, 부울형, 문자열, null 값의 자료형을 제공한다.
- 정수는 10진수, 16진수, 8진수의 세 가지 형태로 제공되며 양수, 음수 모두 가능하다.
- 부동소수점은 10진수 실수를 의미한다.
- 부울 데이터는 true와 false 두 개의 값을 가질 수 있으며 1비트로 표현된다.

- 문자열은 인용부호(" ", ' ') 사이에 들어가는 모든 문자를 나타낸다.
- null은 아무 값이 없음을 나타내는 특별한 데이터형이다.

6) 제어문

- C, C++, JAVA에서 제공하는 제어문과 거의 동일하다.
- if-else, switch-case 형태의 조건문, while, for, do-while 형태의 반복문, break, continue의 반복종료 및 연결문, return과 같은 함수값 반환문 등이 있다.

▶ 제어문을 이용한 1부터 10까지의 제곱 구하기

```
〈HTML〉
 〈HEAD〉
  〈TITLE〉자바스크립트〈/TITLE〉
 〈/HEAD〉
 〈BODY〉
  〈H2〉1부터 10까지 제곱 구하기 〈/H2〉
  〈SCRIPT LANGUAGE="JavaScript"〉
    i = 1
    while(i〈11)
    {
      document.write(i+" * " + i + " = " + i*i + "〈br〉");
      i++;
    }
  〈/SCRIPT〉
 〈/BODY〉
〈/HTML〉
```

- 자바스크립트 소스 코드에서 계산된 결과 값을 웹 브라우저 화면에 출력하기 위해(HTML 문서에 콘텐츠를 즉시 삽입하기 위해) document.write( ) 메소드를 사용
- document는 웹 브라우저의 화면 부분을 나타내는 객체, write( )는 화면에 문자열을 보여주는 메소드(객체에 속한 함수)
- write( ) 메소드 안에 여러 개의 문자열이 변수 값과 함께 +연산자로 접속되어 하나의 문자열로 바뀐 다음 화면에 출력됨
- HTML의 줄 바꿈 태그인 〈br〉도 이러한 출력 문자열 속에 포함될 수 있음

7) 함수와 내장함수

- 함수(Function)는 특정한 작업을 독립적으로 수행하는 코드 블록을 말한다.
- 함수는 입력값(매개변수)을 받아서 작업을 수행하고, 필요에 따라 결과값(반환값)을 자신을 호출한 곳으로 반환한다.

▶ 함수 정의 형태

```
function 함수이름( 매개변수1, 매개변수2, …) {
  // 함수 본문, 실행할 코드
}
```

- 자바스크립트를 사용하기 위한 〈script〉 태그는 일반적으로 HTML 문서의 〈head〉나 〈body〉 태그 내에 모두 포함될 수 있다.
- 함수에 대한 정의를 포함하는 경우 〈script〉 태그는 반드시 HTML 문서의 〈head〉와 〈/head〉 사이에 사용한다.

- 함수 호출을 포함하는 경우 〈script〉 태그는 html 문서의 〈body〉와 〈/body〉 사이에 사용한다.
- 함수가 자기 자신을 호출하는 재귀호출(Recursive call)이 허용된다.
- html 문서가 열림과 동시에 함수를 호출하려면 〈body〉 태그에 'onload' 이벤트를 사용한다.
- 일반적으로 함수를 호출하려면 '함수이름()' 또는 '함수이름(매개변수값1, 매개변수값2, …)'과 같은 형식을 취한다.
- 내장함수는 이미 정의되어 제공되는 함수로서 함수의 정의 없이 바로 사용할 수 있다.

alert()	사용자에게 정보나 경고 메시지를 전하기 위한 대화상자(알림창)를 생성하는 내장함수
eval()	• 문자열로 입력된 표현식을 코드로 실행하는 내장함수 • 문자열로 된 표현식을 받아 코드로 해석하여 실행하는 역할
parseInt()와 parseFloat()	인수로 들어온 문자열을 각각 정수와 실수(부동소수점)로 바꿔주는 내장함수
confirm()	메시지를 사용자에게 알려서 [확인]이나 [취소]를 선택하도록 하는 대화상자를 생성하는 내장함수

➕ 더 알기 TIP

객체(Object)

- 윈도우 창(객체)는 높이와 넓이의 상태(속성)를 가지며, 새 창을 열거나 그 크기를 변화시키는 행동(메소드)을 가질 수 있다.
- 객체는 객체의 상태 변화를 유발하는 이벤트를 발생시킬 수 있다.
- 버튼을 누르면(이벤트) 새 창을 여는 행동(메소드)이 실행될 수 있다.

- 자바스크립트는 객체 지향적인 언어로서 프로그램 상의 대상을 객체로 취급한다.
- 자바스크립트에서는 함수를 사용하여 객체를 생성하는데, 이러한 함수를 생성자 함수라고 부른다.
- 생성자 함수는 'this'를 사용하여 새로 만들 객체의 속성을 설정하여 new 연산자를 사용하면 새 객체가 메모리에 저장된다.

```
function Person(name, age) {
  this.name = name;
  this.age = age;
}
let john = new Person("John", 30);
```

- Person 함수 : 생성자 함수로 사용
- this.name과 this.age : 새로운 객체의 속성을 설정
- new Person("John", 30) : 새 객체를 생성하고 이를 john 변수에 할당

 기적의 TIP

객체(Object)
상태(속성)와 행동(메소드)을 함께 가지는 단위이다.

✓ 개념 체크

1 (　　) 함수는 사용자에게 알림창을 보여준다.

2 confirm() 함수는 사용자에게 확인 대화상자를 표시한다. (O, X)

1 alert() 2 O

▶ new 연산자

자바스크립트에서 새로운 객체를 생성할 때 사용하는 특수한 연산자. 주로 사용자 정의 객체와 내장 객체 (Array, Date 등)를 생성할 때 사용

▶ Window 객체 메소드

- window.setInterval( ) : 일정한 간격을 두고 지정된 명령을 반복 수행
- window.open( ) : 새 창을 열어줌
- window.close( ) : 현재 창을 닫음
- window.resizeTo(a,b) : 창의 너비와 높이를 a와b 값으로 조절

▶ 자바스크립트 이벤트 종류

- 마우스 이벤트 : 클릭, 더블클릭, 마우스오버, 마우스아웃, 마우스무브 등
- 키보드 이벤트 : 키다운, 키업, 키프레스 등
- 폼 이벤트 : 포커스, 블러, 체인지, 인풋, 서브밋 등
- 윈도우 이벤트 : 로드, 언로드, 리사이즈, 스크롤 등

8) 자바스크립트 내장 객체

- 생성자 함수를 정의하지 않고 객체를 호출하여 사용한다.
- 자바스크립트의 핵심 객체로서 코어 객체라고도 부르며, 모든 자바스크립트 환경에서 이용이 가능하다.

기적의 TIP

자바스크립트에서 제공하는 내장 객체로는 Array, Date, String 객체 등이 있다.

▶ Array 객체 : 비슷한 종류의 데이터를 하나의 배열로 생성

예 week=new Array(7) → 7개의 공간을 갖는 배열 객체(week) 선언

속성	설명
length	배열에 있는 요소 개수(배열의 길이)

메소드	설명
join( )	배열 요소들을 하나의 문자열로 반환
concat(A)	현재 배열에 'A' 배열을 합하여 새로운 배열 반환
reverse( )	배열의 값을 역순으로 반환
slice(a,e)	a부터 e까지 요소로 새로운 배열 생성
sort( )	• 배열의 요소를 오름차순으로 정렬 • 배열의 요소를 문자열로 변환한 후 각 문자에 할당된 유니코드 코드 번호 순서에 따라 정렬

개념 체크

1 sort( ) 메소드는 배열의 요소를 내림차순으로 정렬한다. (O, X)

2 자바스크립트에서 일정한 시간마다 브라우저 상태를 파악하거나 동작을 수행하는 데 사용되는 함수는 ( )이다.

1 X 2 window.setInterval( )

▶ Date 객체 : 날짜와 시간 처리 객체

메소드	설명
getMonth( )/setMonth( )	월 반환(0~11, 0=1월, 1~2월)/설정
getDate( )/setDate( )	날짜 반환(1~31)설정
getDay( )/setDay( )	요일 반환(0~6, 0=일요일, 1=월요일)/설정
getYear( )/setYear( )	연도 반환(00~99)/설정
getFullYear( )/setFullYear( )	연도 반환(4자리 숫자)/설정
getHours( )/setHours( )	시간 반환(0~23)/설정
getMinutes( )/setMinutes( )	분 반환(0~59)/설정
getSeconds( )/setSeconds( )	초 반환(0~59)/설정
getTime( )/setTime( )	1970.1.1. 자정 이후의 밀리세컨드 값 반환/설정
getUTCDate( )/setUTCDate( )	날짜를 UTC 형태로 반환/설정
getTimezoneOffset( )	사용자 컴퓨터와 GMT 사이의 시간 차이 반환
toGMTString( )	Date 객체를 문자열 형태로 반환(GMT)
toLocalString( )	Date 객체를 문자열 형태로 반환(로컬 시간)
toString( )	Date 객체를 문자열 형태로 반환

▶ String 객체 : 문자열을 처리하는 객체

🔹 str="Web Design"→ Web Design 값을 가진 str이라는 String 객체 변수 생성

속성	설명
length	문자열의 길이

메소드	설명
concat(string)	두 개 이상의 배열을 하나의 배열로 결합
slice(n,m)	n과 m번째 인덱스 사이의 문자열 반환
split(분리자)	지정한 문자를 분리자를 이용하여 분리
substr(a,n)	a문자로부터 n개의 문자열 반환
substring(a,b)	a문자로부터 b이전까지의 문자열 추출
replace( )	특정 문자열을 지정한 문자열로 대치
search( )	지정한 문자를 포함하면 정수 값, 그렇지 않으면 −1 반환
match( )	일치하는 문자열 반환
anchor( )	문자열에 〈a〉 태그를 지정하여 반환
link( )	문자열에 링크를 지정하여 반환
fontColor( )	문자열을 지정한 색사으로 반환
fontSize( )	문자열을 지정한 폰트 크기로 반환
charAt(n)	지정된 n자리에 있는 문자 반환
charCodeAt( )/fromCharCode( )	문자의 유니코드 반환/유니코드의 문자열 반환
toLowerCase( )/toUpperCase( )	소문자 형태로 반환/대문자 형태로 반환
indexOf( )/lastindexOf( )	왼쪽/오른쪽부터 검색하여 지정된 문자열의 위치 반환

▶ Math 객체 : 수학 계산을 위한 객체

속성	설명
E	오일러 상수, 자연 로그의 밑으로 사용
LN2	밑이 e인 2의 자연 로그
LOG2E	밑이 2인 E의 로그
PI	파이(PI)값 반환
SQRT2	2의 제곱근

메소드	설명
abs(n)	n의 절대 값 반환
sin(n)/cos(n)/tan(n)	n의 사인/코사인/탄젠트 값 반환
asin(n)/acos(n)/atan(n)	n의 역사인값/역코사인/역탄젠트 값 반환
max(x,y)/min(x,y)	x와 y중 큰 값/작은 값 반환
pow(x,y)	x의 y승 반환
cell(n)	수치보다 크거나 같은 가장 인접한 정수. 소수 부분 올림
floor(n)	수치보다 작거나 같은 가장 인접한 정수. 소수 부분 버림
exp(n)	오일러 상수 e를 n승 한 값
log(n)	n의 자연 로그 값 반환
random( )	0과 1 사이의 난수 값 반환
round(n)	n을 반올림한 값
sqrt(n)	n의 제곱근 반환

▶ Boolean 객체 : 부울 값이 아닌 값을 부울 값으로 변환하는 객체

메소드	설명
toString( )	불린 값을 문자열 형태로 반환(true 또는 false)
valueOf( )	지정한 객체의 값을 반환

9) 브라우저 객체

- 브라우저 객체는 웹 브라우저에 내장되어 있는 객체로 웹페이지와 상호작용한다.
- 브라우저 자체, 웹페이지의 요소, 화면, 히스토리 등 다양한 부분을 제어한다.
- Window 객체, Document 객체, History 객체 등이 있으며, 계층구조로 되어 있다.
- 하위 객체에 접근할 경우 객체의 포함 관계 순서대로 접근한다.
- 🕮 window의 하위 객체인 document의 open() 메소드 접근 : window.document. open()

🅑 기적의 TIP

브라우저 객체는 웹 브라우저에 내장되어 있는 객체로서 웹페이지와 상호작용을 통해 다양한 기능을 수행한다. 대표적으로 Window, Document, History 객체 등이 있다.

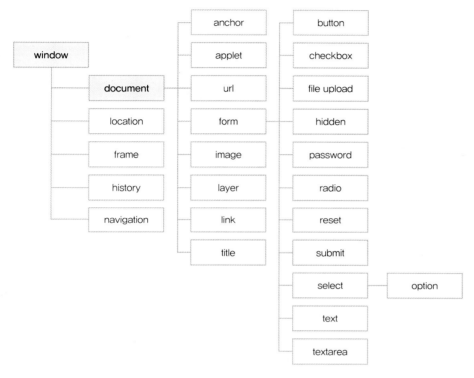

▶ Window 객체 : 웹 브라우저 창을 위한 속성과 메소드 제공

🕮 window.open(" 새창 파일명 ", " 새창이름 ", " 속성값 ")

속성	설명
name	창 이름
status/defaultStatus	상태표시줄 문자열/상태표시줄 초기 문자열
self/window	자기 자신의 창
top	현재 프레임의 최상위 프레임
opener	open( ) 메소드로 열린 창에서 현재 창을 연 창 참조
toolbar/statusbar/scrollbar	툴바/상태표시줄/스크롤바
length	프레임의 총 개수
frames	창의 프레임에 대한 배열정보
closed	창이 닫혀 있는 상태 식별
history/location	현재 창의 history 객체/location(주소 입력) 객체

메소드	설명
alert()	경고창을 보여줌
open()/close()	새 창 열기/창 닫기
confirm()	[확인] 대화상자
eval()	문자열을 숫자로 변환
focus()/blur()	특정 객체에 포커스 설정/포커스 삭제
moveBy()/moveTo()	창을 상대적인 좌표로 이동/창을 절대적인 좌표로 이동
resizeBy()/resizeTo()	창의 크기를 상대좌표로 재설정/절대좌표로 재설정
scrollBy()/scrollTo()	창을 상대좌표로 스크롤/절대좌표로 스크롤
print()	화면 내용 프린트
setInterval()	일정 시간마다 지정된 처리를 반복 호출
setTimeout()	일정 시간 후 지정된 처리를 호출

이벤트 핸들러	설명
onLoad	html 문서를 읽을 때 발생
onUnload	html 문서가 사라질 때 발생
onError	html 문서가 읽던 중 에러가 발생할 경우
onFocus/onBlur	포커스를 얻을 때/포커스를 잃을 때 발생

▶ Screen 객체 : 사용자의 모니터 화면에 대한 정보를 제공하는 객체. 메소드는 제공하지 않음

속성	설명
width	화면의 너비 반환
height	화면의 높이 반환
availWidth	사용 가능한 화면의 너비 반환
availHeight	사용 가능한 화면의 높이 반환
colorDepth	화면의 색 깊이를 반환

▶ Document 객체 : 웹페이지의 문서의 정보를 제공. 현재 로드된 웹페이지의 콘텐츠를 나타냄
   ⓓ document.write("내용") : 현재 문서에 텍스트나 HTML 콘텐츠를 작성

속성	설명
anchors	책갈피 설정
applets	자바 애플릿 배열
bgColor/lgColor	배경색 설정/전경색 설정
linkColor/alinkColor/vlinkColor	하이퍼링크를 표시/클릭할 때/방문한 이후 색상
images/layers/links	문서에 있는 이미지 배열/레이어 배열/하이퍼링크 배열
forms	문서에 있는 폼 배열
cookie	쿠키 설정
domain	도메인 표시
embeds	플러그인 설정
title	현재 문서의 제목

URL	현재 URL 표시
location	현재 문서 URL
referrer	현재 문서를 호출한 이전 문서의 URL
lastModified	마지막 수정 날짜 표시

메소드	설명
open( )/close( )	문서 시작 알림/open( ) 메소드로 열려진 문서를 닫아줌
clear( )	문서 내용 지움
write( )/writeln( )	문서 내용 출력/줄바꿈 하여 출력

이벤트 핸들러	설명
onFocus( )/onBlur( )	문서가 focus를 얻는 순간/문서가 focus를 잃는 순간 발생
onClick( )/onDblclick( )	문서에서 클릭되었을 때/더블클릭했을 때 발생
onKeyDown( )/onKeyUp( )	키보드의 키를 눌렀을 때/키를 눌렀다가 놓을 때 발생
onKey/Press( )	키보드의 키를 누르고 있는 동안 발생
onMouseDown( )	마우스 버튼을 눌렀을 때 발생

▶ History 객체 : 웹 브라우저의 방문 기록을 나타나는 객체

속성	설명
length	저장된 URL의 개수

메소드	설명
back( )/forward( )	히스토리 목록에서 한 단계 뒤로/한 단계 앞으로
go(정수)	히스토리 목록에서 한 단계 앞으로, 뒤로(음수일 경우)

▶ Location 객체 : 현재 문서의 URL을 나타내는 객체

속성	설명
href	문서의 URL 주소
hostname	URL의 호스트 이름
host	URL의 호스트 이름과 포트 번호
hash	내부 링크를 위한 책갈피 이름
pathname	URL에서 디렉터리 경로 반환
port	포트 번호 반환
protocol	프로토콜 정보 반환
search	URL 검색 쿼리 정보

메소드	설명
reload( )	문서를 다시 읽어줌
replace( )	문서를 지정된 URL 문서로 대치

▶ Navigator 객체 : 브라우저의 정보를 제공하는 객체

    예 navigator.javaEnabled( ) (Java 사용 가능 여부 확인)

속성	설명
appCodeName	브라우저의 코드 이름을 반환
appName	브라우저의 공식 이름을 반환
appVersion	브라우저의 버전 정보를 반환
platform	브라우저가 실행되는 플랫폼(운영체제)을 반환
language	브라우저의 기본 언어를 반환

메소드	설명
javaEnabled( )	브라우저에서 Java가 사용 가능한지 여부를 반환
share(data)	브라우저의 공유 인터페이스를 통해 데이터를 공유

10) 표현식과 연산자

- 표현식은 문자, 연산자, 변수 등으로 이루어졌으며, 연산을 수행하기 위한 문장이다.

    예 x=1 : x라는 변수에 숫자 값 1을 할당
- 자바스크립트의 연산자 중에서 우선순위가 가장 높은 것은 '괄호( ), 대괄호[ ]'이며 가장 낮은 것은 '대입 연산 =, +=, −='이다.

> 연산자 우선순위 : 괄호( ), 대괄호[ ] 〉 증감 연산 ++,−− 〉 다항 연산 !,~,+,−,++ 〉 거듭제곱 연산 ** 〉 산술 연산 *,/,% 〉 산술 연산 +,−. 문자열 연결 연산 〉 비트 연산 〉〉〉,〉〉,〈〈 〉 비교 연산 〉 논리 연산 &&, || 〉 대입 연산 =, +=, −=

① 산술 연산자

x + y	x에 y를 더함	5 + 3 → 8
x − y	x에서 y를 뺌	5 − 3 → 2
x * y	x에 y를 곱함	5 * 3 → 15
x / y	x를 y로 나눔	5 / 2 → 2.5
x % y	x를 y로 나눈 나머지	5 % 2 → 1

② 증감 연산자

++i	i를 1 증가시킨 후, 그 값을 사용	i = 1; result = ++i; → i=2, result=2
i++	i의 값을 사용한 후, i를 1 증가시킴	i = 1; result = i++; → i=2, result=1
−−i	i를 1 감소시킨 후, 그 값을 사용	i = 1; result = −−i; → i=0, result=0
i−−	i의 값을 사용한 후, i를 1 감소시킴	i = 1; result = i−−; → i=0, result=1

🅑 기적의 TIP

자바 연산자 우선순위

( ), [ ] 〉 ++, −− 〉! 〉 *, /, % 〉 +, − 〉 비트 연산 〉〉〉, 〉〉, 〈〈 〉 비교 연산 〉 논리 연산 〉 대입 연산

✔ 개념 체크

1 자바스크립트의 연산자 중에서 우선순위가 가장 낮은 것은 대입 연산자이다. (O, X)

1 O

③ 논리 연산자

&&	AND. 둘 다 참이면 참	(a > 0) && (b > 0)
||	OR. 둘 중 하나만 참이면 참	a || b
^	XOR. 둘의 값이 다르면 참	(a > 0) ^ (b > 0)
!	NOT. 참과 논리를 반전	!a
(조건)?A : B	삼항. 조건이 참이면 A, 거짓이면 B 반환	(a > b) ? a : b

④ 문자열 연결 연산자

+	문자열을 연결	"Hello" + "World" → "Hello World"
+=	문자열을 추가하여 변수에 할당	a = "Hello"; a += "World"; → "Hello World"

⑤ 할당 연산자

=	오른쪽 값을 왼쪽 변수에 할당	sum = i
+=	왼쪽 변수에 오른쪽 값을 더해 할당	sum += i(sum = sum + i)
−=	왼쪽 변수에서 오른쪽 값을 빼서 할당	sum −= i(sum = sum − i)
*=	왼쪽 변수에 오른쪽 값을 곱해 할당	sum *= i(sum = sum * i)
/=	왼쪽 변수를 오른쪽 값으로 나눠 할당	sum /= i(sum = sum / i)
%=	왼쪽 변수를 오른쪽 값으로 나눈 나머지	sum %= i(sum = sum % i)

⑥ 비교 연산자(관계 연산자)

==	값이 같으면 참	x == y
!=	값이 같지 않으면 참	x != y
>	왼쪽 값이 크면 참	x > y
>=	왼쪽 값이 크거나 같으면 참	x >= y
<	왼쪽 값이 작으면 참	x < y
<=	왼쪽 값이 작거나 같으면 참	x <= y

⑦ 비트 연산자

<<	왼쪽 시프트 연산	a << b
>>	오른쪽 시프트 연산	a >> b
>>>	부호 없는 오른쪽 시프트 연산	a >>> b

자바(Java) (*.java, *.class)	• 인터넷 분산 환경에서 사용되도록 설계된 객체지향 프로그래밍 언어 • 서버 측 애플리케이션 개발, 모바일 앱, 대규모 시스템 • 객체 지향 프로그래밍 언어, 클래스를 사용하여 객체 생성 • 소스 코드 파일 확장자는 '*.java' • 별도의 파일에서 작성되고 컴파일됨. 컴파일된 바이트 코드는 '*.class'이며 가상머신 JVM(Java Virtual Machine)이 있어야 실행됨 • 자바는 독립적인 프로그래밍 언어로, 주로 웹 애플리케이션, 모바일 애플리케이션, 데스크탑 애플리케이션 등 다양한 플랫폼에서 실행
자바스크립트 (*.js)	• 소스 코드가 사용자의 브라우저에서 직접 번역되어 수행 • 웹페이지의 동적 기능 및 인터랙티브 요소 추가 • 객체 기반 스크립트 언어 • 소스 코드 파일 확장자는 '*.js' • 웹 브라우저 또는 Node.js에서 실행, 인터프리터 방식으로 즉시 실행 • 자바스크립트는 HTML 문서의 구문 안에 포함되어 실행되는 것이 원칙

04 웹 프로그래밍 관련 파일 포맷

*.htm, *.html	HTML, XHTML 문서 확장자
*.java, *.class	자바(Java) 소스 코드, 컴파일된 바이트 코드
*.js	자바스크립트(JavaScript)
*.xml	XML(eXtensible Markup Language), XHTML 문서 확장자
*.wrl	• 3차원 대화형 벡터 그래픽(가상현실)을 표현하기 위한 표준 프로그래밍 언어인 VRML(Virtual Reality Modeling Language) 확장자 • VRML은 현재 후속 버전 X3D로 대체됨

웹 트렌드

▶ 합격 강의

빈출 태그 HTML • CSS • JavaScript • 미디어 쿼리 • 웹 프로그래밍 파일 포맷

01 웹 트렌드(Web Trend)

1) 웹 트렌드의 개념

- 트렌드는 사회, 생활, 문화 등의 변화 동향을 나타내는 것이다.
- 웹 트렌드는 최신 인터넷 사용자 행동 및 기술의 변화, 기술과 디자인 분야의 현재와 미래 동향을 반영한다.
- 웹 트렌드는 새로운 아이디어나 디자인 움직임으로 시작되어, 다른 웹사이트들이 이를 대규모로 채택하면서 형성된다.
- 웹 트렌드 조사와 분석은 트렌드 분석 도구, 소셜미디어, 뉴스 사이트, 서적 등을 통해 이루어지며, 이를 활용할 때는 사용자 요구사항과 다양한 정보를 통합하여 활용한다.
- 웹 트렌드는 단기간에 사라질 수도 있어 반드시 반영해야 하는 것은 아니며, 웹 트렌드에만 의존할 경우 웹사이트가 비슷해 보이는 문제가 발생할 수 있다.
- 트렌드는 지속 기간에 따라 마이크로트렌드(짧은 지속), 트렌드(5~10년 지속), 메가트렌트(10년 이상 지속) 등으로 구분된다.

> **🅑 기적의 TIP**
>
> **웹 트렌드**
> 디자이너와 개발자에게 최신 트렌드를 이해하고 반영할 수 있게 해주며, 더 나은 사용자 경험을 구현하고 최신 트렌드를 반영한 디자인을 가능하게 해준다.

2) 웹 트렌드 활용의 장점

디자이너와 개발자에게 유용	• 업계 트렌드와 방향을 이해하여 디자인과 개발 방향을 설정 • 창의적인 아이디어 발굴, 전문 지식을 확장 • 사용자 피드백을 반영하여 지속적으로 개선함으로써, 향상된 사용자 경험(UX) 제공 • 웹사이트 성능을 최적화하여 효율적으로 운영
브랜드 인지도 향상	• 현대적이고 혁신적인 브랜드 이미지 구축 • 반응형 디자인과 맞춤형 사용자 경험 등 최신 트렌드를 반영하여 일관된 브랜딩 전략을 구축함으로써, 사용자의 신뢰와 호감을 향상
경쟁 우위 확보	• 경쟁사보다 앞서 최신 트렌드를 반영함으로써 시장에서 차별화된 경쟁력 확보 • 최신 보안 기술과 트렌드를 반영하여, 웹사이트의 보안성을 지속적으로 업데이트하고 유지하는 데 도움
사용자 만족도 및 참여 증가	• 사용자의 기대를 충족시키고, 더 나은 경험을 제공하여 만족도 향상 • 사용자들이 새로운 기능과 디자인에 흥미를 느끼고 더 자주 참여할 수 있음

3) 최신 웹 트렌드

반응형 디자인	• 다양한 디바이스와 화면 크기에서 원활하게 작동하도록 하여 사용자 경험, 유지보수 효율성, 접근성 등을 향상 • 유동형 그리드, 유연한 이미지, 미디어 쿼리 등을 활용
AI 기반 맞춤형 경험	• 사용자의 행동과 선호도를 분석하여 개인화된 콘텐츠와 경험을 제공하기 위해 AI와 머신러닝을 사용 • ChatGPT API, Hotjar, Google Analytics, TensorFlow.js 등을 활용 　⑩ 개인화된 추천, 챗봇(Chatbot), 예측 검색
인터랙션 향상 및 마이크로인터랙션 (Micro-Interactions)	• UI 접점에서의 UX 디자인을 고려하여 단순히 기능적인 상호작용을 넘어, 사용자에게 가치와 만족을 제공 • 사용자가 시스템과 상호작용 시 발생하는 짧고 즉각적인 피드백인 마이크로인터랙션을 사용하여 사용자 경험(UX) 향상 　⑩ 입력 폼에 커서를 옮기면 하이라이트 되는 것
미니멀리즘(Minimalism)	깨끗하고 단순한 디자인으로 콘텐츠와 기능에 집중 　⑩ 넓은 여백, 최소한의 색상 조합, 단순한 타이포그래피 등
다크 모드(Dark Mode)	• 웹사이트를 어두운 배경으로 사용할 수 있도록 다크 모드 지원 • 눈의 피로 감소, 디자인 유연성, 에너지 효율성, 접근성 향상
VR/AR 활용	가상현실(VR)과 증강현실(AR)을 활용하여 사용자 상호작용을 향상하고, 새로운 차원의 사용자 경험 제공 　⑩ VR 관광, AR 제품 시연, AR 쇼핑 피팅룸
접근성 강화	모든 사용자가 웹사이트에 접근할 수 있도록 접근성 강화 　⑩ 스크린 리더, 키보드 내비게이션, 고대비 모드
최적화와 캐싱(Caching)	• 코드 최적화를 통해 불필요한 코드 제거로 로딩 시간 단축 • 이미지 및 미디어 최적화로 데이터 사용량 감소 • 캐싱을 활용하여 반복적인 서버 요청 감소로 에너지 절약

01 웹 디자인 프로세스 도입의 장점이 아닌 것은?

① 인력분배를 효율적으로 해준다.
② 피드백 및 실행착오를 최소화한다.
③ 각 해당 팀(디자인, 프로그램 팀 등)의 의사소통 원활해진다.
④ 단계별로 진행해야 하기 때문에 전체 디자인 기간이 길어진다.

오답 피하기
웹 디자인 프로세스는 웹 디자인에 필요한 전반적 과정을 순서대로 진행시켜나가는 것으로 인력 분배의 효율성을 증가시키고 단계별로 진행 시간 예측이 가능해짐

02 다음 중 웹디자인 프로세스(Process)를 순차적으로 옳게 나열한 것은?

① 프로젝트 기획 → 웹사이트 기획 → 웹사이트 구축 → 유지, 관리
② 프로젝트 기획 → 웹사이트 구축 → 웹사이트 기획 → 유지, 관리
③ 웹사이트 기획 → 웹사이트 구축 → 유지, 관리 → 프로젝트 기획
④ 프로젝트 기획 → 웹사이트 구축 → 유지, 관리 → 웹사이트 기획

03 HTML의 태그에서 종료 태그가 없는 것은?

① 〈BODY〉
② 〈HR〉
③ 〈CITY〉
④ 〈CODE〉

04 HTML 문서의 특성으로 옳지 않은 것은?

① HTML 문서는 공백이 두 개 이상 존재하는 경우, 하나로만 인식한다.
② 종료 태그가 없는 태그도 있다.
③ HTML 문서를 저장할 때 반드시 확장자 이름을 '.HTM', '.HTML'로 저장한다.
④ HTML 태그들은 대소문자를 반드시 구별해야 한다.

05 아래로 길어진 문서에서 이용자의 편의를 위해 문서 중간에 밑줄 그어진 목차를 누르면 문서 상단으로 이동하도록 해주는 HTML 태그는?

① 앤드(And)
② 오토(Auto)
③ 앵커(Anchor)
④ 어너니머스(Anonymous)

06 다음 중 홈페이지 문서의 전체 윤곽을 위한 기본 구성 태그가 아닌 것은?

① 〈HTML〉
② 〈BODY〉
③ 〈HEAD〉
④ 〈EMBED〉

오답 피하기
〈EMBED〉는 외부 콘텐츠를 포함시키는 태그

정답 01 ④ 02 ① 03 ② 04 ④ 05 ③ 06 ④

07 〈Style〉〈/Style〉 태그 안에서 다른 외부 CSS를 불러오는 키워드는?

① @open
② @include
③ @require
④ @import

08 CSS(Cascading Style Sheet)에 대한 설명으로 틀린 것은?

① 밑줄 없는 하이퍼링크를 만들 때 사용된다.
② 배경이미지의 위치를 자유롭게 설정할 수 있다.
③ CSS만으로 동적인 웹 문서를 제작할 수 있다.
④ 글자크기나 글자체, 줄간격 등의 레이아웃을 일정한 스타일로 정의한 후 사용할 수 있다.

09 자바스크립트에서 주석문을 처리하는 것은?

① " "
② /* */
③ #
④ 〈 〉

10 자바스크립트에서 일정한 시간마다 브라우저 상태를 파악하거나 동작을 수행하는데 사용되는 메소드는?

① window.setInterval( )
② window.setTimer( )
③ window.timer( )
④ window.setTime( )

11 다음 중 자바스크립트의 변수로 사용할 수 없는 것은?

① _java
② return
③ Hello2
④ BasiC

12 XML의 특징이 아닌 것은?

① 하나의 XML 문서는 하나의 루트를 가진 하나의 트리구조로 표현되어 간단하다.
② XML 문서는 헤더에 자기 문서에 대한 설명을 갖는다.
③ HTML처럼 태그 불일치나 중첩 태그를 허용한다.
④ 강력한 링크 기능을 제공한다.

13 웹 디자인에 관한 설명으로 거리가 먼 것은?

① 웹페이지를 디자인 하고 제작하는 것을 의미한다.
② 웹 디자인은 개인용 홈페이지 외 기업용, 상업용 등 매우 다양하다.
③ 웹 디자인은 웹과 디자인이라는 두 가지 개념이 결합된 것이다.
④ 기업, 단체, 행사의 특징과 성격에 맞는 시각적 상징물을 말한다.

14 웹사이트의 회원가입 구성 화면에서 필요하지 <u>않은</u> 내용은?

① 성명
② 비밀번호
③ 이메일 주소
④ 신용카드 정보

웹사이트 회원가입 시 필수로 아이디, 이름, 생년월일, 이메일 주소 등의 입력폼 구성

15 다음 중 웹 트렌드 활용의 장점이 <u>아닌</u> 것은?

① 업계 트렌드와 방향을 이해할 수 있다.
② 사용자 데이터 활용을 가능하게 해준다.
③ 더 나은 사용자 경험을 구현할 수 있도록 해준다.
④ 웹사이트 개발을 위한 창의적인 아이디어 생성에 도움을 준다.

16 웹 서버에서 동작하고, 클라이언트의 요청에서 따라 데이터를 가공하여 새로운 결과 문서를 반환하는 데 사용되는 스크립트 언어가 <u>아닌</u> 것은?

① ASP
② JSP
③ PHP
④ XML

• ASP, JSP, PHP는 서버사이드 언어임
• XML은 HTML처럼 태그 형태로 되어 있지만, HTML과 달리 사용자가 태그들을 확장시킬 수 있는 언어로서, 웹 서버에서 동작하지 않고 웹 브라우저에서 해석되는 클라이언트사이드 언어임

17 아래의 코딩이 적용된 경우 웹브라우저에 나타나는 결과를 잘못 설명한 것은?

```
<!DOCTYPE html>
<html>
<head>
    <meta charset="UTF-8">
    <title>Webpage</title>
    <style>
        body {
            margin: 200px;
            line-height: 1.5;
            color: blue;
            opacity: 1;
        }
    </style>
</head>
<body>
    <p>Hello</p>
</body>
</html>
```

① 본문의 텍스트 색상이 blue로 나타난다.
② 본문의 줄 간격이 1.5배로 설정된다.
③ 본문의 기울기가 1 정도 기울어진다.
④ 웹사이트 바깥 여백이 200px로 설정된다.

• 'opacity: 1;'은 불투명도 값이 1로서, 완전히 불투명함을 의미함
• 본문의 기울기 조정은 'transform: rotate(10deg);'와 같은 속성을 사용함

정답 14 ④ 15 ② 16 ④ 17 ③

색채혼합과 조색

파트 소개

색과 색채의 의미, 색의 삼속성과 색채혼합, 가산혼합, 감산혼합에 대해 알아봅니다.
조색 검사와 색상 · 명도 · 채도 · 색조의 색차 보정에 대해 살펴봅니다.

CHAPTER  01

목표색 분석 및 색채혼합

학습 방향

색채혼합과 조색에 대해 익히고 가산혼합, 감산혼합, 중간혼합의 특징에 대해 학습합니다. 또한 색채표준의 조건과 역할을 이해하고, 현색계와 혼색계의 차이와 특징에 대해 숙지합니다.

출제빈도

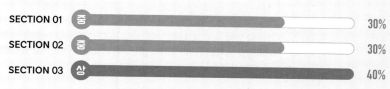

SECTION 01	중	30%
SECTION 02	중	30%
SECTION 03	상	40%

※ 출제빈도의 경우 2025년 이후로 변형된 기준에 맞춰 작성되었습니다.

색의 3속성

▶ 합격 강의

빈출 태그 색 • 색채 • 스펙트럼 • 색지각 • 색상 • 명도 • 채도 • 색상환 • 표색계

01 색과 색채

- 색이란 빛의 스펙트럼에 의해 성질의 차이가 생기는 시각적인 감각의 특성이다.
- 색자극이란 물체가 빛을 받아 반사하거나 투과, 흡수하는 과정을 통해 눈의 망막과 시신경을 자극하여 발생하는 감각 현상이다.
- 색채란 색이 눈을 통해 지각된 현상 또는 그러한 경험 효과를 의미하는 것으로, 물체의 지각을 수반하고 심리적인 성질을 가진다.
- 색채는 물체 자체가 발광하지 않고 반사나 투과, 흡수됨에 따라 나타나는 물체의 색을 의미한다.

1) 빛과 스펙트럼

빛	• 파장과 주파수에 따라 눈에 보이는 가시광선과 보이지 않는 비가시광선으로 나뉨 • 가시광선(Visible Light)은 눈에 보이는 범위인 380~780nm 파장에 속하는 빛으로, 무지개 빛이 나타남 　– '빨강' 범위(780nm)로 갈수록 장파장, '보라' 범위(380nm)로 갈수록 단파장 　– 780nm 이상의 장파장 : 적외선(Infrared)과 기타 전파(예 라디오 전파) 등 　– 380nm 이하의 단파장 : 자외선(Ultraviolet), X선, 감마선(Y)이 있음 • 빛이 굴절에 의해 나누어지는 현상을 빛의 분산이라고 함 　– CD-ROM의 뒷면에 나타나는 무지개는 빛의 분산에 의한 것 • 빛의 합성 : 두 가지 이상의 빛이 합해져 다른 빛의 색상을 만드는 것
스펙트럼 (Spectrum)	• 전자기파인 빛을 파장 순으로 나눈 빛의 배열 • 1666년 아이작 뉴턴(Isaac Newton)은 프리즘(Prism)을 이용해 빛의 분산을 관찰, 빛의 굴절을 이용해 백색광을 연속된 색으로 분리하는 실험에 성공 • 뉴턴은 프리즘을 통과한 빛이 파장에 따라 굴절하는 각도가 다른 성질을 이용해 순수 가시광선을 얻을 수 있고, 이러한 색의 띠를 스펙트럼(Spectrum)이라고 함 • 프리즘을 통과한 스펙트럼에서 분산되어 나타난 순수한 색을 분광색(Spectral Colors)이라고 함(빨강, 주황, 노랑, 초록, 파랑, 남색, 보라)

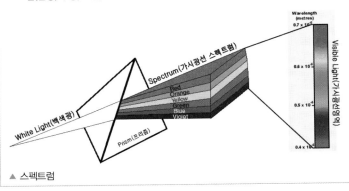
▲ 스펙트럼

2) 물체의 색

- 물체의 색은 물체에 빛이 닿을 때 어떤 색상의 파장을 얼마만큼 반사하는가에 따라 다르게 나타난다.
- 어떤 물체가 빨간색 파장을 가장 많이 반사하면 빨간색 물체로 보인다.
- 흡수의 정도에 따라 어둡기의 정도가 달라진다.

검정	모든 파장 흡수
흰색	모든 파장 반사
회색	동일한 양을 흡수 반사

① 색의 분류

색 분류	지각 세포	색 종류	색의 속성	색의 온도감
유채색	원추세포, 추상세포	순색, 청색, 탁색	색상, 명도, 채도 (무채색 제외한 색이라고 말하는 모든 색)	난색, 한색, 중성색
무채색	간상세포	흰색, 검정, 회색	명도 (채도가 없는 색)	중성색

기적의 TIP

유채색은 색의 3속성 중 색상, 명도, 채도를 가지고 있다.

➕ 더 알기 TIP

색의 온도감

색이 직접 가지지는 않았으나 감정적으로 느껴지는 온도로, 온도감에는 따뜻한 난색, 차가운 한색, 중성색이 있다.

② 색의 종류

표면색	• 불투명한 물체가 빛을 반사시킴으로써 나타나는 물체의 색을 의미 • 물체는 자신과 다른 색은 흡수하고, 같은 색은 반사(녹색 물체는 녹색만 반사)
투과색	• 투명한 물체가 투과시킨 빛의 색 • 유리, 셀로판지 등 투명한 물체를 통해 투과된 빛에 의한 색상 • 녹색 유리는 녹색 빛만 투과시키기 때문에 녹색 유리를 통해 흰 종이를 보면 녹색으로 보임 • 빨간색 물체를 녹색 유리를 대고 보면 녹색 유리가 빨간 파장을 투과하지 못해 빨간색 물체가 검은색으로 보임
거울색	거울처럼 완전히 빛을 반사하는 물체의 표면에 나타나는 색. 경영색이라고도 함
금속색	강한 반사로 나타나는 색으로 금, 은과 같은 금속 물체의 표면에 나타나는 색
공간색	3차원적인 부피감을 느끼게 하는 색(유리잔의 물, 포도주와 같이 일정한 공간에서 느껴지는 색)
광원색	• 광원에서 나오는 빛을 눈으로 볼 때 느껴지는 빛 자체의 색 • 광원을 이루는 색 파장의 비율에 따라 다르게 나타남

✔ 개념 체크

1 불투명한 물체가 빛을 반사시킴으로써 나타나는 물체의 색을 (   )(이)라고 한다.

2 무채색은 색의 속성 중 명도와 채도를 가진다. (O, X)

1 표면색 2 X

02 색의 지각과 효과

- 색을 지각하기 위해서는 빛의 원천과 밝기, 빛을 반사하거나 흡수하는 사물, 색을 감지하고 해석하는 기능 등이 필요하다.
- 색을 감지하고 인식하는 데 필수적인 색 지각의 3요소는 광원, 물체, 시각이다.

1) 색 지각 관련 효과

명암순응	• 밝은 곳에서 어두운 곳, 또는 반대 상황에서 처음엔 잘 보이지 않다가 점차 보이게 되는 현상 • 감각기관(원추세포와 간상세포)이 빛에 대한 감각 시간이 걸려 생김 　– 명순응 : 어두운 곳에서 밝은 곳으로 가는 경우(명암, 형태, 색상까지 식별) 　– 암순응 : 밝은 곳에서 어두운 곳으로 가는 경우(명암, 형태 식별)
박명시 (Mesopic Vision, Twilight Vision)	• 해가 지기 전후의 어두컴컴한 빛 조건에서의 시각 • 명소시(밝은 환경)와 암소시(어두운 환경)의 중간 무렵 추상세포(추상체)와 간상세포(간상체)가 동시에 활동하여 명암순응이 되는 동안 물체의 상이 흐리게 나타나는 현상 • 주로 간상세포가 활성화되어 희미한 빛을 감지 • 최대 시감도가 507~555nm 사이가 되는 때를 의미
푸르킨예 현상 (Purkinje Phenomenon, Purkinje effect)	• 명소시(밝은 환경)에서 간소시(중간 밝기 환경)로 전환될 때, 색의 밝기에 대한 인식이 달라지는 현상 • 암순응 됨에 따라 파랑과 빨강의 명도 차이가 변함 • 빛이 강할 때, 주간에는 장파장의 빛인 빨강과 노랑이, 빛이 약할 때는 단파장의 빛인 파랑이나 초록이 감도가 좋아짐 • 즉, 어두운 곳에서는 빨강보다 파랑이 상대적으로 더 밝게 보임
항상성(항색성)	빛의 강도나 조건이 변해도 색이 본래의 색을 유지하려는 특성
색순응	• 색에 순응되어 다른 환경에서 색의 지각이 약해지는 현상 • 색을 오래 볼 때 나타남 ⑩ 선글라스를 쓰고 있는 동안 선글라스의 색상이 느껴지지 않으나 벗으면 원래 사물의 색으로 느껴지는 것
연색성	조명이 물체의 색에 영향을 주어 물체의 색이 다르게 인식되는 것
조건등색	두 가지 다른 색이 특정 광원에서는 하나의 색으로 보이는 현상
색음현상	광원이 비추는 물체의 그림자 부분에 광원의 보색이 혼합되어 보이는 현상

2) 색 지각설

3원색설	• 영과 헬름홀츠(Young & Helmholtz)의 가설 • 색상 세포와 시신경 섬유가 R(빨강), G(초록), B(파랑)를 3원색으로 하여 색을 지각한다고 주장 • RGB 혼합 이론과 일치
반대색설	• 헤링(Ewald Hering)의 가설 • 영 헬름홀츠의 3원색설에 대응 • R(빨강), G(초록), Y(노랑), (B파랑)의 4원색으로 색을 지각한다고 주장 • 동시대비와 보색잔상을 위한 토대가 됨

03 색의 3속성

색상(Hue)	• 색의 기본적인 속성으로, 빨강, 파랑 등과 같은 특정한 색조를 의미 • 빛의 파장에 따라 다르게 구별되는 것으로 사물을 봤을 때 나타나는 빛깔이나 특징적인 색채를 구별하는 기준이 되는 속성 • 색의 기본적인 속성으로, 색채를 구분하는 가장 기본적인 요소 • 디자인의 시각 요소 중 하나로 색(Color)과 같은 의미로 사용됨 • 색채가 느껴지면 유채색, 색채가 느껴지지 않으면 무채색이라고 함 • 색상환에 배열된 색을 의미하기도 함 • 우리나라의 색 표시법으로 먼셀의 표준 20색상환 사용
명도 (Value/Lightness)	• 색의 밝고 어두운 정도, 단계(그레이스케일)를 말함 • 유채색, 무채색은 모두 명도가 있음 • 명도의 단계는 11단계(0은 어두운 검정, 10은 가장 밝은 흰색, 5는 회색) • 명도는 밝기에 따라 고명도, 중명도, 저명도로 구분 • 명도의 단계는 유채색의 명도를 측정하는 척도
채도 (Saturation/Chroma)	• 채도는 색의 선명도를 의미, 순도, 색의 포화상태, 색채의 강약을 의미 • 다른 색상과 무채색을 혼합하면 채도는 낮아짐 • 채도가 높은 색은 순도가 높아서 순색(Pure Color)이라고 함 • 순도가 높은 색일수록 색상이 강하게 보임 • 채도는 순색에 어떤 색을 혼합하는지에 따라 청색, 탁색으로 구분

기적의 TIP

색상
색의 기본적인 속성으로 색채를 구분하는 기본적인 요소이다.

기적의 TIP

그레이스케일
명도의 단계를 말하며, 11단계로 0은 어두운 검정, 10은 가장 밝은 흰색, 5는 회색으로 나뉜다.

1) 채도의 구분

순색	색상 중 채도가 가장 높은 색, 다른 색이 섞이지 않은 순수한 색
명색	• 순색에 흰색을 혼합한 색 • 명도가 높아져 밝고 부드러운 색상이 됨
암색	• 순색에 검정을 혼합한 색 • 명도가 낮아져 깊고 어두운 색상이 됨
탁색	• 순색에 회색 또는 다른 색을 혼합한 색 • 명도와 채도가 낮아져서 선명도가 떨어짐 • 부드럽고 차분한 느낌, 디자인에서 배경색이나 중립적인 요소로 사용

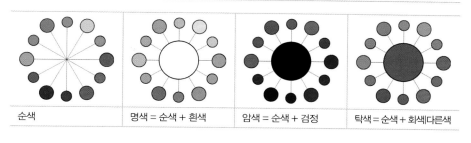

순색	명색 = 순색 + 흰색	암색 = 순색 + 검정	탁색 = 순색 + 회색I다른색

✔ 개념 체크

1 (　　)은/는 빛의 파장에 따라 구별되는 것으로 디자인의 중요한 요소이다.

2 채도는 색의 선명도를를 의미한다. (O, X)

1 색상 2 O

04 먼셀 표색계(Munsell Color System)

- 미국의 화가이자 색채 연구가인 먼셀(Albert H. Munsell)은 색의 표시를 위해 색을 삼속성으로 분류하고 이를 기호와 숫자로 체계화하였다.
- 색의 삼속성인 색상(Hue), 명도(Value), 채도(Chroma)를 사용하여 색상을 표기, HV/C로 축약해서 표시한다.
- 색을 표기할 경우에는 기본색의 대표 숫자, 색상, 명도, 채도 순서로 기록한다.
  - 🔼 '5R 5/10(5R의 5의 10)'로 표시된 색상, 5R(빨강) 색상, 명도 5, 채도 10인 색상

1) 색입체 모형

- 색상(Hue), 명도(Value), 채도(Chroma)를 알아보기 쉽도록 3차원 형태로 구성한 입체 모형이다.
- 색상이 색입체를 둘러싸고 있으며 색입체의 가장 바깥쪽에 순색이 위치한다.
- 중심축은 명도를 나타내며 위로 올라갈수록 고명도, 아래로 내려갈수록 저명도이다.
- 수직 단면은 보색이 되는 두 가지의 색을 명도와 채도별로 한 눈에 볼 수 있다(색상의 변화는 알 수 없음).
- 수평 단면은 명도가 같은 여러 가지 색들의 채도 변화를 한 눈에 볼 수 있다(명도의 변화는 알 수 없음).

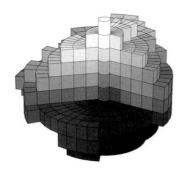
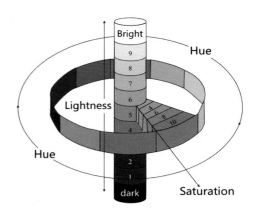

▲ 먼셀의 색입체

2) 먼셀 색의 3속성

색상(Hue)	• 색상(H)은 빨강(5R), 노랑(5Y), 녹색(5G), 파랑(5B), 보라(5P)를 기준으로 하여 중간 색상을 추가해 10색상을 만든 후, 다시 20색상으로 등분
	     – 색상은 1~10까지 함량을 표시
	     – 기준이 되는 중간 색상을 '5'로 표시. 🔑 5R은 빨강의 기준 색상을 의미
	 • 기본색 R, Y, G, B, P에 중간 단계 색상 YR, GY, BG, PB, RP을 추가하여 10색상을 만듦
	     – 중간 색상 : 주황(YR), 연두(GY), 청록(BG), 청보라(PB), 자주(RP)
	     – 10색상의 순서 : R, YR, Y, GY, G, BG, B, PB, P, RP
	 • 10색상을 시각적으로 등간격이 되도록 10등분하여 100색상까지 세분할 수 있음

명도
(Value)
	• 명도(V)의 단계는 이상적인 흑색을 0, 이상적인 백색을 10으로 하여 총 11단계로 구분
	 • 수치가 높을수록 고명도, 낮을수록 저명도로 구분
	 • 색상환에서 명도는 위로 갈수록 명도가 높아지고 아래로 갈수록 낮아짐
	     – 고명도 : 노랑, 연두
	     – 중명도 : 빨강, 주황, 녹색, 파랑, 자주
	     – 저명도 : 남색, 감청색, 보라

채도 (Chroma)	• 채도는 무채색을 0으로 하여 순색까지 최고 16단계로 표기 • 수치가 높을수록 고채도, 낮을수록 저채도로 구분 • 색상마다 채도의 단계가 다름 🔑 5R은 채도 14, 5B는 채도 10 • 색상환에서 채도는 바깥쪽으로 갈수록 채도가 높아지고 안쪽으로 갈수록 낮아짐

▲ 명도의 11단계

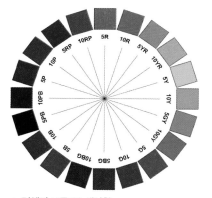

▲ 먼셀의 표준 20 색상환

▲ 먼셀의 색입체

① 먼셀의 표준 20 색상

색상(교육부기호) : 영문명	먼셀기호 HV/C	색상(교육부기호) : 영문명	먼셀기호 HV/C
빨강(R) : Red	5R 4/14	청록(BG) : Blue Green	5BG 5/6
다홍(yR) : yellowish Red	10R 6/10	바다색(gB) : greenish Blue	10BG 5/6
주황(yR) : Yellow Red	5YR 6/12	파랑(B) : Blue	5B 4/8
귤색(rY) : reddish Yellow	10YR 7/10	감청(pB) : purplish Blue	10B 4/8
노랑(Y) : Yellow	5Y 9/14	남색(PB) : Purple Blue	5PB 3/12
노랑연두(gY) : greenish yellow	10Y 7/8	남보라(bP) : bluish Purple	10PB 3/10
연두(GY) : Green Yellow	5GY 7/10	보라(P) : Purple	5P 3/12
풀색(yG) : yellowish Green	10GY 6/10	붉은보라(rP) : reddish Purple	10P 4/10
녹색(G) : Green	5G 5/8	자주(RP) : Red Purple	5RP 4/12
초록(bG) : bluish Green	10G 5/6	연지(pR) : purplish Red	10RP 5/10

✓ 개념 체크

1 먼셀 표색계에서 C는 색의 삼속성 중 (　　)에 해당한다.

2 먼셀 색입체에서 명도의 단계는 1~11까지 총 11단계이다. (O, X)

1 채도 2 X

② 색상환 색

유사색	• 색상환에서 가까이에 이웃한 색. 인접색, 근접색이라고도 함 • 보통 색상환의 연속되는 세 가지 색상들로 구성. 이러한 색들을 유사색계라고 부름 • 빨간색의 경우 유사색은 주황색이나 노란색이 됨	
보색	• 보색은 색상환에서 가장 먼 거리에 있는 색상(정반대 쪽에 위치한 색상) • 보색 관계에 있는 두 색은 색상의 차이가 가장 많이 남 예 보색 관계 – 빨강과 청록, 노랑과 남색, 연두와 보라 • 색상환에서 마주보는 보색을 혼합하면 검정에 가까운 무채색이 됨	
근접 보색	• 색상환에서 먼 거리에 있는 색상. 보색의 양편에 있는 두 색상으로 구성 • 색상환에서 보면 한 색으로부터의 근접 보색을 선택하면 이등변삼각형의 모양이 됨 • 근접 보색은 반대색(Antagonistic Color)이라고도 함 예 빨간색의 근접보색은 초록색과 바다색이 됨	

색채혼합, 가산혼합, 감산혼합

▶ 합격 강의

출제빈도 상 ⑨ 하
반복학습 ① ② ③

빈출 태그 색채혼합 • 조색 • 가산혼합 • 감산혼합 • 중간혼합

01 색채혼합과 조색

- 색채혼합은 서로 다른 속성을 가진 색광 또는 색료를 혼합하여 다른 색을 만드는 것으로, 주로 RGB 혼합, CMY 혼합을 의미한다.
- 조색은 특정 목적을 위해 여러 색상을 정확한 비율로 혼합하는 과정으로, 색상의 일관성과 정확성을 유지하는 데 중점을 둔다.
- 색의 근원이 되는 색상을 원색이라고 하며, 원색은 다른 색을 혼합하여 만들 수 없는 독립적인 색이다.
- 웹디자인과 관련한 색채혼합 방법으로는 가산혼합, 감산혼합, 중간혼합이 있다.

> **🅑 기적의 TIP**
>
> 색채혼합은 명도와 관련하여 가산혼합, 감산혼합, 중간혼합으로 분류한다.
> 가산혼합은 혼합할수록 명도는 높아지고 채도는 낮아진다.
> R + G + B = 흰색
> R + G = 옐로우(노랑)
> G + B = 사이안
> B + R = 마젠타

가산혼합 (가색혼합, 가법혼색)	• 색광(빛)의 혼합 • RGB의 혼합 • 혼합할수록 명도는 높아지고 채도는 낮아짐
감산혼합 (감색혼합, 감법혼색)	• 색료의 혼합, 물리적 혼합 • CMY의 혼합 • 혼합할수록 명도와 채도가 모두 낮아짐 • 감색혼합의 순색 사이안, 마젠타, 옐로우에 검정을 섞으면 명도와 채도 감소
중간혼합 (중간혼색)	• 광학적 혼합(가산혼합)과 물리적 혼합(감산혼합)의 중간 형태 • 두 가지 색 이상을 병치시킬 때 혼합된 것처럼 보이는 것 • 혼합된 후 평균 명도로 나타남 • 회전혼합과 병치혼합이 있음

1) 가산혼합(가색혼합, 가법혼색)

- 혼합할수록 밝아지는 색광의 혼합이며 플러스(Plus) 혼합이나 가법혼색이라고도 한다.
- 색광의 3원색인 RGB(Red, Green, Blue)의 혼합이며, 다른 색광을 혼합해서 다시 각 원색을 만들 수는 없다.
- RGB 가산혼합은 혼합할수록 명도는 높아지고, 채도는 낮아진다.
- RGB 원색을 모두 혼합할 경우 백색광(모니터에서 가장 밝은 색)이 된다.
- 컬러 TV, 프로젝터(Beam Projector) 등은 가산혼합 방식으로 색을 재현한다.

> **✓ 개념 체크**
>
> 1 (   )은/는 빛의 혼합으로 색광의 3원색인 RGB 혼합이다.
>
> 1 가산혼합

① RGB 가산혼합

- 가산혼합의 순색 빨강, 녹색, 파랑의 1차 혼합 시 명도는 증가되고, 채도는 다소 감소한다.
- 혼합할수록 명도는 높아지고, 채도는 낮아진다.

흰색(White)	빨강(Red) + 녹색(Green) + 파랑(Blue)
노랑(Yellow)	빨강(Red) + 녹색(Green)
사이안(Cyan)	녹색(Green) + 파랑(Blue)
마젠타(Magenta)	파랑(Blue) + 빨강(Red)

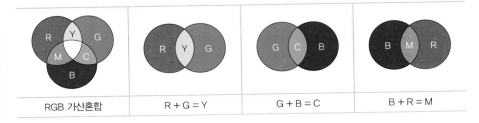

RGB 가산혼합	R + G = Y	G + B = C	B + R = M

② 가산혼합의 종류

동시가법	무대 조명과 같이 동시에 두 가지 이상의 색자극이 망막에 가해져 다른 색으로 보이게 되는 것
병치가법	TV의 화소처럼 색 있는 점들을 동시에 배치시킬 때 거리를 두고 보면 혼합된 색으로 나타나는 현상
계시가법	색팽이나 바람개비와 같은 회전혼합에서 나타나는 것으로 두 가지 색 이상을 빠르게 교차시킬 때 나타나는 계시적인 가산혼합 현상. 완전한 가산혼합은 아니며 중간혼합이라고도 함

2) 감산혼합(감색혼합, 감법혼색)

- 혼합할수록 어두워지는 색료의 혼합으로 감법혼색 또는 감색혼합이라고 한다.
- 브루스터(David Brewster)는 사이안(Cyan), 마젠타(Magenta), 노랑(Yellow)의 삼원색을 혼합하는 방식을 주장하였으며 이를 브루스터의 삼원색 또는 색채의 삼원색이라고 한다.
- 다른 색료를 혼합해서 다시 각 원색을 만들 수는 없다.
- 감산혼합에서 삼원색인 CMY를 모두 혼합하면 검정에 가까운 어두운 색상이 된다.
  - 이러한 점 때문에 인쇄잉크에는 블랙(BlacK)을 추가한다.
- 감산혼합은 혼합하는 색이 많아질수록 명도와 채도 모두 낮아져서 어두워진다.
- 보색과의 혼색은 어두운 무채색이 된다.
- 감산혼합은 물감, 잉크 인쇄, 컬러 필름을 이용한 분판 인쇄에서 사용된다.

① CMY 감산혼합

사이안, 마젠타, 옐로우에 검정을 섞으면 명도와 채도가 감소한다.

검정(Black)에 가까운 색	사이안(Cyan) + 마젠타(Magenta) + 노랑(Yellow)
파랑(Blue)	사이안(Cyan) + 마젠타(Magenta)
빨강(Red)	마젠타(Magenta) + 노랑(Yellow)
녹색(Green)	노랑(Yellow) + 사이안(Cyan)

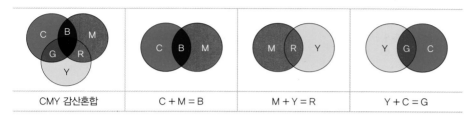

CMY 감산혼합	C + M = B	M + Y = R	Y + C = G

② 삼원색과 이차색

- 빨강(Red), 노랑(Yellow), 파랑(Blue)은 다른 색상을 혼합하여 얻을 수 없는 색상들이기 때문에 삼원색이라고 한다.
- 이차색은 삼원색을 혼합하여 만들어지는 색상이다.

주황(Orange)	빨강 + 노랑
초록(Green)	노랑 + 파랑
보라(Purple)	파랑 + 빨강

- 이차색은 다시 삼원색과 혼합하여 더 다양한 색상을 만들 수 있다.
  - 이차색(주황, 초록, 보라) + 삼원색(빨강, 노랑, 파랑) = 서로 보색일수록 채도가 낮아지고, 혼합된 색상이 회색이나 갈색에 가까워진다.

3) 중간혼합(중간혼색)

- 실제적인 혼합이 아니라 주변 환경에 의해 색이 혼합된 것처럼 착시를 일으키는 심리적인 효과를 말한다.
- 명도와 채도가 혼합에 사용된 색들의 평균적인 값으로 느껴지게 되어 평균혼합이라고도 한다.
- 중간혼합에는 두 가지 이상의 색이 인접하여 배치될 때 인식되는 병치혼합과 색상이 빠르게 회전하거나 변화하여 시각적으로 혼합되는 회전혼합이 있다.

기적의 TIP

- 병치가법혼합은 병치된 요소들이 합해질 때 가산혼합이 되는 것을 말한다.
- 일반적인 병치혼합은 병치된 방법 자체를 의미하며, 병치가산혼합, 병치감산혼합으로 구분된다.

병치혼합 (병치혼색)	• 색선이나 색점이 조밀하게 교차되거나 나열되었을 때 인접한 색과 혼합된 것처럼 보이는 현상 • 일정 거리 이상에서 두 가지 이상을 동시에 볼 때, 마치 하나의 색처럼 보이는 것 　예) TV 화소에 나타나는 영상은 가까이에서 보면 색을 가진 점들로 구성되지만 멀리 떨어져 보면 하나의 혼합된 색으로 보임 • 모자이크 작품, 날줄과 씨줄로 이루어진 직물, 컬러 TV의 망점, 컬러 프린터 인쇄 등에서 나타남 • 병치혼합 중 베졸트의 효과(Bezold Effect)는 양탄자의 날실이나 씨실 중 하나의 색을 변경하거나 추가하면 전체 직물의 배색이 변하는 현상 • 병치혼합은 신인상파 화가인 쇠라(Georges Pierre Seurat)와 시냐크(Paul Signac) 등의 점묘법 작품에서도 찾아볼 수 있음 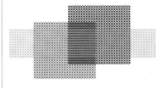   ▲ 병치혼합　　　▲ 직물의 병치혼합　　　▲ 화소의 병치가산혼합
회전혼합 (회전혼색)	• 하나의 면에 있는 두 개 이상이 빠르게 회전되면서 하나의 색으로 인식되는 현상 • 영국의 물리학자 맥스웰(James Clerk Maxwell)이 회전판 실험에서 발견한 혼합 • 원래는 색상을 번갈아보고 있는 것이지만 망막에서 하나의 색으로 보이게 됨 • 회전혼합에서는 색의 개수와 상관없이 평균 명도와 채도로 나타남 • 유채색과 무채색을 회전시킬 경우에는 평균 채도로 나타남 • 보색이나 반대색을 회전시키면 무채색으로 보이게 됨 • 명도가 같으면 채도가 높은 색, 채도가 같으면 명도가 높은 색 쪽으로 기울어져 보임 ▲ 회전혼합

개념 체크

1 병치혼색은 중간혼색의 일종이다. (O, X)

1 O

색채표준의 조건과 역할

▶ 합격 강의

출제빈도 (상) 중 하
반복학습 1 2 3

빈출 태그 색채표준 • CIE 색채표준 • L*a*b* 색 공간 • 현색계 • 혼색계

01 색채표준

1) 색채표준의 개념

- 색상은 제품 품질, 안전 및 비용에 영향을 미치기 때문에 일관성이 중요하다.
- 색채는 합리적이고 규칙적으로 표기되어야 색의 사용이 편리해지며, 색채의 명확한 재현과 전달을 위해서 색채표준이 필요하다.
- 색채표준은 색을 정확하게 계측하고, 재현, 선택, 관리하기 위해 필요하다.
- 색채표준은 색을 규칙에 따라 표현할 수 있도록 해준다.
    예 먼셀 표색계, NCS, CIE 등
- 색채표준에 따라 색을 표현하게 되면 브랜드나 제품의 시각적 일관성을 돕고, 전달력과 접근성 향상에 도움을 준다.
- 색채표준은 실용성 재현성, 국제성, 규칙성, 기호화 등의 사항이 포함되어야 한다.

2) 색채표준의 조건

실용성	• 색의 재현이 불가능하거나 해독과 전달이 어려우면 실용성이 저하됨 • 색의 재현과 사용이 용이하고 범용적이어야 함
재현성	• 특수 안료 보다 기본적인 안료로 만들 수 있어야 함 • 가시광선 범위 내의 일반 안료를 사용함
국제성	• 색의 표기는 국제적인 기초를 따르며, 국제적으로 통용 가능해야 함
규칙성	• 색의 관리, 재현, 선택을 위해 색의 삼속성이 규칙적으로 배열되어야 함
기호화	• 색상, 명도, 채도 등의 색채 삼속성 등이 체계적이고 명확하게 기호화되어 표기되어야 함
과학성	• 과학적인 근거에 기반하여 정의되어야 함
균형성, 등보성	• 색표가 특정 색상이나 톤에 치우치지 않고, 지각적으로 일정한 간격을 유지해야 함

✓ 개념 체크

1 (   )은/는 색을 정확하게 계측하기 위해 필요하다.

1 색채표준

3) 색채표준의 역할

일관성 유지	• 시각적 일관성을 유지하도록 도움 • 특정 브랜드의 로고나 광고에 같은 색상을 사용하면 소비자들이 그 브랜드를 쉽게 인식하고 기억할 수 있음
전달력 향상	• 색상은 감정과 메시지를 전달하는 데 중요한 역할을 함 • 표준화된 색상을 사용하면 원하는 메시지를 명확히 전달할 수 있음
사용자 경험 개선	• 색채표준을 사용하면 사용자가 더 쉽게 이해하고 사용할 수 있는 인터페이스를 제공할 수 있음 • 명확한 색상 구분은 시각적 피로를 줄이고, 더 나은 경험을 제공
접근성 향상	• 시각적인 어려움 있는 사용자도 콘텐츠를 쉽게 이해할 수 있게 도움 • 색 대비를 충분히 고려한 표준을 적용하면 더 많은 사람들이 콘텐츠를 문제없이 이용할 수 있게 됨
법적 및 산업 표준 준수	• 특정 산업에서는 색채표준이 법적 요구사항이나 산업 표준으로 규정되어 있음 • 색채표준 준수를 통해 기업은 법적 책임을 다할 수 있고, 신뢰성을 높이게 됨

02 색채표준의 종류

- 색체계는 물체색을 표시하는 색상 체계를 의미하는 것으로 말로 표현하기 어려운 색을 기호화하여 정확한 정보로 표현하게 해주는 것을 의미한다.
- 색체계에서 색체 표준화에 사용되는 것이 현색계와 혼색계로서 시감각적인 측정, 물리적인 구성 방식에 따라 분류된다.
- 물리적이고 수치적인 방법과 시감각적으로 색을 측정하여 표시 방법을 결정한다.

1) 현색계(Color Appearance System)

- 시각적 감각을 통해 색을 측정하고, 색을 정량적 및 정성적으로 분류하여 정의하는 방법이다.
- 물체색을 표시하기 위해 색의 3속성인 색상 · 명도 · 채도에 따라 기호나 번호를 붙인 표준 색표를 정하여 표시한다.
- 지각적으로 일정하게 배열되어 '지각적 등보성'이 있으며, 사용이 쉽고 이해하기 쉽다.
- 대표적으로 먼셀 표색계, 오스트발트, NCS, DIN(독일공업규격) 표색계 등이 있다.

기적의 TIP

NCS(Natural Color System)는 스웨덴 컬러 센터서 발표된 것으로 심리적인 비율 척도를 사용하여 색 지각량을 표현한다.

오스트발트 표색계 (Ostwald Color System)	• 독일의 화학자 오스트발트(Wilhelm Von Ostwald)가 구성 • 순색(색상), 백색, 흑색을 기본으로 하며, 한 색상에 포함되는 색은 '순색(B비율) + 백색(W비율) + 흑색(C비율)'이 합해져서 100%가 되는 혼합비로 규정 　－ B(Black) : 빛을 완전히 흡수하는 검정 　－ W(White) : 빛을 완전히 반사하는 흰색 　－ C(Full Color) : 특정 파장의 빛만 완전히 반사하고 나머지는 흡수하는 순색 • 명도의 단계는 8단계로 구분, 가장 바깥쪽 끝 색상은 순색 • 등백색 계열 : 흰색의 혼합량이 같은 계열. 순색(C) 끝점과 검정(B)을 잇는 평행 상의 색 • 등흑색 계열 : 검정의 혼합량이 같은 계열. 순색(C) 끝점과 흰색(W)을 잇는 평행 상의 색 • 등순색 계열 : 순색 혼합량이 같은 계열. 흰색(W)과 검정(B)을 잇는 선과 평행 상 의 색 • 색상환은 헤링(E.Hering)의 4원색인 빨강(Red)–청록(Sea Green), 노랑(Yel- low)–남색(Ultramarine Blue)이 서로 마주보도록 배치한 후 그 사이에 주황 (Orange), 파랑(Blue), 자주(Purple), 황록(Yellow–Green)을 배치하여 8색을 기 본색으로 구성. 이를 각각 3색상으로 나누어 24색상환 완성  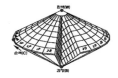 　▲ 오스트발트 색입체　　　▲ 색입체 구성　　　▲ 색입체 종단면
NCS 표색계	• 스웨덴 색채연구소에서 개발한 색체계 • 노르웨이, 스페인, 스웨덴의 국가 표준색 • 영종도 인천국제공항 색채 계획에 적용됨 • 인간이 구별할 수 있는 기초적인 노랑(Yellow), 빨강(Red), 파랑(Blue), 녹색 (Green) 등 4개의 원색에, 흰색(White), 검정(Schwarz)의 무채색을 더해 총 6색 을 기본색으로 정하고, 기본색의 심리적인 혼합비로 색상을 표현 • 이 중 색상환은 노랑 – 파랑, 빨강 – 녹색을 반대편에 배치하여 구성 • 색의 3속성(색상, 명도, 채도)을 기준으로 색을 정량화하고, 이를 통해 색의 뉘앙 스(Nuance)를 표현 　－ 색상은 [뉘앙스 = (검정비율 + 색채량*)] + [흰색비율(자동입력)] = 100%가 됨 　　* 색채량(Chromaticness) = Y + R + B + G 　－ NCS S 1040–R20B 표기는 다음의 의미를 가짐 　　[뉘앙스 = (검정 10%) + (색채량 40%*)] + [흰색 50%(자동)] = 100% 　　* 색채량 40% = 20B는 20%의 파란색(B)을 의미, 빨간색(R)은 자동 20% 　▲ NCS 기본색

2) 혼색계(Color Mixing System)

• 색체계에서 심리적, 물리적 빛의 혼색 실험 결과를 기초로 색을 정하는 방법이다.
• 물리적이고 수치적인 빛의 혼합에 기초를 두어 색표를 정하기 때문에 객관적이고
정량적인 색체계이다.
예 CIE L*a*b*

✓ 개념 체크

1 오스트발트 표색계는 물리
적인 측색을 통해 빛의 파
장을 기초로 색을 정한다.
(O, X)

1 X

CIE 표색계	• 국제조명위원회에서 고안한 국제적인 색채표준 • 가산혼합의 원리를 이용하여, 빛의 측색을 표시함 • 빛의 3원색인 R/G/B를 X/Y/Z의 양으로 나타냄 • CIE 표색계에서 스펙트럼 가시광선의 파장 범위는 380~780nm임 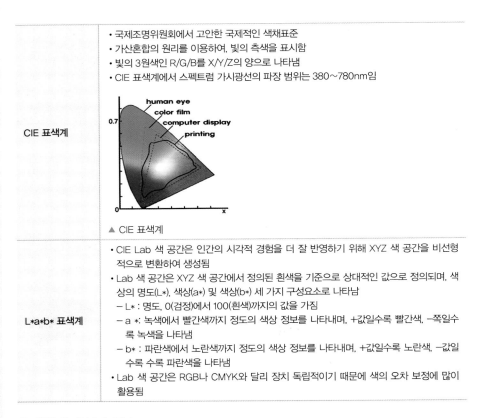 ▲ CIE 표색계

L*a*b* 표색계	• CIE Lab 색 공간은 인간의 시각적 경험을 더 잘 반영하기 위해 XYZ 색 공간을 비선형적으로 변환하여 생성됨
	• Lab 색 공간은 XYZ 색 공간에서 정의된 흰색을 기준으로 상대적인 값으로 정의되며, 색상의 명도(L*), 색상(a*) 및 색상(b*) 세 가지 구성요소로 나타남
	  − L* : 명도, 0(검정)에서 100(흰색)까지의 값을 가짐
	  − a * : 녹색에서 빨간색까지 정도의 색상 정보를 나타내며, +값일수록 빨간색, −쪽일수록 녹색을 나타냄
	  − b* : 파란색에서 노란색까지 정도의 색상 정보를 나타내며, +값일수록 노란색, −값일수록 수록 파란색을 나타냄
	• Lab 색 공간은 RGB나 CMYK와 달리 장치 독립적이기 때문에 색의 오차 보정에 많이 활용됨

① 현색계, 혼색계 구분

현색계	먼셀, 오스트발트, NCS, DIN, KS색명(한국산업규격), OSA(미국광학협회규격)
혼색계	CIE, L*a*b*

② 색명법

기본색명	• 표색계에 의해 규정하는 방법 • '빨강, Red, R' 처럼 표색계를 사용하여 기호나 이름으로 표현
일반색명(계통색명)	• 색 이름에 감성적으로 느껴진 느낌을 수식어로 덧붙여 사용하는 방법 • 기본 색명에 '어두운', '연한' 등 색채의 톤(명도, 채도의 차이)이나 수식어를 붙여서 사용 예 '어두운 파랑', '연보라' • 일반색명을 이용하면 색을 정확히 표현할 수 있음
관용색명	• 관습적이거나 연상적인 느낌으로 이름을 붙이는 방법 • '귤색, 밤색, 무지개색, 코발트 블루'와 같이 고유한 이름을 이용하여 표현 • 지명, 원료, 자연, 식물 등에 따라 이름이 붙여짐 • 관용색명은 정확성이 떨어짐

CHAPTER

조색 검사 및 완성

학습 방향

조색 검사의 의미에 대해 알아두고, 색상·명도·채도·색조의 색차 보정에 대해 학습합니다.

출제빈도

| SECTION 01 | 중 | | 40% |
| SECTION 02 | 상 | | 60% |

※ 출제빈도의 경우 2025년 이후로 변형된 기준에 맞춰 작성되었습니다.

▶ 합격 강의

01 조색 검사

- 웹사이트의 모든 디자인 요소들을 검토하고, 색상이 일관되고 적절한지 확인하는 과정을 의미한다.
- 색상의 조화, 텍스트와 배경의 가독성, 그리고 사용자 경험에 미치는 영향을 고려하도록 한다.
- 모든 검사를 통과한 디자인 요소들을 최종적으로 완성하고, 모든 디자인 요소가 원활하게 작동하고, 사용자에게 좋은 경험을 제공할 수 있도록 최적화한다.

▶ 웹디자인 관련 조색 검사

색상 정확도(Color Accuracy)	디자인의 목표 색상과 실제로 사용된 색상이 일치하는지 확인
일관성(Consistency)	다양한 페이지나 요소들에서 색상이 일관되게 사용되고 있는지 확인
대비(Contrast)	배경색과 텍스트 색상, 명도 등의 대비가 적절하여 읽기 쉽고 시각적으로 명확한지 확인
적응성(Adaptability)	색상이 다양한 화면 크기와 해상도에서 일관되게 보이는지 확인
사용자 피드백(User Feedback)	실제 사용자들로부터 색상의 인지 및 만족도에 대한 피드백을 받아 조색의 적절성 평가

02 감법혼합 조색 검사

- 감법혼합은 주로 인쇄잉크, 안료, 염료, 물감의 혼합에서 나타난다.
- 감법혼합 관련 물감 사용 시 조색 검사 기준으로는 일관된 품질과 정확한 색상을 재현하기 위한 색 정확성, 일관성, 내구성, 발림성, 투명성 및 불투명성 등이 있다.

▶ 감법혼합에서 물감 사용 시 조색 과정

① 원색 선택	목표색에 가장 근접한 원색을 선택한 후 명도와 채도를 맞추고 색상 조정
② 유사색 사용	근접 색상(유사 색상) 간의 혼합이 채도를 높이므로 색상 변화 시 근접 색상 사용
③ 건조 후 색 비교	착색 전과 건조 후의 색이 다르므로 반드시 건조 후에 색을 비교
④ 적정량 혼합	조색작업 중 혼색 양이 늘어나므로 처음부터 필요량의 70% 정도만 혼합
⑤ 원색 사용 주의	착색력이 큰 원색을 다른 색에 넣을 때 과다 사용을 피함. 목표색이 예측치 않은 방향으로 쏠렸을 경우 보색을 사용해 없앨 수 있으나, 채도가 급격히 낮아지므로 주의 필요
⑥ 도료 혼용 금지	성분이 다른 도료와는 혼용하지 않음
⑦ 완전한 교반	배합된 도료는 완전히 교반하고 시너나 희석제 혼합

색상 · 명도 · 채도 · 색조의 색차 보정

▶ 합격 강의

출제빈도 ⓢ 중 하
반복학습 ① ② ③

빈출 태그 조색 검사 • 색차 보정

01 색차 보정

- 웹디자인에서 색상(Color), 명도(Lightness), 채도(Saturation), 색조(Tone)는 중요한 속성으로 색채의 균형을 맞추고 일관성을 유지하는 데 중요한 역할을 한다.
- 색차 보정은 다양한 색상이 조화를 이루도록 만드는 과정으로, 주로 색상 대비를 조정하거나, 색상환의 특정 지점에 맞추어 색을 조정하는 방식으로 이루어진다.
- 색의 3속성을 기준으로 오차를 확인하고, 필요한 색을 추가하며 색상, 명도, 채도를 조정한다.

▶ 기적의 TIP

색조(Tone)
명도와 채도를 결합한 개념으로, 무채색과 유채색의 혼합 비율에 따라 색의 밝기와 강도가 달라진다.

▶ 색차 보정의 과정

분석	현재 사용 중인 색상의 색상, 명도, 채도를 분석
조정	필요한 경우 색상의 각 속성을 조정하여 색의 균형을 맞춤
검사	조정된 색상을 다시 검토하여 일관성을 확인

02 색상 · 명도 · 채도 · 색조의 색차 보정

색상(Color)	• 색상환에서 위치에 따라 다름 • 색상의 차이는 다양한 색을 혼합하여 보정할 수 있음
명도(Lightness)	• 색의 밝기를 나타냄 • 밝은 색과 어두운 색의 차이를 조정하여 보정
채도(Saturation)	• 색의 순수함, 선명도를 나타냄 • 색의 농도를 조절하여 보정 • 채도가 높을수록 색이 선명하고, 낮을수록 회색에 가까워짐
색조(톤, Tone)	• 색에 회색을 섞어 밝기와 채도를 조절한 것으로 색의 변형을 의미 예 빨강 색조에 회색을 섞으면 다양한 톤의 빨강이 생성됨 • 색의 밝기를 변화시키지 않으면서 색의 느낌을 변경할 수 있음 • 무채색의 혼합 정도에 따라 색의 밝기와 어둡기가 결정되고 유채색과의 혼합 비율에 따라 색의 강약이 변화됨

✔ 개념 체크

1 ( )의 색차를 보정하면 색의 밝기를 변화시키지 않으면서 색의 느낌을 변경할 수 있다.

1 색조

01 유채색에 대한 설명이 <u>아닌</u> 것은?
① 순수한 무채색을 제외한 모든 색을 말한다.
② 색상(Hue) 값을 조금이라도 포함하고 있는 색을 말한다.
③ 색상, 명도, 채도를 모두 가지고 있다.
④ 흰색에서 검정색까지의 그레이스케일로 표현되는 모든 색을 말한다.

02 색채에 대한 일반적인 설명으로 <u>틀린</u> 것은?
① 무채색은 채도가 없는 색이란 뜻으로 밝고 어두운 정도의 차이로 구별된다.
② 유채색이란 채도가 있는 색이란 뜻이다.
③ 유채색은 색의 3속성 중 색상과 채도만을 가지고 있다.
④ 무채색 중 회색은 중성의 성질로 수동적 호감이 있다.

03 색의 3속성을 3차원의 공간 속에 계통적으로 배열한 것을 무엇이라 하는가?
① 계시입체
② 표색계
③ 색상환
④ 색입체

04 빛이 눈의 망막 위에서 해석되는 과정에서 혼색효과를 가져다주는 가법혼색으로 점묘파 화가들이 많이 사용하였고, 디더링의 혼색원리이기도 한 혼합방법을 무엇이라 하는가?
① 병치혼합
② 감색혼합
③ 중간혼합
④ 회전혼합

05 신인상파 화가인 쇠라의 작품인 "그랑자트섬의 일요일 오후"에서 사용된 색의 혼합은?
① 회전혼합
② 가산혼합
③ 색료혼합
④ 병치혼합

06 어둠이 시작될 때 물체의 상이 흐리게 나타나는 현상과 가장 관계가 깊은 것은?
① 색순응
② 푸르킨예 현상
③ 박명시
④ 조건등색

> **오답 피하기**
> • ① 색순응 : 색에 순응되어 다른 환경에서 색의 지각이 약해지는 것
> • ② 푸르킨예 현상 : 암순응 뒤에 따라 파랑과 빨강의 명도 차이가 변하는 현상
> • ④ 조건등색 : 두 가지의 다른 물체색이 특수한 조건의 조명 아래에서 같은 색으로 느껴지는 현상

07 먼셀 표색계에 관한 설명으로 <u>틀린</u> 사람은?
① 먼셀의 색채체계는 색상, 명도, 채도의 3속성을 근거로 하여 작성되었다.
② 채도 단계는 무채색을 0으로 하고, 그 최고가 14단계이다.
③ 명도 단계는 검정색으로 10으로 하고, 흰색을 0으로 하여 모두 11단계이다.
④ 색상은 5주요 색상인 빨강, 노랑, 녹색, 파랑, 보라이다.

정답 01 ④ 02 ③ 03 ④ 04 ① 05 ④ 06 ③ 07 ③

08 색입체를 단순화한 각 부분의 명칭이 맞는 것은?(단, A는 입체의 상하, B는 입체의 가로 방향, C는 입체의 둘레를 의미한다.)

① A-색상, B-채도, C-명도
② A-채도, B-명도, C-색상
③ A-명도, B-색상, C-채도
④ A-명도, B-채도, C-색상

오답 피하기
• A-명도 : 색입체 모형의 중심축으로서 명도를 나타낸다.
• B-채도 : 안쪽에서 바깥쪽으로 채도가 배열되어 있으며 색입체의 가장 바깥쪽에 순색이 위치한다.
• C-색상 : 색상이 색입체를 둘러싸고 있으며 수평 단면을 보면 명도가 같은 여러 색들을 한 눈에 볼 수 있다.

09 컬러TV, 조명 등에 활용되는 혼합방식은?

① 감산혼합
② 가산혼합
③ 계시가법혼합
④ 중간혼합

오답 피하기
• ① 감산혼합 : 혼합할수록 어두워지는 색료의 혼합
• ③ 계시가법혼합 : 두 가지 색 이상을 빠르게 교차시킬 때 나타나는 계시적인 혼합 현상
• ④ 중간혼합 : 두 가지 색 이상을 병치시킬 때 혼합된 것처럼 보이는 것

10 감산혼합의 혼색 결과로 맞는 것은?

① 사이안 + 마젠타 = 파랑
② 노랑 + 사이안 = 빨강
③ 마젠타 + 노랑 = 녹색
④ 마젠타 + 노랑 + 사이안 = 백색

오답 피하기
• ② 노랑 + 사이안 = 녹색
• ③ 마젠타 + 노랑 = 빨강
• ④ 마젠타 + 노랑 + 사이안 = 검정

11 색상환 24등분, 명도 단계 8등분의 색 체계를 구성하고 "조화는 질서와 같다"는 색채 조화 이론을 발표한 사람은?

① 오스트발트
② 슈브뢸
③ 비렌
④ 문 · 스펜서

오답 피하기
• 슈브뢸 : 색채조화론의 기초를 확립
• ③ 비렌 : 슈브뢸의 조화이론을 진전시키고 색상을 따뜻한 색과 차가운 색으로 구분
• ④ 문 · 스펜서 : 먼셀의 표색계를 활용하여 먼셀 공간과 대응되는 오메가 공간의 배색을 설명

12 1931년 국제조명위원회에서 색의 단위와 체계를 정립하여 발표한 표색계는?

① 한국 전통 표색계
② 오스트발트 표색계
③ CIE 표준 표색계
④ KS사용 표색계

정답 08 ④ 09 ② 10 ① 11 ① 12 ③

배색

파트 소개

색채 계획과 배색 조합에 대해 알아봅니다. 주조색, 보조색, 강조색의 의미, 색채 조화와 색채 조화론의 원리를 살펴봅니다. 배색의 종류와 특징, 색의 지각적 효과와 색과 색채의 심리적·기능적 작용에 대해 알아봅니다.

CHAPTER 01

색채 계획과 배색 조합

색채 계획의 의미를 알아보고, 주조색, 보조색, 강조색의 의미와 역할을 이해합니다. 색채 조화의 종류와 다양한 색채 조화론과 원리를 학습하고 색채의 연상과 상징, 색채 치료와 색의 감정적 효과에 대해 학습합니다.

출제빈도

SECTION 01	하	10%
SECTION 02	하	10%
SECTION 03	중	20%
SECTION 04	상	35%
SECTION 05	중	25%

※ 출제빈도의 경우 2025년 이후로 변형된 기준에 맞춰 작성되었습니다.

색채 계획

▶ 합격 강의

출제빈도 상 중 ⓗ
반복학습 ① ② ③

빈출 태그 색채 계획 • 색채 계획서

01 색채 계획

- 색채 계획은 웹사이트의 목적과 용도에 맞는 요소를 기반으로 하여 색상을 체계적으로 선정하고, 기능적이고 심미적인 배색 조합을 얻을 수 있도록 계획한다.
- 색채 계획은 디자인, 마케팅, 인테리어, 패션 등 다양한 분야에서 사용되며 목표를 달성하기 위해 색상의 심리적, 문화적, 기능적 효과를 고려한다.

02 색채 계획서 작성

- 색채 계획서란 디자인 과정에서 색상의 선정과 조합을 체계적으로 계획하는 문서이다.
- 색채 계획서는 '목표 정의 → 정보수집 → 색채 콘셉트 설정 → 배색 기법 결정 → 시각적 효과 최적화 → 색채 계획서 작성 → 피드백 및 수정 → 최종 제출'의 과정으로 이루어진다.

① 목표 정의	색채 계획서의 목적과 목표 명확히 정의
② 정보 수집	색채의 트렌드, 시장 조사, 경쟁 분석 등을 통해 관련 정보를 수집하고, 클라이언트와 소비자의 요구 사항 파악
③ 색채 콘셉트 설정	조사 결과를 바탕으로 색채 콘셉트를 설정하고, 색의 심리적 및 기능적 효과를 반영하여 주조색, 보조색, 강조색 결정
④ 배색 기법 결정	배색 기법 및 형식 결정
⑤ 시각적 효과를 최적화	선택한 색상의 시각적 효과를 검토하고 조정
⑥ 색채 계획서 작성	모든 내용을 종합하여 색채 계획서 작성
⑦ 피드백 및 수정	색채 계획서를 검토하고, 클라이언트나 팀원으로부터 피드백을 받고 수정·보완
⑧ 최종 제출	최종 색채 계획서를 완성하여 제출

주조색, 보조색, 강조색

▶ 합격 강의

출제빈도 상 중 (하)
반복학습 1 2 3

빈출 태그 주조색 • 보조색 • 강조색

01 주조색(Primary Color)

- 웹사이트 디자인에서 배색의 기본이 되는 색상으로 웹사이트의 70~75% 정도를 차지하는 가장 주목받는 색상이다.
- 주조색은 웹사이트의 로고, 배경, 주요 메뉴나 버튼 등에 주로 사용된다.
- 웹사이트의 브랜드를 시각적으로 나타내며, 방문자가 사이트를 쉽게 기억하고 인식할 수 있도록 하여 브랜드 아이덴티티를 강화한다.
- 주조색은 웹페이지 전체에서 일관된 색상을 사용하여 시각적 통일성을 유지하고, 혼란을 줄여 일관성을 유지하게 하는 역할을 한다.
- 주조색 선정은 목적, 대상 등을 고려하여 선정하여 설정에 따라 웹사이트의 전반적인 톤과 분위기가 좌우된다.
- 특정 색상을 주조색으로 사용하면 특정 감정을 유도하는 데 사용될 수 있다.
  예 파란색 : 신뢰감, 빨간색 : 열정

02 보조색(Secondary Color)

- 보조색은 웹사이트 전체에서 20~25%를 차지하는 것으로 주조색을 보완하여 디자인의 조화와 균형을 이루게 한다.
- 서브 메뉴나 버튼, 링크, 아이콘 등의 세부적인 부분에 사용되어 주조색과 조화롭게 어우러지게 하며, 웹페이지의 다양한 요소를 강조하는 데 사용된다.

03 강조색(Accent Color)

- 웹사이트에서 5~10% 정도를 차지하는 것으로 중요한 요소를 강조하기 위해 사용되는 포인트 색상이다.
- 주조색이나 보조색과 비교하여 색상 및 명도 채도를 대비적으로 사용하여 강조한다.
- 사용자의 주의를 끌기 위한 버튼, 경고 메시지, 중요한 링크 등에 사용된다.

📖 기적의 TIP

주조색, 보조색, 강조색은 웹 디자인에서 전체적인 시각적 조화를 이루는 데 중요한 역할을 하는 것으로 웹사이트의 브랜드 아이덴티티를 강화하며, 사용자 경험을 향상시키는 데 도움을 준다.

▲ 주조색, 보조색, 강조색

✅ 개념 체크

1 (   )은/는 서브 메뉴, 버튼, 링크, 아이콘 등의 세부 요소에 사용되어 주조색과 자연스럽게 어우러지게 하는 색이다.

2 주조색은 웹사이트에서 중요한 요소를 강조하기 위해 사용하는 포인트 색상이다. (O, X)

1 보조색 2 X

색채 조화와 색채 조화론

▶ 합격 강의

빈출 태그 색채 조화 • 유사색 조화 • 보색 조화 • 색채 조화론 • 저드 색채 조화 원리

01 색채 조화

• 색채는 색의 속성으로서 색상이 주는 감정적, 심리적, 문화인 의미를 포함한다.
• 색채는 색상, 명도, 채도 등의 다양한 속성을 가지고 있으며, 이러한 속성들이 조화를 이루어 배색 형식을 만들 때 각기 다른 효과를 나타낸다.
• 색채 조화는 여러 색상이 조화롭게 어울리는 것을 의미하며, 배색 방식에 따라 그 결과가 달라진다.

1) 색채 조화의 종류

유사색 조화	• 색상환에서 서로 인접한 색상들을 조합하는 배색으로 인접색, 근접색이라고도 함 • 자연스럽고 부드러운 전환을 제공하여 시각적으로 편안한 느낌을 줌
등간격 3색 조화	• 색상환에서 동일한 간격으로 떨어진 3가지 색상을 선택하여 배색 • 생동감과 다채로운 느낌의 디자인을 만들 수 있음
보색 조화	• 색상환에서 반대편 색상 간의 배색 • 사람의 눈에 가장 강한 대비를 주는 효과 • 강하고 다이내믹한 디자인을 만들 수 있음
근접보색 조화	• 색상환에서 보색의 인접 색상들과 조합하는 배색 • 보색의 강렬함을 완화시킬 수 있음
톤온톤 조화	• 톤온톤(Tone-on-Tone Harmony)이란 같은 색상에서 명도와 채도를 다르게 하여 다양한 톤을 사용하는 배색 • 색상 간의 충돌 없이 자연스럽고 심플한 디자인을 가능하게 함
명도에 따른 조화	• 하나의 색상을 여러 단계의 명도로 배색할 때 나타나는 조화 • '단계의 조화'라고도 함
주조색의 조화	• 자연의 색상 중에 나타나는 여러 색 중 한 가지 색이 주된 색상(주조)을 이루면서 동시에 면적 대비의 효과가 나타나는 조화 • 일출이나 일몰 때 많이 볼 수 있음

▲ 톤온톤 조화

▲ 명도에 따른 조화

▲ 주조색의 조화

▲ 유사색 조화

▲ 등간격 3색 조화

▲ 보색 조화

▲ 근접보색 조화

02 색채 조화론

1) 저드의 색채 조화론

- 미국 색채학자 저드(D. B. Judd, 1900~1972)가 제시한 이론으로, 색채 조화의 심리적 측면을 중시한다.
- 색상의 조화가 시각적 즐거움을 넘어 심리적 안정감을 제공할 수 있다고 주장한다.
- 저드의 색채 조화론에 '대비의 원리'를 추가하면 색채 조화의 공통 원리가 된다.

▶ 색채 조화의 공통 원리

저드의 색채 조화 원리	질서의 원리	• 색상을 규칙을 가지고 선택하여 배색하면 조화를 이룬다는 원리 • 색 공간에서 등간격과 같이 일정한 법칙에 따라 선택하여 배색하면 조화를 이룸
	유사의 원리	• 공통성이나 유사성이 있는 색들을 배색하면 조화를 이룬다는 원리 • 색의 3속성인 색상, 명도, 채도의 차이가 적은 색상의 배색이 시각적으로 조화를 이룸
	친근감(동류)의 원리	친숙한 조합이나 자연환경에 나타난 익숙한 색의 조합은 조화를 이룬다는 원리
	명료성(비모호성)의 원리	색의 속성의 차이와 면적 등 색상의 관계가 모호함이 없이 명료하게 배색되면 조화를 이룬다는 원리
대비의 원리		• 모호함이 없이 반대 관계에 있거나 보색 관계에 있는 색도 조화를 이룬다는 원리 • 뚜렷한 대비에서는 주목성과 명시성이 나타남

2) 슈브뢸의 색채 조화론

- 프랑스 화학자 슈브뢸(M. E. Chevreul, 1786~1889)은 직물 제작소에서 직물의 날실과 씨실을 통해 색채 조화와 대비에 대한 법칙을 발견하였다.
- 슈브뢸은 색의 유사성과 대조에서 색채 조화가 이루어진다고 주장하였다.

동시대비의 원리	• 두 색상이 서로 병치되었을 때 색상들이 서로 영향을 미쳐 조화를 이루게 된다는 원리 • 직물에서는 직물의 날실(경사)과 씨실(위사)의 교차가 혼색되어 하나의 색상처럼 보이게 된다고 주장
도미넌트 컬러 (Dominant Color)	전체를 주도하는 색 주도색(도미넌트 컬러)이 존재할 때, 전체적인 조화가 형성된다는 원리
세퍼레이션 컬러 (Separation Color)	두 색상이 부조화를 일으킬 때는 그 사이에 흰색 또는 검은색 등의 무채색을 분리색(세퍼레이션 컬러)으로 넣으면 조화를 이루게 된다는 원리
보색배색의 조화	반대되는 색상에 의해 두 색상의 대비적인 조화가 더 잘 이루어진다는 원리

배색 조합

▶ 합격 강의

빈출 태그 배색 • 동시대비 • 계시대비 • 동화현상 • 주목성 • 명시성 • 진출색 • 평창색

01 배색 조합

• 배색 조합이란 색을 목적에 맞게 표현하기 위해서 주변의 색을 고려하여 조화롭게 배치하는 것으로, 배색이라고도 한다.
• 시각적인 아름다움과 효과를 극대화하는 방법으로 디자인, 예술, 마케팅 등 여러 분야에서 활용된다.
• 배색 조합 방법은 문 · 스펜서의 조견표를 이용하여 동등, 유사, 반대(대비), 유채색, 무채색 배색 등으로 구분한다.

▶ 배색에서 고려해야 하는 요소

```
• 배색의 목적과 사용 목적
• 색상 수를 적게 하고 대비를 고려하여 색을 선택
• 주조색을 먼저 정한 후 나머지 색을 배색
• 색상, 명도, 채도를 생각하여 배색
• 색의 감정적, 지각적 효과
• 면적의 비례와 대비 효과 등
```

1) 색상에 의한 배색

• 색상을 중심으로 배색하는 것이다.
• 같은 색상을 중심으로 배색하면 통일성과 질서를 느끼게 된다.
• 색상차가 크고 작음에 따라 조화의 느낌이 달라진다.
• 동일색상 배색은 정적인 질서, 차분함, 통일된 감정을 느낄 수 있다.
• 유사색상 배색은 색상환에서 인접한 색상들을 조합하여 자연스럽고 부드러운 조화를 만든다.
• 보색색상 배색은 색상환에서 반대에 위치한 색상들을 조합하여 사람의 눈에 가장 강한 대비를 주며, 눈에 띄는 효과를 준다.

✔ 개념 체크

1 (   )(이)란 특정 목적을 달성하기 위해 주변 색상을 고려하여 조화롭게 배치하는 과정을 의미한다.

2 배색 시 먼저 주조색부터 정한다. (O, X)

1 배색 조합 2 O

	배색 효과	R,G,B 값	R,G,B 값
동일색상	명도 또는 채도에 차이를 둔 배색 : 단조로움, 편함	255 0 0	255 170 170
유사색상	따뜻한 색의 배색 : 온화하면서 활발함	255 153 0	255 255 0
	차가운 색의 배색 : 시원하고 침착함	0 204 255	0 0 255
보색색상	보색 관계의 배색 : 다이나믹하고 대조적	192 226 0	180 0 180
반대색상	따뜻한 색 vs 차가운 색 : 강렬함, 다채로움	255 0 0	0 0 128

2) 명도에 의한 배색

- 색의 밝기를 변화시켜 조화를 이루는 것이다.
- 고명도 배색은 밝은 색상끼리 조합하여 경쾌하고 환한 느낌을 준다.
- 저명도 배색은 어두운 색상끼리 조합하여 무게감있고 진중한 느낌을 준다.
- 명암 대비 배색은 밝은 색상과 어두운 색상을 함께 사용하며 강한 대비로 눈에 띄는 효과를 준다.

	배색 효과	R,G,B 값	R,G,B 값
유사명도	고명도의 배색 : 경쾌, 깨끗, 맑음	255 255 153	255 204 153
	중명도의 배색 : 침착, 불분명	2 125 125	53 99 29
	저명도의 배색 : 무거움, 어두움, 침울	61 3 36	0 64 64
반대명도	무채색 vs 유채색 : 명시성, 가시성 뛰어남	0 0 0	255 0 255
	유채색 vs 유채색 : 강함, 명도차가 클수록 또렷함	255 255 128	48 24 61
	무채색 vs 무채색 : 신뢰, 대조적	255 255 255	64 64 64

3) 채도에 의한 배색

- 색의 선명도와 강도인 채도의 차이를 이용하여 배색하는 것이다.
- 채도는 색의 선명도와 강도를 나타내며, 채도에 의한 배색은 색의 선명도를 변화시켜 조화를 이루는 방법이다.
- 고채도의 배색은 선명하고 강렬한 색을 사용하여 생동감 있고 화려한 느낌을 준다.
- 저채도의 배색은 부드럽고 차분한 느낌, 안정된 느낌을 준다.
- 채도의 차이가 큰 고채도와 저채도의 배색은 활발하고 명쾌한 느낌을 준다.

	배색 효과	R,G,B 값	R,G,B 값
유사채도	고채도의 배색 : 생동감, 화려함, 자극적, 강함	255 0 0	128 255 0
	저채도의 배색 : 부드러움, 소박함, 차분함, 온화함	110 80 120	120 194 194
반대채도	채도차가 큰 배색 : 활발함, 명쾌함	60 240 140	140 180 180

02 색의 대비

- 색의 대비란 함께 배치된 색이 서로 영향을 받아 본래의 색 이상의 차이를 가져오는 현상을 의미한다.
- 대비를 경험한 시간의 차이, 색의 근접에 의해 동시대비와 계시대비로 구분한다.

1) 동시대비(Simultaneous Contrast)

- 인접되어 있거나 다른 색 안에 놓여있는 두 가지 색을 동시에 볼 때 서로의 영향을 받아 색상이 다르게 보이는 현상이다.
- 인접되어 있는 색의 차이가 크면 클수록 효과가 커진다.
- 속성에 따라 색상대비, 명도대비, 채도대비로 구분된다.

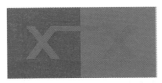

▲ 동시대비

① 색상대비(Hue Contrast)

- 명도와 채도가 비슷한 두 가지 이상의 색이 인접해 있을 때 서로 영향을 받아 색상의 차이가 크게 나타나는 현상이다.
- 자극이 약한 색상과 강한 색상이 잇닿아 있을 경우 자극이 약한 색상 쪽은 자극이 강한 쪽의 영향을 받게 된다.
- 같은 노란색이더라도 빨간색 바탕에서는 빨간색이 섞여 있는 것처럼 느껴지고, 파란색 바탕에서는 파란색이 섞여있는 것처럼 느껴진다.
- 반대색이거나 보색이면 더욱 크게 나타난다.
- 색상이 가깝게 인접되어 있을수록 대비 현상이 잘 나타나고 서로 멀리 떨어지면 대비가 약해진다.

▲ 색상대비

▲ 색상의 차이와 색상대비

② 명도대비(Value/Lightness Contrast)

- 명도가 다른 두 색이 함께 배치되어 있을 때 서로 영향을 받아 명도가 다르게 느껴지는 현상이다.
- 같은 명도의 도형이라도 밝은 배경 속에서는 더 밝게, 어두운 배경에서는 더 어둡게 보인다.
- 두 색의 명도차가 클수록 대비 효과가 커지며, 유채색과 무채색에서 모두 일어난다.

▲ 명도대비

▲ 명도의 차이와 명도대비

③ 채도대비(Chroma/Saturation Contrast)

- 명도는 비슷하고 채도가 다른 두 가지 이상의 색이 서로 영향을 받아 채도의 차이가 커 보이는 현상이다.
- 채도가 낮은 색이 채도가 높은 색과 인접해 있게 되면 낮은 색의 채도가 높아 보인다.
- 무채색 속의 유채색은 더욱 채도가 높아보이게 된다.
- 유채색 속의 채도가 낮은 색은 채도가 낮아보인다.

▲ 채도대비　　　　　　　　　　　　▲ 무채색과 유채색의 채도대비

④ 보색대비(Complementary Color Contrast)

- 색상환에서 정반대에 위치한 두 색상이 인접해 있을 때 서로 영향을 받아 채도가 높고 선명해 보이는 현상이다.
- 보색대비에서는 주목성(시각적 주목)과 명시성(가시성, 시인성)이 나타난다.
- **예** 빨강 장미가 초록색 바탕에서 더욱 선명하게 보이는 것

▲ 보색대비　　　　　　　　　　　　▲ 색상의 차이와 보색대비

⑤ 연변대비(Edge Contrast)

- 두 색의 경계에서 강하게 일어나는 대비 효과로 경계대비라고도 한다.
- 경계선 부분에서 색상대비, 명도대비, 채도대비가 더 강하게 일어난다.
- 유채색끼리의 색상별 나열이나 무채색끼리의 명도별 나열에서 잘 나타난다.
- 검정 바탕에 있는 흰색 선의 교차지점에서는 명도대비가 강하게 일어나며, 교차 지점에서 회색의 점이 나타나는 착시 효과를 볼 수 있다.

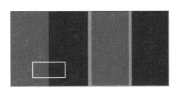 

▲ 연변대비

2) 계시대비(Successive Contrast)

- 색상을 보고 난 후 일정한 시간 후에 느껴지는 대비 효과로 계속대비라고도 한다.
- 계시대비는 일종의 소극적 잔상 효과이다.
- 📵 녹색 배경에 있는 회색 사각형을 계속 응시하다가 흰색 배경을 바라보면 붉은 바탕 안의 녹색 사각형으로 보이게 됨

▲ 계시대비

3) 기타 대비

① 한난대비

- 차가운 색과 따뜻한 색을 함께 배치할 경우 서로 대비되어 차가운 색은 더 차갑게 따뜻한 색은 더욱 따뜻하게 느껴지는 현상이다.
- 중성색은 차가운 색에 둘러싸여 있으면 더 차갑게 느껴지고, 따뜻한 색에 둘러싸여 있으면 더 따뜻하게 느껴진다.

▲ 한난대비

② 면적대비

- 면적의 크기에 따라 색이 다르게 느껴지는 현상이다.
- 면적이 큰 도형은 면적이 작은 도형보다 명도와 채도가 더 높게 느껴진다.
- 면적이 작은 도형은 실제의 명도와 채도보다 더 낮게 느껴진다.

▲ 면적대비

03 색의 지각적 효과

동화현상 (Assimilation Effect)	• 대비와는 달리 오히려 주변의 색상에 가깝게 느껴지는 현상 • 다른 색의 영향을 받아 인접되어 있거나 둘러싸여 있는 색상과 비슷하게 보이는 것으로 자극이 지속되는 잔상 효과 • 무채색의 주변에 유채색으로 비슷한 색이 많이 배치되거나 한 가지 색 주위에 같은 색이 많을 때 일어남 (면적이 작은 줄무늬는 바탕색과 비슷하게 보임)	
잔상효과 (Afterimage Effect)	• 망막이 느낀 자극이 계속 남아있어서 지속적으로 형상이 남는 것 • 긍정적(양성적) 잔상 – 명도와 색상에 대한 자극이 지속되는 현상. 밝은 빛을 본 후 눈을 감으면 여전히 그 빛이 보이는 것 • 소극적(음성적) 잔상 – 색상, 명도, 채도가 반대로 느껴지는 현상. 계시대비에서 나타나며, 유채색 쪽을 응시하다가 흰 바탕쪽을 보면 보색으로 잔상이 남음 🗨 빨간색 피를 본 후 흰색을 보면 녹색 잔상이 생겨 시야에 혼동이 올 수 있음. 이를 방지하기 위해 수술복에 녹색을 사용	
주목성 (Notice)	• 색 자체가 명도나 채도가 높아서 시각적으로 빨리 눈에 띄는 성질을 지님 • 따뜻한 색, 명도와 채도가 높은 색일수록 주목성이 높음 • 배열에 있어서는 보색 배열, 자극이 강한 빨강과 흰색의 배열, 노랑과 검정의 배열에서 주목성이 높아짐 • 표지판, 표시와 기호 등에 사용	
명시성 (Visibility)	• 가시성, 시인성이라고도 함. 먼 거리에서도 잘 보이는 성질 • 주로 두 가지 색 이상을 배열하였을 때 나타나는 성질 • 색상, 명도, 채도의 차이가 클수록 명시성이 높아짐 • 무채색과 유채색의 배색은 명시성, 가시성이 뛰어남 • 검정과 노랑의 배색은 명시성이 높은 배색으로 교통표지판에 많이 활용됨	
진출색 (Advancing Color)/ 후퇴색 (Receding Color)	• 앞으로 전진하는 것처럼 느껴지는 색 • 난색이면서 고명도, 고채도의 색은 진출하는 것처럼 느껴짐 • 유채색이 무채색보다 진출하는 것처럼 느껴짐 • 후퇴색은 진출색과는 반대로 뒤로 물러나는 것처럼 느껴지는 색 • 한색, 저명도, 저채도, 무채색은 후퇴하는 것처럼 느껴짐	
팽창색 (Expansive Color)/ 수축색 (Contractive Color)	• 팽창색은 더욱 크고, 확산되어 보이는 색 • 주로 난색과 명도, 채도가 높은 색일수록 팽창되어 보임 🗨 빨강, 주황, 노랑 • 수축색은 더욱 작고, 축소되어 보이는 색 • 주로 한색과, 명도와 채도가 낮은 색일수록 수축되어 보임 • 어두운 바탕의 밝은 글자는 팽창되어 보임 • 밝은 바탕의 어두운 글자는 축소되어 보임	

✔ 개념 체크

1 무채색과 유채색의 배색은 ( )과 가시성이 뛰어나다.

2 무채색보다 유채색이, 한색보다 난색이 더 앞으로 진출하는 것처럼 느껴진다. (O, X)

1 명시성 2 O

색과 색채의 심리적 · 기능적 작용

▶ 합격 강의

빈출 태그 색채의 연상과 상징 · 색채의 공감각 · 색채조절 · 색채치료 · 색의 감정적 효과

01 색채의 심리적 작용

1) 색채의 연상

• 색채의 연상이란 색을 볼 때 심리적 활동의 영향으로 구체적인 형상이나, 의미, 관념이 떠오르는 것이다.
• 파랑은 바다를 연상시키고, 선풍기에는 빨강은 잘 사용하지 않는 것처럼 색의 상징과 연상은 일반적으로 공통되게 나타난다.
• 색채의 연상에는 색의 상징적인 의미를 떠올리게 하는 추상적 연상과, 일상적인 사물이나 특정 사물을 연상시키는 구체적 연상이 있다.

색상	연상
빨강	태양, 불, 피, 루비, 카네이션, 단풍잎, 가을, 노을, 일출, 열, 더위, 건조, 저녁, 성숙, 정열, 유혹, 호화, 활력, 위험, 혁명, 자극, 분노, 적극, 순교, 애정, 정지, 용기, 힘, 행복
주황	석양, 감, 가을, 풍부, 원기, 온화, 만족, 건강, 움직이는 기계, 위험표시, 저조, 즐거움, 기쁨, 질투, 초조
노랑	해바라기, 개나리, 바나나, 금지선, 추월선, 주의 표시, 광명, 명랑, 활동, 희망, 환희, 접근, 상상력, 팽창, 환희, 신맛, 달콤함, 신경질, 염증
연두	잔디, 새싹, 자연, 이른 봄, 위안, 생명, 친애, 청순, 순진, 안전, 신선, 관대함
녹색	숲, 에메랄드, 보리밭, 엽록소, 여름, 평화, 평정, 안전, 안식, 휴식, 중성, 이상, 신념, 젊음, 희망, 지성, 건실, 상쾌, 소박, 진행, 집착력, 학구적, 상큼한 맛, 쓴맛
청록	가을하늘, 바다, 여름, 찬바람, 인애, 심미, 청결, 이성, 냉담, 냉정, 서늘함
파랑	바다, 물, 사파이어, 여름, 원함, 상쾌함, 평정, 성실함, 신뢰, 냉정, 차가움, 추위, 생동감, 명상, 젊음, 우울, 쓴맛
남색	깊은 밤, 신중, 점잖음, 영원, 무한, 침울, 냉철, 직관, 훈련, 유니폼
보라	포도, 제비꽃, 예술, 창조, 그리움, 우아, 화려함, 고귀, 장중함, 신비, 감수성, 위엄, 실망, 신경질, 고독, 공허, 상한 음식
자주	자두, 자수정, 사랑, 연모, 애정, 화려함, 아름다움, 예술적 기질, 발정, 슬픔, 흥분
흰색	눈(Snow), 겨울, 순결, 순수, 청결, 위생, 살균, 소독, 신성, 완벽, 죄를 사함, 소박, 정돈, 명확, 깨끗함, 치료, 통로
회색	공장, 도시적, 미래적, 테크노, 겸손, 음울, 온화, 중립, 수수, 평범
검정	주검, 밤, 탄 것, 엄숙미, 무게감, 위험, 슬픔, 침묵, 부정, 죄, 죽음, 암흑, 불안, 비애, 공포, 절망, 허무

✓ 개념 체크

1 색채의 연상이란 색을 볼 때 심리적 활동의 영향으로 다른 의미가 떠오르는 것이다. (O, X)

2 보라색은 신비함, 우아함, 고귀함, 신성함, 예술, 창조 등이 연상되는 색이다. (O, X)

1 O 2 O

2) 색채의 상징

- 색채의 상징이란 연상으로 나타난 반응을 사회, 문화적인 상징으로 사용하여 특정한 의미를 가질 수 있다.
  - **예** 결혼식에서 흰색 드레스 : 순수함과 결백
- 문화에 따라 색상의 상징적 의미가 다를 수 있다.
  - **예** 동양의 빨간색 : 행운과 축복, 서양의 빨간색 : 사랑과 열정
- 파랑은 바다를 연상시키고, 선풍기에 빨강은 잘 사용하지 않는 것처럼 색채의 상징과 연상은 일반적으로 공통되게 나타난다.
- 국가, 민족, 전통, 연령에 따라 색상의 상징이 다르게 나타난다.

3) 색채의 상징과 활용

- 색채에는 각 사회의 특징이나 상징, 풍습이 나타난다.
- 군대에서 계급, 왕족의 예복, 신분 표시, 방위 표시, 지역 구분 등에 사용된다.
- 국가나 기업에는 고유의 특색을 나타내는 상징색이 있으며, 특히 국기에는 색을 통해 그 나라의 이념이 나타나기도 한다.

① 색채의 사회 · 문화적인 상징

구분	상징
전통과 역사	나라의 전통과 역사에 따라 특정 색상이 있음 • 한국에서의 흰색 : 순수, 청렴을 상징 • 중국에서의 빨강 : 행운, 번영, 행복을 상징 • 일본에서의 분홍 : 벚꽃을 상징 • 인도에서의 노랑 : 지혜와 학문을 상징
환경과 기후	• 자연환경에 따라 선호하는 색상이 달라짐 　– 열대 기후에서는 밝고 생동감 있는 색상을 선호 　– 도시 환경에서는 세련되고 중립적인 색상을 선호, 농촌에서는 자연과 조화로운 색상을 선호
연령	어린이들은 밝고 선명한 색상을 선호, 성인들은 차분하고 중립적인 색상을 더 선호
신분	• 자주색은 왕실이나 귀족의 권위를 상징 • 황금색은 왕실이나 귀족의 높은 신분을 상징
지역	• 올림픽 오륜기는 국제 올림픽 위원회(IOC)의 공식 상징으로, 다섯 개의 서로 연결된 고리의 색상은 각 대륙을 상징 　– 파란색 : 유럽 　– 노란색 : 아시아 　– 검은색 : 아프리카 　– 초록색 : 오세아니아 　– 빨간색 : 아메리카
기업	• 각 기업은 고유의 CI와 색채로 기업의 통합 이미지를 상징 　– 코카콜라(Coca-Cola) : 빨강과 흰색으로 열정과 에너지를 상징 　– 맥도날드(McDonald's) : 빨강과 노랑으로 즐거움과 친근함을 상징 　– 삼성(Samsung) : 파랑으로 신뢰와 기술, 혁신을 상징 　– 네이버(Naver) : 녹색으로 평화와 중립, 안정의 추구를 상징
종교	• 종교에 따라 색상은 중요한 상징적 의미가 있음 　– 기독교에서 보라는 참회와 절제를 상징 　– 불교에서 노랑은 지혜와 깨달음을 상징 　– 이슬람교에서 검정은 신앙의 깊이를 상징 　– 카톨릭에서 흰색은 부활을 상징

✓ 개념 체크

1 올림픽 오륜기의 각 고리 색상은 각 대륙을 상징한다.
(O, X)

2 황금색과 자주색은 귀족이나 높은 신분을 상징한다.
(O, X)

1 O 2 O

② 국기와 색채의 상징

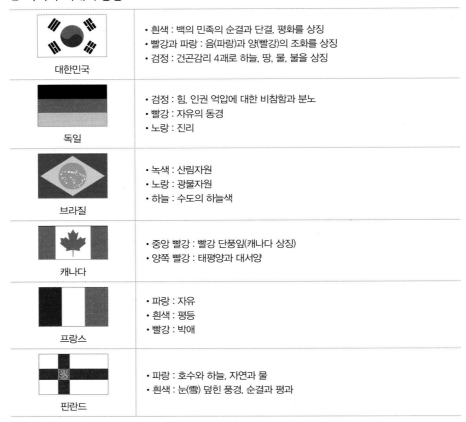

대한민국	• 흰색 : 백의 민족의 순결과 단결, 평화를 상징 • 빨강과 파랑 : 음(파랑)과 양(빨강)의 조화를 상징 • 검정 : 건곤감리 4괘로 하늘, 땅, 물, 불을 상징
독일	• 검정 : 힘, 인권 억압에 대한 비참함과 분노 • 빨강 : 자유의 동경 • 노랑 : 진리
브라질	• 녹색 : 산림자원 • 노랑 : 광물자원 • 하늘 : 수도의 하늘색
캐나다	• 중앙 빨강 : 빨강 단풍잎(캐나다 상징) • 양쪽 빨강 : 태평양과 대서양
프랑스	• 파랑 : 자유 • 흰색 : 평등 • 빨강 : 박애
핀란드	• 파랑 : 호수와 하늘, 자연과 물 • 흰색 : 눈(雪) 덮힌 풍경, 순결과 평과

4) 색채와 공감각

- 공감각(Synesthesia)은 한 가지 감각이 자극될 때 다른 감각이 동시에 반응하는 현상을 의미하는 것으로, 색채는 시각뿐만 아니라 여러 감각을 함께 느끼게 해준다.
- 빨강, 주황 등의 난색은 단맛, 한색은 식욕 저하를 연상시킨다.

구분	연상
촉각	• 명도가 높은 난색은 부드럽게 느껴짐(빨강, 노랑 등) • 어두운 무채색은 거칠게 느껴짐
미각	• 난색은 식욕을 돋우며, 한색은 식욕을 저하시킴 – 매운맛 : 빨강(고추가루) – 쓴맛 : 녹색(쓴나물), 갈색(커피, 다크초콜릿) – 신맛 : 노랑(레몬, 유자), 연두(라임, 키위, 그린애플) – 짠맛 : 초록 기미를 띤 회색
후각	• 고명도, 고채도의 난색은 좋은 향이 연상됨 • 저명도, 저채도의 한색은 나쁜 향이 연상됨 • 특정 색채는 경험과 관련된 냄새가 연상됨 – 커피향 : 갈색 – 민트향 : 초록
청각	• 음이나 소리를 들을 때 연상되는 색채의 느낌을 색청이라고 함 • 고명도, 고채도의 강한 색상은 높은음이 연상됨 • 고명도, 난색 계열은 부드러운 음이 연상됨

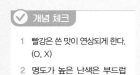

개념 체크

1 빨강은 쓴 맛이 연상되게 한다. (O, X)

2 명도가 높은 난색은 부드럽게 느껴진다. (O, X)

1 X 2 O

02 색채의 기능적 작용

1) 색채조절

- 색채는 우리의 일상생활에 깊이 영향을 미치며, 단순한 시각적 요소를 넘어 다양한 기능적 역할을 한다.
- 색채조절은 색채가 인간의 심리나 생활에 미치는 영향을 고려하여 색을 과학적으로 선정하고 기능적으로 활용한다.
- 색채조절은 심리학, 색채학, 생리학, 조명학, 미학 등을 다양한 학문적 근거를 바탕으로 하며, 심리학적으로 감정과 기분의 변화, 생리학적으로 신체 미치는 영향의 변화 등의 효과를 가져올 수 있다.

2) 색채조절의 효과

심리적 효과	• 밝고 맑은 색채를 통한 기분 변화, 심리적 안정감 제공 • 차분한 색상을 통한 스트레스 감소, 편안한 분위기를 조성 • 집중력을 높이는 데 도움을 주며, 작업 능률을 향상시킴
생리적 효과	• 올바른 색채조절을 통한 신체적, 시각적 피로감 경감 • 쾌적한 환경 조성으로 신체적 편안함 제공
안전성 증대	안전색채를 통한 사고 예방 및 안정성 향상 • 빨강 : 위험 경고 • 초록 : 안전한 출입구 표시
능률 향상	• 쾌적한 작업 환경을 제공 • 작업의 능률과 생산성 향상

3) 색채치료

- 색채치료(Color Therapy)는 색을 이용하여 감정적, 신체적, 정신적 건강을 향상시키는 것을 의미한다.
- 색의 영향을 이용하여 인간의 감정과 생리적 상태를 조절한다.

색상	역할
빨강	에너지와 활력 증가, 혈액순환 촉진, 호흡을 깊게 함, 무기력 해소, 식욕 자극
주황	소화기능 자극, 면역력 강화, 자긍심 회복, 무기력 치료
노랑	기억력 향상, 우울감 해소, 불면증 개선, 식욕 돋움
연두	위안 제공, 재생과 치유 상징, 심리적 안정감
녹색	평온감 증진, 휴식과 힐링, 건강과 웰빙, 불안감 해소, 눈의 피로회복
청록	심리적 안정과 균형, 조용함과 안도감, 스트레스와 불안 감소
파랑	진정 효과, 맥박 저하, 불면증 감소, 자신감 증가, 창의력 향상, 식욕 저하
남색	심리적 훈련, 진정효과
보라	두뇌와 신경계에 영향, 감수성 자극, 신경진정, 신진대사의 균형
자주	감정적 균형 촉진, 동정심 강화
흰색	마음을 맑게 함, 감정적 균형, 정신적인 개방감
회색	감정적 균형 제공, 냉철한 판단을 도움, 스트레스 완화
검정	보호와 안정감 제공, 의지력 강화, 내면에 집중

✓ 개념 체크

1 (   )(이)란 색을 이용하여 감정적, 신체적, 정신적 건강을 향상시키는 것이다.
2 색채의 치료에서 빨강색은 불면증 개선의 역할을 한다. (O, X)

1 색채치료 2 X

03 색의 감정적 효과

기적의 TIP

난색(Warm Color)
따뜻함과 여유가 느껴짐(빨간색, 노란색 계열), 유채색에서 명도와 채도가 높은 색, 무채색에서 명도가 낮은 색이 따뜻하게 느껴진다.

한색(Cool Color)
차가움과 긴장감이 느껴진다(파란색, 남색 계열). 또한 무채색에서 흰색은 차갑게 느껴진다.

중성색(Neutral Color)
난색이나 한색 어느 쪽에도 포함되지 않는 색, 난색이 인접되어 있으면 따뜻하게, 한색이 인접되어 있으면 차갑 느껴짐. 보라색, 연두색 등이 있다.

온도감	• 색을 통해서 느낄 수 있는 따뜻함, 차가움, 중간의 온도 등 • 난색, 한색, 중성색 등 ▲ 난색과 한색 ▲ 중성색
중량감	• 색에서 느껴지는 무겁거나 가벼운 느낌 • 중량감에는 명도가 가장 크게 작용 • 명도가 높은 색은 가볍게 느껴지고 명도가 낮은 색은 무겁게 느껴짐 • 검정은 가장 무겁게, 흰색은 가장 가볍게 느껴짐 ▲ 색의 중량감
강약감	• 색에서 느껴지는 강하거나 약한 느낌 • 강약감은 채도의 영향을 많이 받음 • 원색이나 채도가 높은 색은 강하게 느껴짐 • 중성색이나 채도가 낮은 색은 약하게 느껴짐 ▲ 색의 강약감
경연감	• 시각적인 경험에서 색이 단단하거나 부드럽게 느껴지는 것 • 명도와 채도의 영향을 많이 받음 　– 부드러운 느낌 : 명도가 높고 채도가 낮으며 난색인 색 　– 단단한 느낌 : 명도가 중명도 이하이고, 채도가 높으며, 한색인 색 ▲ 색의 경연감
감정적 효과	• 흥분색 : 난색 계열과 명도와 채도가 높은 색은 흥분감을 일으키고 화려하게 느껴짐 • 진정색 : 한색 계열과 명도와 채도가 낮은 색은 차분한 느낌을 주고 소박하게 느껴짐

개념 체크

1 명도가 높은 색은 가볍게 느껴지고, 명도가 낮은 색은 무겁게 느껴지는 것을 (　　) (이)라고 한다.

1 중량감

01 색의 3속성 중, 우리 눈이 가장 예민하고 강하게 반응하는 대비는?

① 명도대비
② 색상대비
③ 보색대비
④ 채도대비

02 저드(D.B.Judd)의 '색채 조화론'에 해당하지 않는 것은?

① 질서의 원리
② 모호성의 원리
③ 친근성의 원리
④ 유사성의 원리

03 다음 색의 배색 중 빨강이 가장 선명하고 뚜렷해 보일 수 있는 배경색은?

① 주황
② 노랑
③ 회색
④ 보라

오답 피하기

빨간색은 채도는 높고, 명도는 채도에 비해 낮음. 빨간색이 가장 뚜렷해 보일 수 있는 배색은 채도와 명도의 차이가 클수록 효과적이므로, 회색을 배경색으로 해야 빨간색이 더욱 선명하고 뚜렷해 보이게 됨

04 색의 진출에 대한 설명으로 틀린 것은?

① 따뜻한 색이 차가운 색보다 더 진출하는 느낌을 준다.
② 밝은 색이 어두운 색보다 더 진출하는 느낌을 준다.
③ 무채색이 유채색보다 더 진출하는 느낌을 준다.
④ 팽창색이 수축색보다 더 진출하는 느낌을 준다.

05 명시성에 대한 설명 중 틀린 것은?

① 주로 두 가지 색 이상을 배열하였을 때 나타나는 성질이다.
② 색상, 명도, 채도의 차이가 클수록 명시성이 낮아진다.
③ 검정과 노랑의 배색은 명시성이 높은 배색이다.
④ 가시성, 시인성이라고도 한다.

06 서로 반대되는 색상을 배색하였을 때 나타나는 느낌으로 옳은 것은?

① 강렬한 느낌
② 정적인 느낌
③ 간결한 느낌
④ 차분한 느낌

오답 피하기

서로 반대되는 색상을 배색하는 것을 보색대비라고 함. 보색대비는 색상환에서 정반대에 위치한 두 색상이 인접해 있을 때 서로 영향을 받아 채도가 높고 선명해 보이는 현상으로 강렬한 느낌을 줌

07 음에서도 색을 느낄 수 있는데 이 현상을 무엇이라 하는가?

① 명시성
② 공감각
③ 색청
④ 주목성

08 관용색명의 특징으로 볼 수 없는 것은?

① 시대나 유행에 따라서 다소 변하기도 하므로 정확한 색의 전달이 어렵다.
② 무수히 많은 색 이름과 그 어원을 가지고 있어서 한꺼번에 습득하기가 어렵다.
③ 어느 특정한 색을 여러 가지 언어로 표현하고 있기 때문에 복잡하고 혼동하기 쉽다.
④ 몇 가지의 기본적인 색 이름에 수식어, 색상의 형용사를 덧붙여서 부른다.

오답 피하기

관용색명은 관습적이거나 연상적인 느낌으로 이름을 붙이는 방법이며 인명, 지명, 원료, 자연 등에 따라 이름이 붙여짐. 수식어를 붙여 사용하는 것은 일반색명임

09 아래의 두 가지 색상에 대한 설명으로 옳은 것은?

① 채도가 둘 다 낮아진다.
② 채도가 변화 없이 동일하다.
③ 빨강 바탕의 주황 채도가 낮아진다.
④ 회색 바탕의 주황 채도가 낮아진다.

정답 01 ① 02 ② 03 ③ 04 ③ 05 ② 06 ① 07 ③ 08 ④ 09 ③

프로젝트
완료 자료 정리

프로젝트 완료와 관련하여 산출물의 수집 및 정리 방법을 알아보고, 프로젝트 최
종 보고 시 필요한 과정과 프로젝트 완료 후 관리 방법에 대해 살펴봅니다.

CHAPTER 01

산출물 수집 및 정리

학습 방향

프로젝트 최종 보고에 대해 알아보고, 최종 보고 시 하는 업무에 대해 학습합니다.
프로젝트 완료 이후 유지보수와 업데이트 등의 관리에 대해 살펴봅니다.

출제빈도

SECTION 01	중	40%
SECTION 02	상	60%

※ 출제빈도의 경우 2025년 이후로 변형된 기준에 맞춰 작성되었습니다.

프로젝트 산출물 수집

▶ 합격 강의

빈출 태그 산출물 종류 · 문서화된 산출물 · 소스 코드

🎁 기적의 TIP

프로젝트 산출물 수집
프로젝트 수행 중에 생성된
모든 문서, 코드, 테스트 결
과, 회의록 등 다양한 자료를
체계적으로 모으는 작업이다.

01 산출물

• 산출물이란 프로젝트의 각 단계에서 생성되는 최종 결과물로, 주로 소프트웨어나 문서, 시스템 등 실질적으로 제공된다.
• WBS(작업분류체계)에서는 각 작업의 결과물로 정의된다.
• 마르미-III는 4개의 공정과 30개의 활동을 포함하며, 각 세부 단계에서 이해관계자들과의 효과적인 커뮤니케이션을 위한 산출물 지침을 제공한다.
• IEEE에서 발표한 SWEBOK(Software Engineering Body of Knowledge)는 소프트웨어 공학 분야의 지식과 기술, 방법론, 법칙, 최선의 관행 등을 체계적으로 정리한 문서로, 18가지 지식 영역(Body of Knowledge)을 제시한다.
• SWEBOK에서 산출물이란 15가지 지식 영역에서 수행되는 활동의 결과물이다.

SWEBOK 15가지 지식 영역	주요 산출물
소프트웨어 요구사항	요구사항 명세서, 요구사항 추적 매트릭스
소프트웨어 아키텍처	시스템 아키텍처 설계서, 아키텍처 검토 보고서
소프트웨어 설계(디자인)	상세 설계서, 설계 패턴 문서
소프트웨어 구축	소스 코드, 코드 리뷰 보고서
소프트웨어 테스팅 기본	테스트 계획서, 테스트 케이스
소프트웨어 엔지니어링 운영	운영 계획서, 운영 매뉴얼
소프트웨어 유지 관리	유지보수 계획서, 수정 요청서
소프트웨어 구성 관리	형상관리 계획서, 형상 베이스라인
소프트웨어 엔지니어링 관리	프로젝트 계획서, 리스크 관리 계획서
소프트웨어 엔지니어링 프로세스	프로세스 정의서, 프로세스 평가 보고서
소프트웨어 엔지니어링 모델 및 방법	프로세스 모델 문서, 모델링 다이어그램, 방법론 지침
소프트웨어 품질	품질 보증 계획서, 품질 리뷰 보고서
소프트웨어 보안	보안 요구사항 명세서, 보안 검토 보고서
소프트웨어 엔지니어링 전문가 관행	교육 계획서, 자격 증명서
소프트웨어 엔지니어링 경제학	경제 분석 보고서, 비용 예측 문서
컴퓨팅 기반	컴퓨팅 이론 보고서, 알고리즘 설계 문서
수학적 기반	수학 모델링 보고서, 수학적 분석 문서
엔지니어링 기반	공학 원리 보고서, 공학적 분석 문서

02 산출물 수집

- 프로젝트 산출물 수집이란 프로젝트 수행 중 생성된 모든 문서, 코드, 테스트 결과, 회의록 등 다양한 자료를 체계적으로 모으는 과정이다.
- 이 과정을 통해 프로젝트의 진행 상황을 명확히 파악하고, 향후 유사 프로젝트에 유용한 참고 자료로 활용할 수 있다.
- 프로젝트가 관료되면 각 팀에서 생성된 모든 작업물을 수집한다.

🅑 기적의 TIP

프로젝트 산출물 수집
프로젝트를 진행하면서 생성되는 다양한 자료들(문서, 코드, 테스트 결과, 회의록 등)을 체계적으로 모으는 과정을 말한다.

1) 산출물의 종류

디자인 파일	웹디자인 사이안, 프로토타입, UI/UX 디자인 파일 등을 포함
소스 코드	소스 코드, 스크립트, 라이브러리 및 모듈을 포함
데이터베이스	사용자 데이터, 콘텐츠 데이터, 로그 데이터 등을 포함
문서화된 산출물	• 프로젝트 기획 : 프로젝트 계획서, 제안서, 요구사항 정의서 • 프로젝트 실행 : 디자인 사이안, 소스 코드 문서, 시스템 설계 문서, 테스트 계획 및 결과, 배포 계획서 등 • 프로젝트 이후 : 유지보수 계획서

2) 문서화된 산출물

제안서	• 프로젝트를 제안하는 문서 • 목표, 범위, 주요 단계, 예상 비용 및 일정을 정의한 문서
프로젝트 계획서	• 프로젝트의 상세 계획을 담은 문서 • 실행 계획, 자원 할당, 예산 계획 등을 포함
요구사항 정의서	프로젝트에서 필요한 기능 및 요구사항을 명확히 정의한 문서
디자인 사이안	• 프로젝트의 초기 디자인 안을 담은 문서 • 와이어프레임, UI/UX 디자인 등을 포함
설계 문서	시스템 설계, 데이터베이스 설계, 아키텍처 설계 등을 포함한 문서
테스트 계획서	• 테스트 전략, 테스트 케이스, 테스트 일정 등을 포함한 문서 • 프로젝트에서 수행할 테스트의 범위, 방법, 일정 등을 정의
최종 보고서	• 프로젝트의 개요, 범위, 진행과정, 성과 및 결과, 문제점 및 개선점 등 • 프로젝트 전체 결과 문서화 및 정보 제공
프레젠테이션 자료	프로젝트 결과를 주요 내용 위주로 시각적으로 전달
산출물 목록	모든 산출물의 목록과 설명을 기입하여 작업물을 체계적으로 관리
소스 코드 및 기술 문서	• 프로젝트의 기능을 구현한 코드로 프로그래밍 언어와 프레임워크를 사용하여 작성된 코드 파일들 • 기술적 세부 사항을 문서화하여 유지보수에 활용
테스트 결과	• 테스트 결과는 프로젝트의 품질을 보증함 • 테스트 케이스, 테스트 실행 및 검증 결과, 버그 리포트 등
사용자 매뉴얼	사용자에게 필요한 정보 제공 설명서로 산출물의 사용성을 향상시킴
유지보수 계획	안정적 운영 및 지속적 개선을 위해 유지보수 계획과 절차를 정의
회의록	• 회의에서 논의된 내용 및 의사결정을 기록 • 프로젝트 팀 간의 커뮤니케이션을 투명하게 유지 • 이메일도 프로젝트와 관련한 커뮤니케이션 기록임
일정표	• 프로젝트의 주요 일정을 시각적으로 표현한 문서 • 프로젝트 진행 상황을 관리하는 데 활용

✅ 개념 체크

1 프로젝트 산출물 수집은 프로젝트 기획 단계에 작성된 제안서, 프로젝트 계획서 등도 포함한다. (O, X)

1 O

콘텐츠 및 데이터 분류 · 보존 · 폐기

▶ 합격 강의

빈출 태그 산출물 정리 · 데이터 보존 · 데이터 폐기

01 산출물 정리

- 산출물 정리는 프로젝트 완료 후 생성된 모든 작업물과 데이터를 체계적으로 수집, 분류, 보존 및 폐기하는 과정이다.
- 이 과정을 통해 프로젝트를 효율적으로 관리하고, 모든 과정을 투명하게 기록하여 향후 비슷한 프로젝트에서 참고할 수 있는 자료를 확보하게 된다.

1) 산출물 정리 과정

생성된 작업물 수집	콘텐츠 및 데이터 분류	보존	폐기
• 디자인 파일 • 코드 파일 • 데이터베이스 • 문서 자료	• 작업물의 효과적인 관리와 접근성 향상을 위해 모든 자료를 유형별 분류 • 텍스트 콘텐츠, 이미지 파일, 비디오 파일 등을 분류	• 프로젝트와 관련된 중요한 자료와 데이터를 안전하게 보존 • 백업을 통해 데이터 손실을 방지 • 중요 파일은 보안이 강화된 장소에 저장	• 더 이상 필요 없는 자료와 데이터를 적절한 절차에 따라 안전하게 폐기 • 데이터 보안 유지

분류
방법
	• 콘텐츠 유형별 분류
	  – 텍스트 콘텐츠 : 문서 파일, 보고서, 메모, 이메일 등
	  – 이미지 : 사진, 그래프, 다이어그램 등
	  – 비디오 : 동영상 자료, 애니메이션 등
	  – 오디오 파일 : 녹음 파일, 음악 파일 등
	• 데이터 유형별 분류 : 사용자 데이터, 접속 로그, 거래 데이터 등
	• 메타데이터 추가 : 각 콘텐츠와 데이터에 대한 메타데이터(작성자, 생성일, 카테고리 등)를 추가하여 검색과 관리를 용이하게 함

보존
방법
	• 백업 및 복원 : 데이터를 정기적으로 백업하여 데이터 손실 방지
	  – 로컬 백업과 클라우드 백업 병행
	  – 문제 발생 시 데이터를 복원할 수 있는 절차 마련
	• 데이터 암호화 및 암호화 : 민감 데이터를 암호화하여 암호화된 드라이브에 중요 자료 보관
	• 버전 관리 : 파일의 여러 버전을 관리하여 변경 사항 추적 및 필요 시 복원 가능
	• 접근 권한 관리 : 각 파일에 대한 접근 권한 설정하여 데이터 유출 방지
	• 보관 정책 수립 : 데이터 보관 기간 및 방법 정책 수립

폐기 방법	• 폐기 기록 관리 : 어떤 파일이 언제, 어떻게 폐기되었는지 기록을 남겨서 이후 필요할 때 참조할 수 있도록 함 • 폐기 정책 수립 : 데이터 삭제 방법, 삭제 시기 등에 관한 정책 수립 • 보안 삭제 : 보안 삭제 소프트웨어를 사용하여 파일을 영구히 삭제하고 복구가 불가능하게 함 • 물리적 파괴 : 하드디스크 드라이브나 저장 장치를 물리적으로 파괴하여 데이터를 완전 삭제

02 산출물 정리 방법

- 산출물 정리는 프로젝트 관리, 산출물 형식과 스타일의 일관성, 자료의 추적성 등을 중심으로 불필요한 자료를 제거하고 중요한 자료는 보존하도록 한다.
- 각 단계에서 필요한 필수 산출물을 반드시 포함하고, 중요한 자료는 보존한다.
- 필요 없는 자료는 적절한 절차에 따라 안전하게 폐기함으로써 산출물 관리 효율성을 높인다.

기적의 TIP

산출물 정리 시 필수 산출물을 중심으로 정리하고, 임시 파일이나 오래된 기록 등 유효하지 않은 자료는 제거하도록 한다.

1) 산출물 정리 방법의 단계

단계	항목	내용
분류 및 체계화	카테고리화	산출물을 주제나 유형별로 분류, 체계적으로 정리 예 보고서, 계획서, 회의록, 디자인 자료, 소스 코드 등
	폴더 구조	파일이나 문서를 논리적인 폴더 구조로 저장 예 프로젝트 단계별, 부서별, 날짜별 폴더 구성
명명 규칙	일관된 파일명	파일명에 일관성을 유지 예 [프로젝트명][산출물 유형][날짜].docx
	버전 관리	• 각 파일의 버전을 명확히 표시 • 최신 버전을 쉽게 식별할 수 있도록 함 예 [프로젝트명][산출물 유형][버전].docx
문서화 및 기록	메타데이터 포함	각 산출물에 관련된 메타데이터(작성자, 작성 날짜, 버전, 설명 등)를 포함하여 상세히 기록
	변경 이력 관리	각 산출물의 변경 이력을 기록하여 추적이 가능하게 함 예 변경 내용, 변경 날짜, 변경한 사람 등
접근성 및 보안	접근 권한 설정	산출물에 대한 접근 권한을 설정하여 보안을 유지 예 읽기 전용, 편집 권한 등
	백업 및 복구	• 산출물을 정기적으로 백업 • 필요시 복구할 수 있도록 시스템 마련 예 클라우드 백업, 외장 하드드라이브 사용
폐기 기준	보관 기간 설정	• 산출물의 보관 기간을 설정 • 보관 기간이 지난 문서는 폐기 예 법적 요구 사항에 따른 보관 기간 설정
	폐기 절차 준수	보관 기간이 지난 문서를 안전하게 폐기하는 절차 준수 예 디지털 문서의 안전한 삭제, 종이 문서의 파쇄
정기적인 검토 및 업데이트	정기 검토	• 산출물을 정기적으로 검토하여 최신 상태를 유지 • 필요 시 업데이트 예 분기별, 반기별 검토

개념 체크

1 산출물 정리 시에는 임시 파일이나 중복 자료도 만일의 경우를 대비하여 제거하지 않도록 한다. (O, X)

1 X

2) 유효하지 않은 자료 제거의 기준

임시 파일	작업 중 생성된 임시 파일이나 캐시 파일
불필요한 초안	여러 번 수정된 후 최종 버전이 확정된 문서의 초안
중복 자료	동일한 내용이 반복되는 중복된 파일이나 문서
오래된 기록	이미 해결된 문제에 대한 기록이나 사용하지 않는 테스트 결과
관련 없는 자료	프로젝트와 직접적으로 관련 없는 자료나 문서

3) 주요 산출물 목록

단계	산출물	내용
기획	프로젝트 계획서	프로젝트 개요, 목표, 일정, 자원 계획 포함
디자인	디자인 사이안	와이어프레임, UI/UX 디자인 사이안 포함
개발	코드 문서	소스 코드, API 문서, 코드 설명서 포함
테스트	테스트 계획 및 결과	테스트 시나리오, 테스트 결과 보고서, 버그 리스트 포함
배포	배포 계획서	배포 절차 및 전략 문서
유지보수	유지보수 계획서	유지보수 절차 및 일정 문서

➕ 더 알기 TIP

프로젝트 원가 개념(Cost Concept)

원가 개념은 기업이 제품을 생산하거나 서비스를 제공할 때 발생하는 모든 비용을 체계적으로 관리하는 회계적 개념으로, 직접 비용, 간접 비용, 고정 비용, 변동 비용 등이 있다.

- 예산 설정 : 프로젝트 시작 전에 전체 예산을 설정하고 단계별로 필요한 비용을 할당한다.
- 비용 추적 : 프로젝트 진행 중 발생하는 모든 비용을 추적하고 기록한다.
- 자원 관리 : 인력, 장비, 재료 등 자원을 효율적으로 관리하여 비용을 절감한다.
- 효율성 분석 : 각 단계에서 비용 대비 효과를 분석하여 비효율적인 부분을 개선한다.
- 리스크 관리 : 예상치 못한 비용이 발생할 수 있는 위험 요소를 식별, 이에 대비책을 수립한다.

03 CBD SW개발 표준 산출물

- 프로젝트 최종 보고와 관련하여, 'CBD SW개발 표준 산출물 관리 가이드'에서는 프로젝트 산출물에 대한 기준을 제시한다.
- CBD SW란 'Component-Based Development Software'의 약자로, 객체지향 및 컴포넌트 기반 개발의 산출물 관리체계이다.
- 이 가이드는 발주자가 요구하는 산출물의 기준이 없고, 중소 사업자가 자체 방법론 없이 산출물을 작성하기 어려운 상황을 개선하기 위해 도입되었다.
- 프로젝트의 각 단계에서 필요한 산출물을 명확히 제시하며, 작성 방법과 사례를 제공한다. 주로 정보화사업을 수행하는 공공기관 및 행정기관에서 활용된다.
- '분석 – 설계 – 구현 – 시험' 단계를 제시하여 총 25개의 필수 산출물을 도출한다. 단, 프로젝트 특성에 따라 관련 업무가 존재하지 않으면 산출물의 생략이 가능하다.
- 산출물 간의 체계를 확립하고, 각 산출물과 항목 간의 연관성을 명확히 하여 방법론의 일관성, 완전성 및 추적성을 보장한다.

기적의 TIP

CBD SW개발 표준 산출물 관리 가이드는 분석 – 설계 – 구현 – 시험 단계에 대한 총 25개의 필수 산출물을 도출하였다.

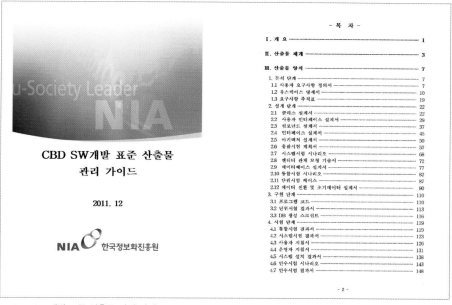

▲ CBD SW개발 표준 산출물 관리 가이드

단계	산출물		설명
분석	사용자 요구사항 정의서	1	프로젝트의 기능 및 요구사항을 정의한 문서
	유스케이스(Use Case) 명세서	2	각 유스케이스를 상세히 설명한 문서로, 시스템의 기능을 사용할 수 있는 액터(Actor)와 시스템이 제공하는 기능을 보여주는 다이어그램
	요구사항 추적표	3	요구사항의 이행 여부를 추적하는 문서
설계	클래스 설계서	4	클래스 구조와 관계를 설계한 문서
	사용자 인터페이스 설계서	5	사용자 화면의 전체 구조를 설계한 문서
	컴포넌트 설계서	6	시스템 컴포넌트 간의 상호작용을 설계한 문서
	인터페이스 설계서	7	시스템 인터페이스를 설계한 문서
	아키텍처 설계서	8	시스템 아키텍처를 설계한 문서
	총괄시험 계획서	9	전체 시스템 테스트 계획을 담은 문서
	시스템시험 시나리오	10	시스템 테스트를 위한 시나리오
	엔티티 관계 모형(ERD) 기술서	11	데이터베이스 엔티티 간의 관계를 기술한 문서
	데이터베이스 설계서	12	데이터베이스 구조를 설계한 문서
	통합시험 시나리오	13	통합 테스트를 위한 시나리오
	단위시험 케이스	14	단위 테스트를 위한 케이스
	데이터 전환 및 초기데이터 설계서	15	데이터 전환 계획 및 초기 데이터를 설계한 문서
구현	프로그램 코드	16	구현된 소스 코드
	단위시험 결과서	17	단위 테스트 결과를 담은 문서
	데이터베이스 테이블	18	데이터베이스 테이블 구조
시험	통합시험 결과서	19	통합 테스트 결과를 담은 문서
	시스템시험 결과서	20	시스템 테스트 결과를 담은 문서
	사용자 지침서	21	사용자 사용 설명서
	운영자 지침서	22	시스템 운영에 필요한 지침서
	시스템 설치 결과서	23	시스템 설치 결과를 기록한 문서
	인수시험 시나리오	24	인수 테스트를 위한 시나리오
	인수시험 결과서	25	인수 테스트 결과를 담은 문서

CHAPTER 02

프로젝트 결과 및 보고

 학습 방향

프로젝트 최종 보고 시 하는 업무에 대해 학습하며, 프로젝트 완료 후 유지보수와 업데이트 등의 관리에 대해 살펴봅니다.

출제빈도

SECTION 01 상 ━━━━━━━━━━━━━━━━━━━ 100%

※ 출제빈도의 경우 2025년 이후로 변형된 기준에 맞춰 작성되었습니다.

SECTION 01 — 프로젝트 최종 보고

출제빈도 상 중 하
반복학습 1 2 3

합격 강의

빈출 태그 프로젝트 최종 보고 • CBD SW개발 표준 산출물 관리 • 프로젝트 사후관리

01 프로젝트 최종 보고

- 프로젝트 결과를 정리하고 체계적으로 문서화하는 단계이다.
- 이 단계에서는 프로젝트 목표 달성 여부, 프로젝트 수행 과정에서의 주요 성과 분석, 프로젝트 중 발생한 문제점과 향후 개선점 기록 등의 활동이 포함된다.

1) 프로젝트 최종 보고 사례

목표 달성	• 사용자 친화적인 반응형 웹사이트 설계 및 개발 • 사용자 경험(UX) 개선 • 고객 만족도 향상

주요 성과	• 디자인 : 현대적이고 직관적인 사용자 인터페이스(UI) 디자인을 통해 사용자가 쉽게 접근할 수 있도록 함
	• 기능 : 사용자 로그인/회원가입 시스템, 검색 및 필터 기능, 실시간 채팅 시스템 등 다양한 기능을 성공적으로 구현
	  – 프론트엔드 개발 HTML, CSS, JavaScript를 사용하여 반응형 웹사이트 구현
	  – 백엔드 개발 : 서버 설정, 데이터베이스 구축 및 API 개발
	• 테스트 : 다양한 시나리오를 통해 웹사이트의 기능 및 성능 검증, 사용자 테스트를 통해 UX 개선점을 도출하고, 이를 반영하여 최종 검증 완료

문제점 해결 방안	• 디자인 사이안에서의 색상 대비 문제 → 사용자 세스트 후 색상 조정으로 가독성 높임 • 로그인 시스템의 보안 강화 필요성 → 추가 보안 기능을 적용하여 사용자 계정의 안전성을 강화
향후 개선점	• 사용자의 피드백을 지속적으로 반영하여 웹사이트의 UX를 개선할 계획 • 추가 기능을 개발하고, 기존 기능을 개선하여 사용자 경험을 극대화할 예정

2) 프로젝트 최종 프레젠테이션 사례

슬라이드1 [표지]	• 프로젝트 제목 : 웹디자인 프로젝트 최종보고 • 팀명 : [팀명 입력] • 작성일 : [작성일 입력]
슬라이드2 [목차]	1. 프로젝트 개요 2. 프로젝트 진행 과정 3. 프로젝트 결과 4. 결과 분석 및 평가 5. 결론 및 향후 계획
슬라이드3 [프로젝트 개요]	• 프로젝트명 : 웹디자인 프로젝트 • 프로젝트 기간 : [시작일 – 종료일] • 목표 : 사용자 친화적인 반응형 웹사이트 설계 및 개발 • 기대 효과 : 사용자 만족도 향상, 트래픽 증대

슬라이드4 [프로젝트 진행 과정]	1) 계획 및 일정 • 1주차 : 기획 및 요구사항 분석 • 2~4주차 : 디자인 사이안 제작 • 5~8주차 : 프론트엔드 및 백엔드 개발 • 9~11주차 : 기능 통합 및 테스트 • 12주차 : 최종 검토 및 보고서 작성 2) 작업 분담 및 역할 • PM : 프로젝트 총괄 및 일정 관리 • 디자이너 : 웹사이트 UI/UX 디자인 • 프론트엔드 개발자 : HTML, CSS, JavaScript 개발 • 백엔드 개발자 : 서버, 데이터베이스 설정 및 API 개발 • 테스터 : 웹사이트 테스트 및 버그 수정
슬라이드5 [프로젝트 결과]	1) 디자인 • 현대적이고 직관적인 UI/UX • 반응형 레이아웃 2) 기능 • 사용자 로그인/회원가입 시스템 • 검색 및 필터 기능 • 실시간 채팅 시스템
슬라이드6 [테스트 및 검증 결과]	• 주요 기능 테스트 완료 • 사용자 테스트 피드백 반영 • 최종 검증 결과 : 기능 및 성능 모두 원활히 작동
슬라이드7 [결과 분석 및 평가]	1) 목표 달성 여부 : 대부분의 목표 달성 2) 문제점 및 해결 방안 • 색상 대비 문제 : 사용자 테스트 후 색상 조정 • 로그인 시스템 보안 강화 : 추가 보안 기능 적용 3) 향후 개선점 • 지속적인 사용자 피드백 반영 • 추가 기능 개발 및 기존 기능 개선
슬라이드8 [결론 및 향후 계획]	1) 프로젝트 총평 • 성공적 완료 • 초기 목표 충족 2) 향후 계획 • 추가 기능 개발 및 유지보수 • 지속적인 개선 작업

02 프로젝트 사후 관리

• 프로젝트 완료 후에는 사후 관리가 필수적으로 필요하다.
• 이를 통해 디자인이 계속해서 유효성을 유지하고, 새로운 요구사항에도 유연하게 대응할 수 있으며, 유지보수와 업데이트를 통해 지속적으로 발전시킬 수 있다.

유지보수 계획 수립	프로젝트 완료 후 유지보수 계획과 절차를 문서화
정기적 리뷰 및 업데이트	정기적으로 디자인을 리뷰하고 필요에 따라 업데이트를 수행
사용자 피드백 수집 및 반영	사용자 피드백을 수집하고 이를 반영하여 디자인을 개선
문서화 및 기록 유지	모든 변경 사항과 업데이트를 체계적으로 문서화하고 기록을 유지

01 산출물 정리에 대한 설명으로 옳지 <u>않은</u> 것은?

① 원가 개념을 적용하여 불필요한 문서 자료는 정리한다.

② 모든 산출물은 일관된 형식과 스타일을 유지한다.

③ 모든 산출물은 정확하게 문서화되어야 한다.

④ 필요한 사람만 접근할 수 있도록 접근 권한을 설정한다.

오답 피하기

원가 개념은 프로젝트의 비용을 평가하고 관리하는 데 사용되는 회계적 개념이며, 산출물의 기준이 아님

02 최종 프로젝트를 제출할 때 그 산출물과 작업 내용에 해당하지 <u>않는</u> 것은?

① 결과보고서

② 회의록

③ 제안서

④ 견적서

오답 피하기

산출물은 프로젝트의 각 단계에서 생성되는 최종 결과물이다. 견적서는 프로젝트를 시작하거나 진행하는 데 필요한 자원, 시간, 비용 등을 예측하기 위한 문서로 산출물에 해당되지 않는다.

03 CBD SW개발 표준 산출물 가이드와 관련하여 옳지 <u>않은</u> 것은?

① 30개의 필수 산출물을 도출하였다.

② '분석 – 설계 – 구현 – 시험' 단계에서 산출물이 발생한다.

③ 객체지향 및 컴포넌트 기반 개발의 산출물 관리 체계이다.

④ 프로젝트 특성에 따라 관련 업무가 존재하지 않으면 산출물의 생략이 가능하다.

04 웹디자인 프로젝트의 산출물 중 문서화된 산출물은?

① 소스 코드

② 프로토타입

③ 콘텐츠 데이터

④ 요구사항 정의서

05 다음 중 프로젝트 산출물 정리 시 삭제 대상이 <u>아닌</u> 것은?

① 디자인 사이안

② 불필요한 초안

③ 작업 중 생성된 임시 파일

④ 사용하지 않는 테스트 결과

06 프로젝트 최종 보고에 대한 설명으로 <u>틀린</u> 것은?

① 프로젝트 결과를 정리하고 체계적으로 문서화한다.

② 프로젝트 목표 달성 여부를 평가하고 기록한다.

③ 프로젝트 수행 중 지연된 모든 테스크를 분석하고 해결한다.

④ 프로젝트의 비용과 일정 변동사항을 기록한다.

정답 01 ① 02 ④ 03 ① 04 ④ 05 ① 06 ③

INDEX(1권)

MEMO